"十四五"时期国家重点出版物出版专项规划项目
新能源与智能网联汽车新技术系列丛书
普通高等教育交通运输类专业系列教材

智能交通系统概论

主编 朱文兴
参编 庄云龙 朱康兴
　　　张　韬　赵文博

机械工业出版社

本书是"十四五"时期国家重点出版物出版专项规划项目。

本书介绍了智能交通系统在新技术研发基础上的7个子系统、无人驾驶车辆跟驰控制系统和城市交通子区控制系统。传统意义下智能交通系统的7个子系统分别是先进交通管理系统、先进出行者信息系统、先进车辆控制系统、货运管理系统、先进公共交通系统、电子收费系统和紧急救援系统。无人驾驶车辆跟驰控制系统是编者的课题组近几年提出的全新智能交通系统子系统中的新概念。城市交通子区控制系统是一个新兴的交通控制研究领域。后两部分涉及的内容理论性略强，相关技术方法具有前沿性。

本书主要面向学习控制科学与工程类、交通信息及控制类及交通流理论相关课程的本科生和研究生，第2~8章的内容较为浅显易懂，可供本科生学习使用，第9、10章内容理论性较强，可供研究生学习使用。

图书在版编目（CIP）数据

智能交通系统概论／朱文兴主编． -- 北京：机械工业出版社，2024.10（2025.8重印）．--（普通高等教育交通运输类专业系列教材）．-- ISBN 978-7-111-76413-7

Ⅰ．U495

中国国家版本馆 CIP 数据核字第 2024JY4866 号

机械工业出版社（北京市百万庄大街22号　邮政编码100037）
策划编辑：宋学敏　　　　　责任编辑：宋学敏　舒　宜
责任校对：牟丽英　张昕妍　封面设计：张　静
责任印制：刘　媛
天津嘉恒印务有限公司印刷
2025年8月第1版第2次印刷
184mm×260mm・10.75 印张・265 千字
标准书号：ISBN 978-7-111-76413-7
定价：39.00元

电话服务　　　　　　　　网络服务
客服电话：010-88361066　机　工　官　网：www.cmpbook.com
　　　　　010-88379833　机　工　官　博：weibo.com/cmp1952
　　　　　010-68326294　金　书　网：www.golden-book.com
封底无防伪标均为盗版　　机工教育服务网：www.cmpedu.com

前　言

　　交通是兴国之要、强国之基，在构建新发展格局中具有重要地位和作用。建设交通强国，是党中央立足现实、着眼全局、面向未来做出的重大战略决策。

　　多年来，智能交通系统一直是交通科技工作者的研究热点。自"十五"期间国家设立10个智能交通示范城市等重大项目开始，智能交通系统领域的研究越来越向纵深发展，参与的人员越来越多，投入的力度越来越大。随着信息技术和工业互联网的发展，智能交通系统的定义、子系统分类和应用案例在悄然发生着变化。从最早公认的7个智能交通子系统，到现在的无人驾驶车辆跟驰控制系统及城市交通子区控制系统等，应用案例越来越新颖，技术也越来越成熟。

　　本书共有10章内容。第1章为绪论，简要介绍了智能交通系统的定义和传统意义下的子系统分类。第2~8章为智能交通系统在新技术研发基础上的7个子系统，分别介绍了先进交通管理系统、先进出行者信息系统、先进车辆控制系统、货运管理系统、先进公共交通系统、电子收费系统和紧急救援系统。第9、10章分别为无人驾驶车辆跟驰控制系统和城市交通子区控制系统，介绍了编者的课题组的最新科研成果，内容具有较强的理论性、科学性和前沿性。

　　本书的特点是继承传统，固本创新。本书的基础内容是传统智能交通子系统，每个子系统虽然几乎保持了原有的名称，但以新信息技术研发的系统为应用案例进行介绍，使其内涵得到了明显提升。本书扩增的新内容无人驾驶车辆跟驰控制系统和城市交通子区控制系统均涉及智能交通系统领域的前沿技术。

　　本书由朱文兴教授等5人编写完成。朱文兴担任主编，负责第1、9、10章的编写，4名硕士研究生参与编写，其中，庄云龙编写第2、3章，朱康兴编写第5、8章，张韬编写第6章，赵文博编写第4、7章。此外，书稿得到了博士研究生宋涛及其他硕士研究生的大力协助，他们多次校对了书稿文字和图表，为其最终成稿做出了贡献。本书的出版还得到了国家自然科学基金项目（No. 61773243）的经费资助及机械工业出版社的大力支持，在此一并表示感谢。

　　在书稿内容方面，编者查阅和借鉴了大量网络资料及相关文献，在此对有关作者表示感谢。另外，受编者水平所限，书中难免存在错误，敬请广大读者批评指正。

编　者
于山东大学千佛山校区

目 录

前言
第1章 绪论 1
1.1 引言 1
1.2 智能交通系统 1
1.3 发展现状 3
1.4 未来发展趋势 4
思考题 4
第2章 先进交通管理系统 5
2.1 引言 5
2.2 发展现状 5
2.3 基本概念 7
2.4 技术与系统组成 8
2.4.1 ATMS的子系统 8
2.4.2 技术介绍 12
2.5 案例介绍 13
2.5.1 SCOOT系统 14
2.5.2 SCATS 15
2.5.3 旗扬雷视融合感知系统 16
2.5.4 西门子"智慧城市群" 17
2.6 未来发展趋势 18
思考题 18
第3章 先进出行者信息系统 19
3.1 引言 19
3.2 发展现状 19
3.3 基本概念 20
3.4 技术与系统组成 21
3.4.1 ATIS的子系统 21
3.4.2 技术介绍 24
3.5 案例介绍 26
3.5.1 依鲁光电智能交通诱导系统 26
3.5.2 高德地图 28
3.6 未来发展趋势 30
思考题 31
第4章 先进车辆控制系统 32
4.1 引言 32

4.1.1 研究背景与意义 32
4.1.2 发展现状 33
4.2 先进车辆控制系统介绍 33
4.2.1 基本概念 33
4.2.2 系统特点 34
4.2.3 基本功能 35
4.2.4 系统架构与技术 36
4.2.5 基础辅助驾驶系统 38
4.3 案例介绍 40
4.3.1 自动领航辅助（NOA） 40
4.3.2 特斯拉汽车 41
4.3.3 华为智能汽车 41
4.3.4 小鹏汽车 41
4.4 未来发展趋势 42
4.4.1 难题挑战 42
4.4.2 未来展望 42
思考题 43
第5章 货运管理系统 44
5.1 引言 44
5.2 发展现状 44
5.2.1 国外发展现状 44
5.2.2 国内发展现状 45
5.3 基本概念 45
5.3.1 商用车辆 45
5.3.2 功能分析 46
5.4 系统组成与关键技术 46
5.4.1 系统组成 46
5.4.2 关键技术 48
5.5 案例介绍 54
5.5.1 顺丰智慧物流 54
5.5.2 中国移动智能车辆管理系统 55
5.6 未来发展趋势 56
5.6.1 动态称重 56
5.6.2 智慧物流 57
思考题 57

目录

第6章 先进公共交通系统 …… 58
- 6.1 引言 …… 58
- 6.2 背景及发展现状 …… 58
  - 6.2.1 背景 …… 58
  - 6.2.2 发展现状 …… 59
- 6.3 APTS 概述 …… 61
- 6.4 智能调度子系统 …… 61
  - 6.4.1 子系统构成 …… 61
  - 6.4.2 调度发车 …… 63
  - 6.4.3 车速引导策略 …… 67
- 6.5 案例介绍 …… 69
  - 6.5.1 公交自动化多模式调度 …… 69
  - 6.5.2 希迪智驾 …… 71
- 6.6 未来发展趋势 …… 73
- 思考题 …… 74

第7章 电子收费系统 …… 75
- 7.1 引言 …… 75
  - 7.1.1 研究背景与意义 …… 75
  - 7.1.2 发展现状 …… 76
- 7.2 电子收费系统 …… 76
  - 7.2.1 基本概念 …… 76
  - 7.2.2 系统组成 …… 77
  - 7.2.3 关键技术 …… 77
- 7.3 案例介绍 …… 79
  - 7.3.1 高速公路无感支付 …… 79
  - 7.3.2 智慧停车 …… 80
- 7.4 未来发展趋势 …… 81
  - 7.4.1 难题挑战 …… 81
  - 7.4.2 未来展望 …… 82
- 思考题 …… 83

第8章 紧急救援系统 …… 84
- 8.1 引言 …… 84
- 8.2 发展现状 …… 84
  - 8.2.1 事件检测研究现状 …… 84
  - 8.2.2 交通紧急事件应急体系研究现状 …… 85
- 8.3 基本知识 …… 86
  - 8.3.1 紧急事件的概念 …… 86
  - 8.3.2 紧急救援系统的概念 …… 86
  - 8.3.3 紧急事件对交通的影响 …… 87
- 8.4 系统组成及技术应用 …… 88
  - 8.4.1 系统组成 …… 88
  - 8.4.2 技术应用 …… 90
- 8.5 案例介绍 …… 97
  - 8.5.1 广州润万视频识别系统 …… 97
  - 8.5.2 北京市交通运行监测调度中心 …… 98
  - 8.5.3 喜讯科技交通视频事件检测系统 …… 99
- 8.6 未来发展趋势 …… 100
- 思考题 …… 100

第9章 无人驾驶车辆跟驰控制系统 …… 101
- 9.1 引言 …… 101
- 9.2 发展现状 …… 101
- 9.3 跟驰控制系统建模 …… 102
  - 9.3.1 控制模型 …… 102
  - 9.3.2 稳定性分析 …… 103
  - 9.3.3 时域和频域分析 …… 104
- 9.4 速度反馈控制策略 …… 105
  - 9.4.1 速度反馈模型 …… 105
  - 9.4.2 稳定性分析 …… 105
  - 9.4.3 时域和频域分析 …… 106
  - 9.4.4 仿真分析 …… 107
- 9.5 比例微分控制策略 …… 108
  - 9.5.1 比例微分模型 …… 108
  - 9.5.2 稳定性分析 …… 109
  - 9.5.3 时域和频域分析 …… 109
  - 9.5.4 仿真分析 …… 110
- 9.6 混合补偿控制策略 …… 111
  - 9.6.1 混合补偿模型 …… 111
  - 9.6.2 稳定性分析 …… 112
  - 9.6.3 时域和频域分析 …… 113
  - 9.6.4 仿真分析 …… 113
- 9.7 串联补偿控制策略 …… 120
  - 9.7.1 串联校正设计 …… 120
  - 9.7.2 时域和频域分析 …… 121
  - 9.7.3 周期性边界条件仿真分析 …… 123
  - 9.7.4 开放性边界仿真分析 …… 125
- 9.8 挑战与展望 …… 127
- 思考题 …… 127

第10章 城市交通子区控制系统 …… 128
- 10.1 引言 …… 128
- 10.2 发展现状 …… 128
- 10.3 城市路网子区划分 …… 130
  - 10.3.1 交通控制子区概述 …… 130
  - 10.3.2 交通控制子区划分方法 …… 132

10.3.3 交通控制子区划分案例分析 …… 135
10.4 城市路网宏观基本图的拟合分析 …… 136
    10.4.1 宏观基本图的基本特征 …… 136
    10.4.2 宏观基本图的数学模型 …… 136
    10.4.3 宏观基本图拟合的案例分析 …… 137
10.5 非对称交通信号灯离散边界反馈控制策略 …… 141
    10.5.1 控制系统的状态方程及离散化处理方法 …… 141
    10.5.2 边界反馈控制系统设计 …… 143
    10.5.3 非对称交通信号控制 …… 144
    10.5.4 限制条件 …… 147
    10.5.5 仿真分析 …… 148
10.6 考虑车辆排队长度的子区边界控制策略 …… 150
    10.6.1 控制策略 …… 150
    10.6.2 交通控制子区交通流模型 …… 151
    10.6.3 子区边界信号灯配时优化 …… 152
    10.6.4 仿真分析 …… 157
10.7 挑战与展望 …… 159
思考题 …… 159
参考文献 …… 160

第1章 绪 论

1.1 引言

近年来，随着我国社会经济的飞速发展，小型汽车进入寻常百姓家，城市机动车保有量和人均拥有汽车比例日益攀升，居民出行需求不断增加，由此带来的交通拥挤、环境污染、能源消耗和交通安全等成为现代城市发展不容回避的突出问题。要解决上述问题，借助现代科学技术手段研发先进的智能交通系统是必由之路。

1.2 智能交通系统

智能交通系统（Intelligent Transportation System，ITS）是将先进的信息技术、通信技术、传感技术、控制技术及计算机技术等有效地集成运用于整个交通运输管理体系，而建立的一种在大范围内、全方位发挥作用的实时、准确、高效、综合的运输和管理系统。

智能交通系统将人、车、路三者综合起来考虑。在系统中，运用了信息技术、数据通信传输技术、电子传感技术、卫星导航与定位技术、电子控制技术、计算机处理技术及交通工程技术等，并将系列技术有效地集成、应用于整个交通运输管理体系中，从而使人、车、路密切配合，达到和谐统一，发挥协同效应，极大地提升了交通运输效率，保障了交通安全，改善了交通运输环境，提高了能源利用率。

智能交通系统中的"人"是指一切与交通运输系统有关的人，包括交通管理者、操作者和参与者；"车"包括各种运输方式的运载工具；"路"包括各种运输方式的道路及航线。"智能"是ITS区别于传统交通运输系统的最根本特征。

智能交通系统是一个复杂的综合性的系统，从系统组成的角度其可分成以下7个子系统：先进交通管理系统（Advanced Traffic Management System，ATMS）、先进出行者信息系统（Advanced Traveler Information System，ATIS）、先进车辆控制系统（Advanced Vehicle Control System，AVCS）、货运管理系统（Logistics Management System，LMS）、先进公共交通系统（Advanced Public Transit System，APTS）、电子收费系统（Electronic Toll Collection，ETC）和紧急救援系统（Emergency Medical System，EMS）。下面先对上述7个子系统简要

加以介绍，后续将在各个章节详细加以描述。

1. 先进交通管理系统（ATMS）

ATMS 有一部分与 ATIS 共用信息采集、处理和传输系统，但是 ATMS 主要是给交通管理者使用的，用于检测控制和管理公路交通，在道路、车辆和驾驶人之间提供通信联系。它将对道路系统中的交通状况、交通事故、气象状况和交通环境进行实时监视，依靠先进的车辆检测技术和计算机信息处理技术，获得有关交通状况的信息，并根据收集到的信息对交通进行控制，如信号灯、发布诱导信息、道路管制、事故处理与救援等。

2. 先进出行者信息系统（ATIS）

ATIS 是建立在完善的信息网络基础上的。交通参与者通过装备在道路上、车上、换乘站上、停车场上及气象中心的传感器和传输设备，向交通信息中心提供各地的实时交通信息；ATIS 得到这些信息并通过合理的处理后，实时向交通参与者提供道路交通信息、公共交通信息、换乘信息、交通气象信息、停车场信息及与出行相关的其他信息；出行者根据这些信息确定自己的出行方式和路线。更进一步，当车上装备了自动定位和导航系统时，该系统可以帮助驾驶人自动选择行驶路线。

3. 先进车辆控制系统（AVCS）

AVCS 可用于开发帮助驾驶人实行本车辆控制的各种技术，从而使汽车行驶安全、高效。AVCS 包括对驾驶人的警告和帮助，以及躲避障碍物等自动驾驶技术。

4. 货运管理系统（LMS）

LMS 是指以高速道路网和信息管理系统为基础，利用物流理论进行管理的智能化物流管理系统，此系统综合利用卫星定位、地理信息系统、物流信息及网络技术有效组织货物运输，以提高货运效率。

5. 先进公共交通系统（APTS）

APTS 采用各种智能技术促进公共运输业的发展，使公交系统实现安全便捷、经济、运量大的目标。如通过个人计算机、闭路电视等向公众就出行方式和突发事件、路线及车次选择等提供咨询，在公交车站通过显示器向候车者提供车辆的实时运行信息。在公交车辆管理中心，可以根据车辆的实时状态合理安排发车、收车等计划，提高工作效率和服务质量。

6. 电子收费系统（ETC）

ETC 是世界上先进的路桥收费方式。通过安装在车辆风窗玻璃上的车载器与在收费站 ETC 车道上的微波天线之间的微波专用短程通信，利用计算机联网技术与银行进行后台结算处理，从而达到车辆通过路桥收费站不需停车而能交纳路桥费的目的，并且经过后台处理后能将所交纳的费用给相关部门。在现有的车道上安装电子收费系统，可以使车道的通行能力提高 3~5 倍。

7. 紧急救援系统（EMS）

EMS 是一个特殊的系统，它的基础是 ATIS、ATMS 和有关的救援机构和设施，通过 ATIS 和 ATMS 将交通监控中心与职业的救援机构联成有机的整体，为道路使用者提供车辆故障现场紧急处置、拖车、现场救护、排除事故车辆等服务。

1.3 发展现状

世界上应用智能交通系统最为广泛的地区是日本（日本的 ITS 相当完备和成熟），其次是美国、欧洲等地区。中国的智能交通系统发展迅速，在北京、上海、广州、济南等大城市已经建设了先进的智能交通系统。其中，北京建立了道路交通控制、公共交通指挥与调度、高速公路管理和紧急事件管理四大 ITS 系统；广州建立了交通信息共用主平台、物流信息平台和静态交通管理系统三大 ITS 系统；济南建立了"济南交通大脑"，打造泉城交通智能生态系统。随着智能交通系统技术的发展，智能交通系统将在交通运输行业得到越来越广泛的运用。

国外对智能交通系统的研究始于 20 世纪 70 年代，由于当时的信息处理技术不发达，研究曾一度陷入低谷。20 世纪 80 年代中期以后，随着信息处理技术的不断发展成熟，各国对 ITS 的研究热情重新高涨起来，特别是从 20 世纪 90 年代以来，发达国家在 ITS 研究方面投入了大量的人力、物力和财力，使智能交通系统成为继航天、军事领域之后，高新技术应用最为集中的领域。其中，美国、欧盟为其中的典型代表。

美国在 20 世纪 60 年代开展世界上领先的 ITS 技术开发和研究，集中了本国各种优势研发力量，在政府和国会的参与下成立了 ITS 的领导和协调机构。1991 年，美国制定了《陆地多式联运效率法案》，即所谓的"冰茶法案"，并在美国交通部的指导下开展相关工作，每年投入 2 亿美元的 ITS 研究经费。

欧洲原西德于 20 世纪 70—80 年代进行了汽车导航系统试验。在此基础上，欧盟于 20 世纪 80 年代后期到 1994 年进行了两个 ITS 试验，一个是以先进交通管理系统（ATMS）和先进出行者信息系统（ATIS）为中心的保障欧洲安全行车专用公路基础设施（Dedicated Road Infrastructure for Vehicle Safety in European，DRIVE）计划，另一个是以先进车辆控制及安全系统（Advanced Vehicle Control and Safety Systems，AVCSS）为中心的具有高效和绝对安全的欧洲交通（Program for a Europe Traffic with Highest Efficiency and Unprecedented Safety，PROMETHEUS）计划。1989—1992 年，经费预算总额达到 1.2 亿欧元的 DRIVE1 主要是针对可能解决的技术促进类项目，1992—1994 年的 DRIVE2 主要以公共服务为中心，解决以下几个方面的问题：需求管理、旅行交通信息、城市内综合交通管理、驾驶人辅助和协调驾驶、物流管理、公共交通管理。

我国在智能交通系统方面的研究工作起步较晚。20 世纪 80 年代初期，我国从治理城市交通管理入手，开始运用高科技手段发展交通运输系统。20 世纪 90 年代初，一些高校和交通研究机构开始了城市交通诱导系统技术的研究和尝试。"九五"期间，交通部提出"加强智能公路运输系统的研究与发展"，结合我国国情，分阶段地开展交通控制系统、驾驶人信息系统、车辆调度与导航系统、车辆安全系统及收费管理系统等几个领域的研究开发、工程化和系统集成。为加快我国智能交通研究的步伐，北京、上海、深圳、济南、青岛、大连等经济相对发达的城市先后从国外引进了一些较为先进的城市交通控制、道路监控系统，通过引进、消化、吸收，国内的大型企业和运输管理部门加大了智能交通系统方向的研究力度，创建了具有自主知识产权的智能交通控制系统。

1.4 未来发展趋势

智能交通的概念是 20 世纪 90 年代初由美国提出的。2009 年，国际商业机器（International Business Machines）IBM 公司提出了智慧交通的理念，智慧交通是在智能交通的基础上，融入物联网、云计算、大数据、移动互联等高新技术，通过高新技术汇集交通信息，提供实时交通数据下的交通信息服务。智慧交通大量使用了数据模型、数据挖掘等数据处理技术，实现了智慧交通的系统性、实时性、信息交流的交互性及服务的广泛性。

智慧交通是以互联网、物联网等网络组合为基础，以智慧路网、智慧装备、智慧出行、智慧管理为重要内容的交通发展新模式，具有信息联通、实时监控、管理协同、人物合一的基本特征。

电子信息技术的发展，"数据为王"的大数据时代的到来，为智慧交通的发展带来了重大的变革。物联网、云计算、大数据、移动互联等技术在交通领域的发展和应用，不仅对智慧交通注入了新的技术内涵，而且对智慧交通系统的理念和发展产生了巨大影响。随着大数据技术研究和应用的深入，智慧交通将在交通运行管理优化，面向车辆和出行者的智慧化服务等方面，为公众提供更加敏捷、高效、绿色、安全的出行环境，创造更加美好的生活。

思考题

1. 智能交通系统的定义是什么？
2. 智能交通系统有哪些子系统？请分别简要介绍。
3. 简要论述我国发展智能交通系统的重要意义。

第2章　先进交通管理系统

2.1　引言

在高新技术产业化迅猛发展的新形势下，先进交通管理系统（ATMS）正蓬勃兴起。ATMS 主要利用先进的计算机技术、信息技术、通信技术、感知技术、控制技术和人工智能技术对传统交通运输系统进行全面升级改造，为建设全方位、实时、高效、准确、安全的交通运输方式提供技术装备，对我国发展和普及智能交通有着极其重要的意义。

2.2　发展现状

目前，国际上最常见的 ATMS 形式是以交通指挥中心为依托的交通管理系统。与传统的交通指挥中心管理系统的封闭性不同，ATMS 使交通信号控制、视频监控、信息发布、违章管理、事故处置、车辆驾驶人管理业务、122/110 接处警管理、通信指挥调度等原本孤立的各个子系统通过计算机网络平台有机连接起来，形成功能强大的大型管理平台系统。

美国德克萨斯州圣安东尼奥市自主研发了 TransGuid 系统。该系统能够自动处理道路交通事件和道路引导，使当地交通事件处理效率大大提高，减轻了事件对道路交通的负面影响，使高速公路上的拥堵减少了 27%。此外，由于通行效率提高，运行车辆燃料利用率明显提高，尾气排放减少。据测算，该系统使用后，该地区每年减少二氧化碳排放量 128t、碳氢化合物排放量 13.5t、一氧化碳排放量 17.2t，燃油年度消耗减少 1.2×10^7L。

德国和英国分别在 20 世纪 80 年代末开发了基于红外信标通信的动态路径诱导系统，其中 LISB 系统和 AUTOGUIDE 系统利用历史数据进行诱导，取得了很好的效果。20 世纪 90 年代，德国西门子公司基于 LISB 开发的 ALL-SCOUT 系统（在欧洲称为 EURO-SCOUT 系统）具有一定的国际影响，它是基于红外信标通信方式的中心决定式路径诱导系统。基于 ALERT-C 协议的交通数据频道广播已经在英国、德国和意大利等欧洲国家开通，它能够向用户提供交通事故、拥挤和道路施工等信息，它的商用路径诱导系统（如 Carminat、DynaGuide 等）不但可以显示或提示交通信息，还可以实现分布式的动态路径诱导。

我国济南市城区已建成较为完善的交通诱导信息室外显示屏发布系统，覆盖范围包括槐荫区、市中区、天桥区、历城区、历下区等市内城区。该系统由1个主控制中心、7个分控制中心及215块诱导信息室外显示屏构成。控制中心采用滴滴出行大数据源自动计算生成实时路况信息，以文字、图像和图文混合等多种方式展现在215块诱导信息室外显示屏（以下简称信息板）上，根据实时路况可24h不间断更新实时路况信息，并可随时插播各类临时信息。这些可变信息板布设点位主要集中在以大明湖为中心的老城区和以济南站为中心的棋盘形路网中，而市区周边区域的可变信息板布设点位较为稀疏，从外围到核心区可变信息板布设点位呈现出由稀疏到逐渐密集的态势。济南市目前已布设的可变信息板大部分位于快速路、主干路及各大小型交叉口，覆盖面广。其中，经十路以北、北园高架以南、纬十二路以东、二环东路以西的市中心区域交通流量较大，容易出现拥堵状况，这块区域可变信息板布设点位较为密集，有效缓解了城区交通拥堵状况。根据济南市城区交通诱导信息的板布设现状，结合道路等级、交通流量、交通区位、土地利用性质等因素，济南市城区动态交通诱导信息板布设主要考虑如下几个方面的因素：地理区位差异性、代表性路段或交叉口、重要车流集散地、路网重大分流点上游等。

在交通信号控制方面，英国道路运输研究所于1973年开始研发绿信比、周期、相位差优化技术（Split Cycle Offset Optimization Technique，SCOOT）系统，该系统是一种对交通信号网进行实时协调控制的自适应控制系统，最早于1977年在哥拉斯哥市进行现场测试。1979年，在该市开展大规模试验并取得圆满成功，从此，在英国进行全面推广。20世纪80年代初，该系统引入我国的成都、大连、北京等大中城市，目前在英国伦敦的应用规模最大，控制约2000个路口，现行的版本包括支持公交优先、自动的SCOOT系统交通信息数据库更新、路网事故检测，以及车辆排放物的估算等功能。该系统根据检测器采集的实时数据计算交通量、占用时间、占有率及拥挤程度。同时结合检测数据和预先存储的交通参数对各路口进行车队预测，利用交通环境对子区和路网的信号配时进行优化。系统实用性和稳定性强且反应迅速，可以对无效信息进行有效鉴别。

澳大利亚的悉尼自适应交通控制系统（Sydney Coordinated Adaptive Traffic System，SCATS）是另一个公认的智能交通信号控制系统，本章案例部分会给出详细介绍。

自20世纪80年代至今，我国研发和建立了适合中国混合交通流特性的控制系统，较有代表性的系统为城市交通控制系统（Hierarchical Traffic Urban Traffic Control System，HT-UTCS）和海信控制（Hisense Control）系统。

HT-UTCS是由交通运输部、公安部与南京市合作自主研发的实时自适应城市交通控制系统，采用三级分布式控制（区域协调、线协调和单点控制），为方案形成+专家系统式实时自适应控制系统。

HiCON系统是由青岛海信网络科技开发的自适应系统，采用三级控制模式，包括路口级、区域级和中心级控制。路口级负责实时数据采集、上传至上级、接收上级指令；区域级负责子区控制优化、数据采集、交通预测；中心级负责监控下级运行状态，提供人机交互平台。

2017年，国外交通信号机在我国交通信号控制市场占有率为54%，其中北京、上海、广州、武汉、杭州、沈阳等大城市皆是应用SCOOT系统或SCATS。近几年，国内交通信号机占比不断增长，一些大中城市开展了交通信号统一管控平台的建设，实现了城市全域交通联网联控,深化了多源交通数据与智能学习决策技术的融合应用,提高了平台系统互联与服务能力,有力提升了交通信号控制的精细化、智能化管控水平。

2.3 基本概念

ATMS 是 ITS 的关键组成部分,也是最基础的部分,它具有系统化、标准化、规范化、人性化等特征。它以现代信息技术为支撑,将孤立的交通子系统集成起来,形成功能强大的管理平台系统。ATMS 实现了交通信息的采集、传输、存储、处理及应用,进而实现道路网络交通流的实时监控、主动控制与协调管理,最大限度地发挥交通网络的通行能力,达到缓解交通拥挤、缩短出行时间、降低能耗、减少尾气排放、减少交通事故等目的。

先进交通管理系统包括如下功能。

1. 实时交通监控

利用摄像头、雷达和其他传感器等设备,实时监测道路交通情况,包括车流量、拥堵程度、事故和违规行为等。

2. 交通信号智能控制

通过智能交通信号灯,根据实时交通情况调整信号灯的定时,并优化信号配时算法,以减少拥堵和排队时间。

3. 交通数据分析

利用大数据分析技术,对采集到的交通数据进行处理和分析,预测交通状况,指导交通调度和规划。

4. 路况导航系统

提供实时的交通路况信息,帮助驾驶人选择最佳路线,避开拥堵和事故地点,减少通行时间和能源消耗。

5. 电子收费系统

采用电子标签和读卡器等技术,实现无人值守的交通收费,提高过路效率,减少交通堵塞。

6. 自动驾驶技术

结合自动驾驶技术,实现车辆的智能控制和协同驾驶,提高道路交通的安全性和流畅度。

7. 智能停车管理

利用传感器和摄像头等设备,实时监测停车位的使用情况,提供空余停车位的导航和预订服务,减少寻找停车位的时间和交通堵塞。

8. 环保低碳管理

通过优化交通信号配时、减少车辆排放和鼓励公共交通等措施,降低交通对环境的污染和能源消耗。

综上所述,先进交通管理系统利用先进的科技手段和信息技术,通过实时监测和数据分析，优化路况和交通信号，提供导航和停车服务，实现智能交通管理，从而提高道路交通效率、安全性和环保性。

2.4 技术与系统组成

ATMS 是基于多种现代技术进行系统集成的创新解决方案，它将交通事件管理系统、交通监控系统和交通信号控制系统等多个独立系统有机地结合起来。通过实时的数据采集、传输和处理，ATMS 能够提供全面而准确的交通信息，从而实现对交通的实时控制、指挥和管理。

首先，ATMS 利用先进的传感器技术、摄像头和雷达等设备，对道路和交通进行全天候、全方位的监控。这些设备能够实时获取车流量、拥堵情况、事故发生、违规行为等交通数据，并将其传输到中央控制中心。

其次，ATMS 通过强大的数据处理能力，将交通数据进行整合和分析。借助大数据分析和人工智能技术，它能够快速识别和诊断交通事件，如交通事故、道路施工等，同时还可以预测交通状况和趋势。

再次，ATMS 还利用先进的交通信号控制算法和优化策略，根据实时的交通数据和预测结果，动态调整交通信号灯的配时方案。这样可以最大限度地提高交通效率，减少拥堵和排队时间。

最后，ATMS 还具备交通事件管理功能。当发生交通事故或紧急情况时，它能够及时发出警报并指挥交通，以确保实现快速救援响应和交通恢复。

总之，ATMS 通过多种现代技术的有机结合，实现了对交通的实时控制、指挥和管理；将交通事件管理系统、交通监控系统、交通信号控制系统等多个系统有机地结合起来，从而实现对交通的实时控制指挥管理。它能够提供全面的交通状态信息、准确的交通预测和优化的交通信号控制，为城市交通带来了更高的通行效率、安全性和可持续性。

2.4.1 ATMS 的子系统

ATMS 可以分为 3 个子系统：交通事件管理系统、交通监控系统、交通信号控制系统。

1. 交通事件管理系统

交通事件是指导致道路通行能力下降或交通需求异常增多的非周期性情况，可分为突发性交通事件和计划性交通事件。

突发性交通事件包括交通事故、自然灾害及生产事件等，具有不可预测性。计划性交通事件包括大型集会、大型文体活动及道路养护维修作业等，此类事件可事先获得事件信息，便于指定应对计划。

交通事件通常具有以下 3 个特点。

(1) 非常发性

对于突发性事件，事件发生的时间、地点以及频率往往是不确定的，而计划性事件的发生虽然事前是知道的，但由于其会引发超常的交通需求而常常需要进行大量的准备工作，还要限制这类事件发生的频率。

（2）需求超常性

交通事件主要通过影响道路的通行能力和影响交通需求来对现状交通产生影响，导致交通需求大于道路通行能力，从而产生交通拥堵。

（3）波及广泛性

交通事件往往涉及对象众多，影响范围很广。例如，一项养护维修工程往往涉及施工单位、交通管理部门、道路使用者等多个对象，如果发生了交通事故，还会涉及医疗、急救等诸多部门，它的影响范围不仅包括养护维修的路段，一般还会影响到相关的平行道路和相交道路。

交通事件或多或少地会对交通系统产生影响，主要影响有以下两个方面。

（1）影响道路通行能力

交通事件通常会对道路设施产生局部性或区域性的影响，导致道路设施不能发挥正常的交通功能。这种影响可分为物理性影响和功能性影响。

（2）影响交通需求

交通事件会导致交通需求在道路网上的重新分布，有些道路的交通需求降低，而有些道路的交通需求会增加。

交通事件管理系统功能有事件检测与确认、事件快速反应、事件现场管理、交通管理、事件清理和事件信息发布等。

交通事件管理系统在应对交通事件时，会采取措施使受到事件干扰的交通流恢复正常，以达到改善交通安全；减少人员伤亡和损失，缩短交通延误；缩短事件反应时间，提高救援效率；减小交通事件对环境影响的目的。

交通事件管理系统由数据采集子系统、高速公路应急管理中心子系统（包括数据处理子系统和应急管理方案决策子系统）和应急救援子系统组成。交通事件管理系统结构示意如图2-1所示。

1）数据采集子系统通过各种信息采集方式如车辆检测器、视频检测设备、气象检测器

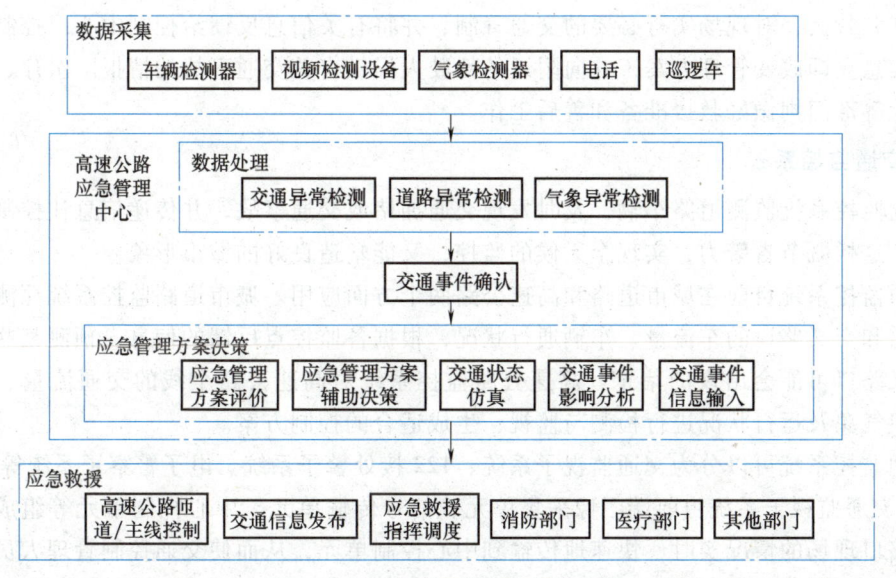

图 2-1 交通事件管理系统结构示意

等采集相关数据，并用通信网络传送到应急管理中心的数据处理子系统。

日本的路车通信系统（Road Automobile Communication System，RACS）通过车辆上的装置和设置于路上的通信接收与发射装置，实现行驶中的车辆与管理中心的通信。当车辆遇到险情时，可以通知管理中心，并通过该中心将此信息提供给周边的车辆。

近年来，图像识别技术快速发展，基于此方法的异常交通信息采集技术也在进步。交通状态自动识别系统（Automatic Incident Detection System，AIDS）运用图像处理技术，自动检测行驶中的车辆为避开道路上异常情况的行驶轨迹，并将此信息传送到交通控制中心和道路后续车辆。AIDS几乎可以在突发交通事件发生的同时获取异常交通信息，但由于该系统的成本较高，所以尚难在高速公路上大范围使用。

2）高速公路应急管理中心子系统介绍如下。

① 数据处理子系统负责对数据进行处理，及时获得交通事件信息，并向管理人员进行提示。管理人员对异常事件进行辨别和确认后，将事件信息输入应急管理方案决策子系统，该子系统在进行事件影响分析、交通状态仿真等基础上，提出应急管理方案的建议，并通过人机交互的方式确定最佳的应急管理方案。

② 应急管理方案决策子系统主要是对道路交通的检测和评价，重点在于预警指标的建立和评价。而预警管理的重点在于获得各种交通现象信息的基础上，研究如何采取预警预控的管理手段防范异常交通事件的发生及发生后的紧急救援措施等问题，包括预警应急管理的组织、预警应急管理的运行方式及预控对策等方面。

3）应急救援子系统负责高速公路交通事故紧急救援管理任务，它涉及诸多业务部门，包括高速公路交通管理中心、交通警察部门、医疗部门、事故排除部门、应急救援部门等。

在获悉异常交通现象发生后，应急救援子系统视异常交通的类型和程度，迅速就以下救援方案做出决策：突发事件现场的调查与管理方案、应急救援技术方案与装备、救援线路、上游流入交通的迂回诱导与控制管理方案等。

交通控制中心在获取事故信息后，迅速将信息传达给各救援部门，应急救援队伍快速抵达现场展开救援，对现场实行必要的交通管制，并将有关信息反馈给控制中心。控制中心根据反馈信息立即改变管理方案，并向附近的驾驶人提供有关交通事故的情报。医疗、应急救援、保险等部门则做好救援准备和善后工作。

2. 交通监控系统

交通监控系统监测道路车辆，及时发现交通拥堵或交通事故，并传递信息让控制中心做出决策。这样既节省警力，实现全天候的监控，又能塑造良好的城市形象。

交通监控系统目前在城市道路和高速公路两个方面应用。城市道路监控系统探测各主要交通要道和交叉路口的车流量、车辆通行状况，根据各监控点反馈的信息，预测某些交通要道和交叉路口可能会出现的堵塞。高速公路监控系统对高速公路全线的交通流量、交通状况、环境气象及运行状况进行检测与监视，生成适合的控制方案。

交通监控系统可以分为交通监视子系统、122接处警子系统、电子警察子系统等。

1）交通监视子系统由前端图像采集单元、信号传输单元、中心控制单元等组成。主要是将各路口现场的情况实时、快速地传输到中心控制单元，从而使交通控制管理人员随时观察城市各路口发生的情况实景，以便管理者做出正确的判断，真正起到道路交通诱导的

作用。

2）122接处警子系统融合了现代通信、计算机网络、地理信息系统等技术，实现了122交通事故报警电话的接警、处警和指挥调度的过程自动化。该系统在公安智能交通综合指挥系统中扮演了重要角色，是集中监视、统一调动、协调接处警目标建设的主要组成部分。

3）电子警察子系统又称为违章闯红灯车辆记录系统。它主要由路口电子警察、信息传输模块和中心处理设备组成，如图2-2所示。违章闯红灯行为是造成交通事故、交通混乱、交通堵塞的主要原因之一，电子警察子系统对交通路口闯红灯行为进行24h监视，一旦有车辆违章闯红灯，立即抓拍作为处罚依据。除此之外，电子警察子系统也会检测车辆速度，记录超速车辆，以减少因超速而导致的交通事故。目前，路口电子警察主要有3种技术实现方式：电子摄像头、雷达微波测速、地感线圈测速。

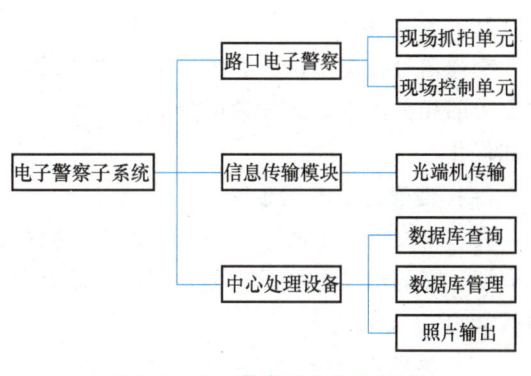

图2-2　电子警察子系统的组成

电子警察子系统能对违章车辆进行自动判断与图像记录。执法部门可以根据该系统所提供的车辆违章过程的图像记录，对违章驾驶人进行追究和处罚。它还可以实现对路口、路段或特定场所进行全天候的监控与管理，对嫌疑车辆的布控、侦破和追逃等功能。

电子警察子系统是根据在路口监控区域设置特征信号线来判断是否有车辆闯红灯（见图2-3）。当红灯亮起时，系统会启动红灯方向的特征线标志。系统会利用预先设计好的软件不断检测特征信号线是否被切断，如果发现被切断，则立刻发出捕捉信号，将该机动车的视频图像存储下来并传输至中心。此后，中心计算机会对闯红灯车辆的车型、车号进行自动识别，并将违章车辆的信息打印出来，最后发布违章信息，通知违规者。

3. 交通信号控制系统

城市交通信号控制是通过相关技术对交叉口的信号灯的灯色变化的控制，使车辆能够高效地驶离交叉路口。信号控制用于实现合理指挥交叉口交通流的通行或停止，达到疏导、改善交叉口的交通流的目的。

图2-3　路口特征信号线示意

信号控制的基本概念包括信号相位、饱和度、平均车头间距、信号周期、绿信比和相位差等。信号控制的方式则包括定时控制、感应控制及优化控制。信号控制的性能指标主要包括延误时间、排队长度、通行能力和停车次数。

交通信号控制系统由主控中心、路口交通信号控制机及数据传输设备3部分组成。它的核心功能如下。

（1）交通信号灯控制

交通信号控制系统可以根据交通需求和实时交通状况，智能地调整交通信号灯的变化周

期和配时方案。系统根据交通流量、车速、拥堵状况等参数进行优化，以最大限度地减少交通拥堵，提高交通效率。

（2）交通流量检测

交通信号控制系统配备了各种传感器和监测设备，用于检测实时的交通流量情况。这些设备可以通过视频监控、地磁感应、雷达等技术手段对交通流量进行准确的检测和识别。

（3）交通数据分析

交通信号控制系统能够将采集到的交通数据进行整合和分析，从而得出交通状况、趋势和需求的相关信息。通过数据分析，系统可以预测交通拥堵、瓶颈等情况，并做出相应的调整和优化。

（4）信号协调与同步

在多个交叉口之间，交通信号控制系统可以实现信号的协调与同步。通过优化信号配时和周期，交通信号控制系统可以使得交通流向更加顺畅，减少交叉口冲突和拥堵，提高道路通行能力。

（5）紧急情况响应

当发生交通事故、施工等紧急情况时，交通信号控制系统可以自动响应并调整信号配时方案，以确保交通通畅和救援的顺利进行。目前，国内外已应用的信号控制系统大多是以优化周期方案、优化路口绿信比及协调相关路口通行能力为基础，根据历史数据和检测到的车流量信息，通过控制模型算法选取适当的控制方案，属于被动控制策略。

随着网络技术的发展，交通信号控制系统不仅可以检测各种交通信息参数，调控路口绿信比，变化指路标志，还可以与交通参与者进行信息交换，向交通参与者显示道路交通信息、停车场信息并提供合理的行驶线路，以实现均衡道路交通负荷的主动控制策略。

2.4.2 技术介绍

1. 电子摄像头检测车辆速度

通过电子摄像头检测车辆速度主要有3种方法：光流法、背景差法和帧间差分法。

（1）光流法

光流是空间运动物体在观测成像面上的像素运动的瞬时速度。光流的研究是利用图像序列中的像素强度数据的时域变化和相关性来确定各自像素位置的"运动"，即研究图像灰度在时间上的变化与景象中物体结构及其运动的关系。通常，光流由相机运动、场景中目标运动或两者的共同运动产生。计算光流的方法大致可分为4类：基于相位、能量、匹配和变分的方法。

光流法检测运动物体的基本原理是给图像中的每一个像素点赋予一个速度矢量，由速度矢量的像素构成一个图像运动场，在特定时刻，图像上的像素与三维物体上的点相对应，通过投影关系得到这种对应关系，然后根据像素点的速度矢量特征，对图像进行动态分析。如果光流矢量在整个图像区域是连续变化的，则图像中没有运动物体。当有运动物体在图像中通过时，目标和图像背景之间存在相对运动，运动物体所形成的速度矢量不同于邻域背景的速度矢量，检测出存在运动物体和物体的位置。

（2）背景差法

背景差法的基本思想是先形成交通场景的背景图像，然后将待检测图像与背景图像逐像素相减（差值图像中非零像素点就表示了运动物体），进而就可运用阈值方法将运动物体从背景中分离出来。运用背景差法能否成功提取目标区域的关键是精确可靠的背景图像。

（3）帧间差分法

帧间差分法又称图像序列差分法。当运动物体出现在监控场景中时，前一帧与后一帧会出现很大的差别，通过两帧相减，得到像素点亮度值差的绝对值，然后判断这个绝对值是否大于阈值来分析视频的运动特性，最后确定有无物体运动在图像序列中。

帧间差分法的主要优点有：程序设计复杂度低，算法实现较为简单；能够适应多种动态环境，对光线等场景变化要求不高，有较高的稳定性。帧间差分法的主要缺点有：只能提取出对象边界，不能提取出对象的完整区域；时间的间隔选择不易实现，对于运动速度较快的物体，如果选择时间间隔较大，则物体在前后两帧中可能没有重叠，这时会被检测成两个分开的物体；而对于运动速度较慢的物体，如果选择的时间间隔较小，则物体在前后两帧中可能会出现几乎完全重叠的效果，导致检测不到物体的情况发生。

2. 信号灯基本控制方法

交通信号灯通常有 3 种基本控制方法：感应控制、定时控制和自适应控制。

（1）感应控制

感应控制是在交叉口进口道上设置车辆检测器，交通信号灯配时方案由计算机或智能化信号控制机计算，可随检测器检测到的车流信息而随时改变的一种控制方式。感应控制的基本方式是单个交叉口的感应控制，简称单点感应控制。单点感应控制随检测器设置方式的不同可分为半感应控制和全感应控制。

（2）定时控制

交叉口交通信号控制机均按事先设定的配时方案运行，称为定周期控制。一天只用一个配时方案的称为单段式定时控制；一天按不同时段的交通量采用几个配时方案的称为多段式定时控制。

基本的定时控制方式是单个交叉口的定时控制。线控制、面控制也都可用定时控制的方式，由此组成的定时控制系统称为静态线控系统、静态面控系统。

（3）自适应控制

把交通系统作为一个不确定系统，能够进行连续测量被测对象的状态，如车流量、停车次数、延误时间、排队长度等。自适应控制系统是逐渐了解和掌握对象，把它们与希望的动态特性进行比较，并利用差值以改变系统的可调参数或产生一个控制，从而保证不论环境如何变化，均可使控制效果达到更好的一种控制方式。

以上 3 种控制方式都可以有效地进行信号灯的合理改变。

2.5　案例介绍

先进的交通管理系统在全球已经有较为广泛的应用，包括 SCOOT 系统、SCATS 和旗扬雷视融合感知系统等。此外，西门子提出了"智慧城市群"的概念，为信号控制领域注入

新的思想与力量。

2.5.1 SCOOT 系统

　　SCOOT 系统是英国道路运输研究所在交通网络研究工具（Traffic Network Study Tool, TRANSYT）的基础上研制的自适应控制系统，作为城市交通控制软件附加模组，它在系统基础上可实现真正的实时自适应交通控制。该系统在试验后便得到了广泛推广，如今全世界共有超过 170 个城市正运行着该系统。

　　SCOOT 系统是一种交通信号优化系统。它是一种基于实时交通数据的智能交通管理系统，旨在通过动态调整交通信号的配时，以提高交通流动性和减少交通拥堵。

　　SCOOT 系统利用交通探测设备和实时交通数据监测道路上的车辆流量和交通状况，并根据预定的调控策略，自动调整交通信号的时长和相位。它使用复杂的算法和模型优化信号配时，以最小化交通延误和提高交通效率为目标。

　　SCOOT 系统具备自适应优化能力，可以根据实时交通情况进行实时调整。它能够处理交通高峰期的拥堵情况，应对交通流量的变化及特定事件（如事故或道路工程）对交通状况的影响。这使得系统能够快速响应并适应不同的交通需求和条件。

　　此外，SCOOT 系统还具有协调配时的功能，可以协调多个交叉口的信号配时，以减少车辆等待时间和交通延误，提高整体交通运行效率。

　　SCOOT 系统还提供实时监控和反馈功能，可收集交通流量数据、延误时间、平均车速等信息，并生成报告和图表，供管理人员参考和分析。这些监控和反馈数据有助于评估系统效果并做出调整。

　　该系统根据检测器得到的实时数据计算交通量、占用时间、占有率及拥挤程度。同时，它结合检测数据和预先存储的交通参数对各路口进行车队预测，由此利用交通环境对子区和路网的信号配时进行优化。

　　SCOOT 系统是一种两级结构，上一级为中央计算机，下一级为路口信号机。配时方案在中央计算机上完成；信号控制、数据采集、处理及通信在路口信号机上完成。

　　SCOOT 系统工作流程如图 2-4 所示。深色部分为 SCOOT 系统主要功能。

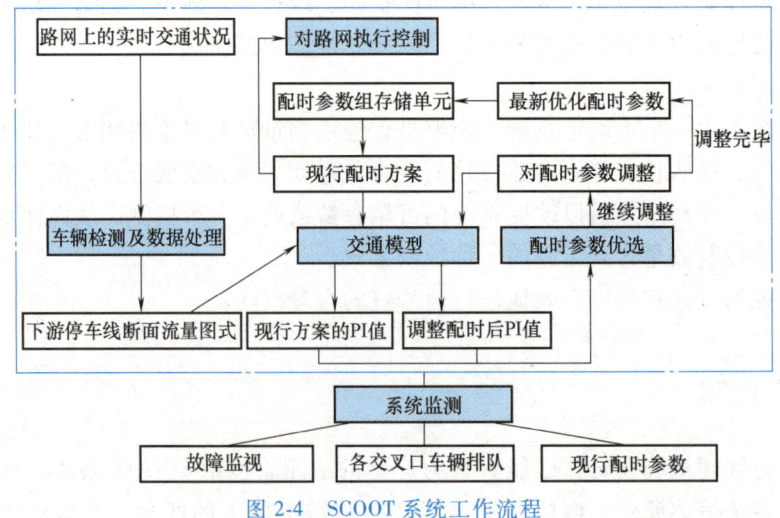

图 2-4　SCOOT 系统工作流程

SCOOT系统主要有以下4个特点。

1）通过车辆检测器获得交通量数据，建立交通模型，绿信比、相位差和周期的优化均通过模型进行。

2）为了避免参数突变对交通流产生的不利影响，对配时参数优化时采用连续微量调整的方式，但有可能不足以及时响应每个周期的交通需求。

3）具有公交车辆和紧急车辆优先功能。通过带有车型识别能力的检测器或自动车辆定位系统检测公交车辆和紧急车辆，给出优选通行权。

4）具有交通信息数据库模块和综合事故检测模块，能够对交通数据进行滤波、分析，并将处理好的数据用于参数优化，还能够实时检测事故，为交通管理部门提供服务。

SCOOT系统已在全球范围多个城市得到应用，包括英国的伦敦、曼彻斯特、伯明翰，荷兰的阿姆斯特丹，韩国的首尔，中国北京、上海、广州、杭州、南京和成都等。

2.5.2 SCATS

SCATS是由澳大利亚新南威尔士州道路交通局研究开发的。SCATS在某些方面优于英国的SCOOT系统。该系统所提供的功能可以实现对交通的复杂控制，满足人们对交通的各种控制要求。

SCATS基于计算机网络、路口感应装置，分析统计汽车流量、速度，并根据最佳同行效果，设置路口红绿灯时间配比。它的最大的特点是"自适应"，根据道路车流实时情况，进行数据处理，然后适时调整，做出合理的配时，以适应路口的不同情况。它采用地区级联机控制、中央级联机与脱机同时进行的控制模式，以类饱和度综合流量最大为系统目标，无实时交通模型，控制参数为绿信比、相位差和周期。SCATS的控制结构是三级协调分布式控制结构，即中央控制级、确定协调控制级（多个区域）和路口控制级，SCATS架构如图2-5所示。

SCATS采用了分层递阶的控制结构，它的控制中心备有一台监控计算机和一台管理计算机，二者通过串行数据通信线路相连。区域控制机自动把各种数据送到管理计算机。监控计算机连续地监视所有路口的信号运行和检测器的工作状况。

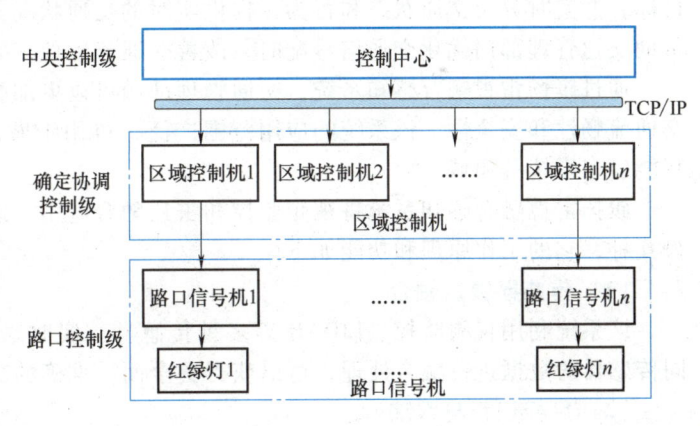

图2-5 SCATS架构

区域控制机用于分析路口控制器送来的车流数据，确定控制策略，并对本区域各路口进行实时控制，同时把收集到的所有数据送到控制中心作为运行记录并用于脱机分析。

路口信号机主要采集分析检测器提供的交通数据，并传送到区域控制机，同时接受区域控制机的指令，控制本路口信号。

SCATS主要有以下4个特点。

1）配时参数优化方法是一种实时方案选择控制系统，信号周期和绿信比的实时选择以

子系统的整体需要为出发点（即根据子系统内的关键交叉口的需要）确定共用周期时长。交叉口的相应绿灯时间，按照各相位饱和度相等或接近的原则，确定每一相位绿灯占信号周期的百分比，随着信号周期的调整，各相位绿灯时间也随之变化。

2）检测器安装在停车线上，不需要建立交通模型，因此控制方案不是基于交通模型的，因此系统根据类饱和度和综合流量从既定方案中选择信号控制参数，本质上是一种实时方案选择系统。

3）周期、绿信比和相位差的优化是根据实测的类饱和度值，在预先确定的多个方案中选择出的。

4）系统可根据交通需求改变相序或跳过下一个相位，因而能及时响应每一个周期的交通需求。

2.5.3 旗扬雷视融合感知系统

近年来，随着人工智能技术的不断进步，雷视融合在智慧交通中的应用越来越广，装机比例越来越高。在不断迭代的信息技术时代，5G加速发展、物联网与人工智能技术的广泛应用，赋予了交通系统"万物互联"的功能，使"车、人、路、环境"交通四要素从物理世界转移到数字世界，进一步赋能数字孪生智能交通系统。

旗扬雷视融合感知系统利用多种传感器技术，包括视频监控、激光雷达（Light Laster Detection and Ranging，LIDAR）等，实时获取道路上的交通信息和场景数据。通过将传感器数据进行融合处理和分析，在交通识别、行为分析、事件检测等方面提供更加全面、准确的信息。

该系统采用人工智能和深度学习算法，能够高效地识别和跟踪交通流量、车辆、行人等目标，并实时分析交通状态和行为，提供实时的交通状况监控与预警功能。同时，它还可以帮助交通管理部门优化交通信号配时、改善交通流动性，并提供违法行为监测等。

通过旗扬雷视融合感知系统，交通管理部门可以更加智能地监控和管理城市交通，提高交通流畅性和安全性。该系统的应用范围广泛，可用于城市道路交通管理、高速公路管理、智能停车系统等领域。

旗扬雷视融合感知系统将视频监控和雷达融合应用，最大限度地实现两大技术方案的优势互补，它的工作原理和功能如下。

（1）传感器数据融合

该系统利用视频监控、LIDAR等多种传感器，实时采集道路上的交通数据。通过将不同传感器的数据进行融合处理，可以获得更全面、准确的交通信息和场景数据。

（2）目标识别与跟踪

该系统使用人工智能和深度学习算法对传感器数据进行分析，实现交通目标的识别和跟踪。它可以准确地检测和跟踪车辆、行人、自行车等交通参与者，获取其位置、速度、行驶轨迹等关键信息。

（3）交通状态分析

该系统通过对目标数据进行分析，可以实时监测和分析交通状态。例如，可以判断交通拥堵情况、车辆流量、交叉口的通行能力等信息，可以为交通管理部门提供实时决策支持，以优化交通流动性和改善道路运行状况。

（4）事件检测与预警

该系统具备事件检测和预警功能，能够识别交通事故、交通违法行为等异常情况，并及时向相关人员发送警报或提供通知，有助于快速响应事件，保障交通安全。

（5）交通信号优化

该系统通过分析交通数据和预测模型，可以根据实时交通流量和需求，自动调整交通信号的时长和相位，帮助交通管理部门优化信号配时方案，提高交通运行效率和减少拥堵。

（6）数据可视化与报告

该系统可提供直观的数据可视化界面和详细的报告，让管理者能够直观地了解交通状况和效果评估信息，这些信息可用于交通规划、决策制定和资源分配等。

（7）交通信号灯智慧配时

该系统可以精准获取每辆车的移动轨迹及行进方向，实现车辆车流特征化、道路数字化，利用数字化方式创建虚拟实体，实现数字孪生。同时，在学校周边路口实现信号灯智能配时，合理调整车辆和学生的通行时间，提高学校周围交通运转效率，缓解道路阻塞。

（8）违法行为智能抓拍

该系统采用毫米波雷达技术，可探测设备前方 500m 内道路上的超速、违章停车、占用应急车道等违章事件，对学校周边道路接送学生家长的乱停、违停、乱行等行为进行智能抓拍，形成违法证据图像传送至综合管理平台，以监督管控的方式增强家长遵守交通规定的意识，缓解交通拥堵。

（9）交通事故判断和预警

该系统可根据车流量大小和行驶路径，判断和预测可能存在的交通事件和事故风险，为道路通行诊断和交通管理决策提供精确依据，同时可联动旗扬智能路端设备及时发出预警，保护行人通行的安全，提高道路车辆通行效率，避免交通事故和拥堵情况的出现。

旗扬交通微波雷达可广泛应用于高速公路和城市道路的交通信息检测，为交通管理提供准确、可靠、实时的交通情报，为智慧城市、智能交通充当"千里眼"和"顺风耳"。

旗扬雷视融合感知系统应用于我国的多个城市，如北京、上海、广州、成都、深圳、武汉、重庆等，有效提高了这些城市的交通运行效率和安全性，缓解了交通拥堵。

2.5.4　西门子"智慧城市群"

西门子公司（简称西门子）提供包括地铁信号系统、全自动无人驾驶，以及数字化服务等交通解决方案，为乘客准时、高效出行提供保障。

作为我国铁路信号产品的主要供应商之一，西门子的产品已经广泛服务于我国客运专线铁路、高速铁路及城市地铁。截至目前，我国有 15 座城市共 33 条地铁线路使用西门子的信号系统和产品。在 2017 年 6 月的北京国际城市轨道交通展览会上，西门子通过 VR 虚拟技术、触屏演示以及产品模型和实物展示，呈现了西门子在城市轨道交通和城际铁路领域的新产品和解决方案。例如，西门子研制的轨道空闲检测产品 ACM 200 计轴系统、道岔转换系统产品 TIMS 道岔综合监控系统、S700 K-C 转撤机、CKA 型道岔分动外锁闭装置和 LED（Light Emitting Diode）信号灯等。

珠海交通管理系统是西门子在我国的首个交通管理系统项目，项目包含为公众提供的服务平台，该平台可以为珠海市民和游客提供所有与出行有关的信息，包括自行车租赁、有轨电车路线、实时路况、汽车维修、驾驶证违章信息等。此外，该平台还支持私人定制，根据用户输入的数据和需求，为其提供拥堵提醒和自动规划最佳出行路线。

除了为公众提供的服务平台，西门子还专门为珠海交通运输局量身定制了绿色交通指标体系，将交通和环境污染两方面结合起来，给出一个整体解决方案。该体系已经投入使用，可为珠海市政府提供整个城市的宏观交通运行数据，并能提供相应的参考指标指导交通决策。

2.6 未来发展趋势

SCOOT 系统和 SCATS 是目前使用范围最广，影响最深远的交通信号控制系统，但是随着时代的变化，该系统的泛用性也在慢慢降低。此外，不同国家有着不同的交通现状，一个系统无法同时满足多种交通情况的需求。这两种系统虽然仍发挥着较好的作用，但是在不远的将来，它极有可能因为适应不了时代变化而退出历史舞台。所以，新时代的智能交通系统研发人员应该着眼未来，根据交通发展的新方向来制定新的交通管理方案，从而使先进的交通管理系统保持先进性，不断适用于未来的交通情况。

先进的交通管理系统有美好的未来和发展前景，但也面临一些挑战，主要挑战有以下 4 个方面。

（1）技术整合和数据共享

实现先进的交通管理系统需要整合各种技术和数据，如传感器、通信网络、人工智能算法和交通数据库等。然而，不同技术和数据的标准、格式和接口差异，以及数据隐私和安全等问题，是未来仍需关注和解决的。

（2）城市规划和基础设施建设

城市规划和基础设施建设需要与不断发展的先进交通管理系统相适应。然而，现有的城市规划和道路基础设施与新技术发展不同步，产生了新需求，需要更多的协调和投资。

（3）用户接受和参与程度

交通管理系统的成功还取决于用户的接受和参与程度。用户需要理解和信任系统，使用智能出行工具，并对改变出行习惯和行为做出积极响应。因此，教育、宣传和用户参与将是关键和挑战。

（4）法律和政策环境

发展先进的交通管理系统需要满足相应的法律和政策要求。例如，数据隐私保护、智能交通法规和运营模式的监管等方面需要不断完善和调整。

综上所述，尽管先进交通管理系统面临一些挑战，但随着技术的进步未来必将出现更加智能、高效、安全、环保和便捷的城市交通管理系统，为城市居民带来更好的出行体验，减少交通拥堵和环境污染，促进城市可持续发展。

思考题

1. 先进交通管理系统的定义是什么？
2. 先进交通管理系统的功能有哪些？
3. 试举例说明我国知名的先进交通管理系统，并简要阐述其特点。
4. 简要论述两个著名的先进交通管理系统 SCATS 和 SCOOT 系统的特点。
5. 未来先进交通管理系统发展面临的困难和挑战有哪些？

第3章　先进出行者信息系统

3.1　引言

先进出行者信息系统（Advanced Traveler Information System，ATIS）是智能交通系统最关键的组成部分之一，被越来越多的研究工作者所关注。该系统集先进的信息技术、通信技术、网络技术、控制技术为一体，它以改善交通状况、避免交通堵塞、减少出行时间、提高出行效率、降低环境污染、减少交通能耗为目的，在出行前和出行途中向出行者提供各种交通信息，该系统成为交通领域研究的热门问题之一。

3.2　发展现状

20世纪70年代以来，欧美、日本等发达国家和地区在解决交通拥挤问题的研究中，出现了以个体出行者为服务对象的综合交通信息服务系统。总体上来说，针对个体出行者的综合交通信息服务系统发展可分为两个阶段，第一阶段称为出行者信息系统（TIS），第二阶段称为先进出行者信息系统（ATIS）。

TIS是在20世纪70年代出现的计算机技术和交通监控系统基础上发展起来的，反映了人们用通信技术进行信息发布的愿望。它主要用于提高路网局部的通行能力，如严重拥堵的交叉口，或者由交通事故引起的阻塞的路段等。主要表现形式有公路顾问广播和可变信息标志等。

ATIS是数据采集、传输、处理和发布方面的新技术成果，它可以为更广泛的交通参与者提供多种方式的实时交通信息和动态路径诱导功能。主要形式有车载路径诱导系统、移动电话、有线电视、大型显示屏和互联网等。随着信息的复杂程度日益增强，相较于TIS，ATIS在信息发布手段、无线电广播技术、双向通信技术、信息实时性等方面应用了更加先进的技术。

发达国家和地区对ATIS的研究比较早，目前已经有了多种效果较好的系统。例如，欧洲的单元无线通信系统可为搭载该系统的车辆提供详细的交通状况信息，可将旅行时间和紧急事态等信息及时通知出行者和交通控制中心。此外Traffic-Master系统以伦敦为中心，利用现有的寻呼网络发送信息,并由收集高速公路交通状况的传感器、整理并发送信息的控制中心及车载终端装置组成。该系统可以测出车速,也可以接受面向特定个人的信息、数据录入等。

美国是 ATIS 领域的先行者之一,各个城市和州都致力于推进智能交通和 TIS 的发展。例如,洛杉矶的 Go511 系统和纽约的 511NY 系统可提供实时交通信息和导航服务。此外,美国还推动了数据共享和开放接口的发展,鼓励公共、个人和学术界合作。美国的先进驾驶人车辆咨询导航系统能进行双向通信导航,导航装置由触摸屏、显示屏和导航计算机组成,其利用全球定位系统(Global Positioning System,GPS)和交通管制中心实时传送的交通信息计算最佳路径。TRAVTEK 系统由交通管理中心、信息服务中心和车载导航装置构成。交通管理中心收集管理并提供道路交通信息,还要提供系统运行所必需的信息管理与服务;信息服务中心收集各种服务信息;车载导航装置提供车辆定位、路径选择、界面互动3个功能,可显示拥堵地点、事故、施工等信息,符合驾驶人要求的路径引导及有用的文字信息。

日本在先进交通管理系统方面处于领先地位。东京、大阪和名古屋等城市拥有高度智能化的交通控制系统,能为出行者提供准确的交通信息和导航服务。日本还在推进自动驾驶技术和智能交通管理方面取得了一些突破。日本的道路交通信息服务系统(Vehicle Information Communication System,VICS)可以进行信息的收集、处理、提供和利用。交通管理者将信息传输到 VICS 中心,再通过电波检测器、光监测器及 FM 多重广播将信息传递给驾驶人和车载装置。该系统提供的信息主要有拥堵信息、通过所需时间、交通障碍信息、交通规制信息和停车场信息 5 种,这些信息分别被处理成适应车载装置功能型(数码地图表示型、简易图形表示型、文字表示型)的信息并提供给用户。

我国人口众多,同样面临较多的交通拥堵问题,以北京、上海、广州和深圳为代表的大城市都在推进智能交通系统及其子系统 ATIS 的应用,交通管理部门联合实力雄厚的高精电子地图公司开发了交通信息服务平台,为大众提供实时交通信息和导航服务,如百度地图、高德地图等。

3.3 基本概念

先进出行者信息系统的主要功能是通过对交通信息进行采集、传输、处理和发布,让出行者在出行前、出行中直至到达目的地的整个过程中,随时掌握交通动态,及时调整、优化出行计划,减少不必要的交通延误和拥堵。

ATIS 通过收集和整合多源数据,包括传感器、交通监测设备、智能手机等的数据,提供实时的交通信息。这些信息包括道路状况、拥堵情况、事故信息等,帮助出行者了解当前的交通状况,ATIS 还会根据他们的需求和偏好,结合实时交通信息,提供个性化的导航服务。通过智能算法和实时数据分析,该系统可以计算最佳路线、估计到达时间,并提供导航指引,帮助出行者规划和实施出行。ATIS 不仅考虑私人汽车出行,还整合公共交通、共享出行、步行和自行车等多种出行方式。该系统可以提供多种交通模式的选择、换乘规划和票务信息,使出行者可以更灵活地选择适合自己的出行方式。ATIS 与交通管理系统相结合,可实现智能化的交通调度和信号控制。通过与交通信号灯和路网监控设备的互联互通,该系

统可以根据实时交通流量情况，调整信号配时和交通管理策略，优化通行效率，减少拥堵。ATIS 鼓励数据共享和开放接口，促进多方合作和创新。通过与公共部门、私营企业和第三方开发者的合作，系统可以获取更多样化的交通数据，并提供更丰富的服务和应用。此外，ATIS 注重用户体验和参与，致力于提供简单易用、友好便捷的界面和功能。出行者可以通过移动应用、互联网和社交媒体等途径向系统提供反馈和实时信息，从而帮助改善系统的准确性和可靠性。

ATIS 主要提供 4 种服务：路径导航服务、交通流诱导服务、停车信息诱导服务和个性化信息服务。

3.4 技术与系统组成

3.4.1 ATIS 的子系统

ATIS 由 4 个部分组成，分别是信息采集系统、信息处理系统、信息发布系统和信息传输系统。

1. 信息采集系统

信息是 ATIS 有效运作的核心。信息采集系统是各种信息采集设备、采集渠道的统称，它从各种渠道获取信息，并将信息上传给信息处理中心。ATIS 提供的信息种类及内容见表 3-1。

表 3-1 ATIS 提供的信息种类及内容

使用者	可提供信息的种类	可提供信息的内容
出行者	交通状态信息	道路通畅性、拥堵规律等
	道路状况信息	路面状况、绕行路线等
	沿途服务信息	停车场、收费站、服务器等
	目的地信息	服务设施分布、停车场等
	公共交通信息	公交、地铁换乘信息等
	正常交通状况信息	行驶速度、临时道路养护等
	异常交通状况信息	突发事件、特殊运行限制等
	其他信息	天气状况、实时停车等
交通管理者	路面状况信息	路面破损或潮湿、积雪等
	道路灾害信息	雨、雪、洪水等灾害
	路网交通状况信息	交通流量、密度、车辆速度等
	突发事件信息	交通事故地点等
	交通基础设施管理信息	道路、桥梁的运营养护等

常见的采集系统有传感器、交通检测设备、GPS 和导航系统、移动应用和社交媒体、公共交通运营数据和第三方数据源等。ATIS 通过多种渠道收集获取各种类型的交通信息，并将这些数据运用于实时交通信息的发布、导航服务及交通管理优化。

交通检测器主要有移动型交通信息采集系统和固定型交通检测器系统。移动型交通信息采集包括基于 GPS 的浮动车信息采集、基于电子标签的交通信息采集和基于汽车牌照识别的信息采集等。固定型交通检测器包括红外线检测器、线圈检测器、微波检测器和视频检测器等。

2. 信息处理系统

信息处理系统是信息的存储、处理、管制中心，是信息的中转站。它将原始信息处理转化为使用者能直接接收的信息。构建信息处理系统一个重要的要求是建立一个开放系统，将它设计成在分布式客户服务器计算环境中使用的服务器。这样便提供了可良好发展的操作平台、软件、简便网络及已建立的标准接口，以增强它适应将来扩展的灵活性。常用的方法与技术如下。

（1）数据预处理

从各种采集设备和数据源中获取的原始数据需要进行预处理。数据预处理包括数据清洗、格式转换、去噪等步骤，以确保数据的准确性和一致性。

（2）数据整合和管理

将来自不同数据源的数据进行整合和管理，以生成统一的数据集。数据整合和管理可能涉及数据存储、数据库管理和数据建模等技术，以便后续的分析和查询。

（3）数据分析和挖掘

使用数据分析和挖掘技术对采集到的交通数据进行深入的探索和分析，运用统计分析、机器学习、数据挖掘、时间序列分析等方法，以揭示交通模式、趋势和异常情况，并为后续的决策和规划提供有用的信息。

（4）实时交通信息生成

根据分析的结果和实时数据，生成实时交通信息，包括道路状况、拥堵情况、事故报告、交通事件等信息，并通过导航应用和交通管理系统提供给用户。

（5）预测和优化

利用历史数据和实时数据，运用预测和优化方法来预测未来的交通状况，并提供最佳路径规划、交通调度和信号控制等优化策略。

（6）用户界面和服务

设计和开发用户友好的界面和应用程序，使出行者可以方便地获得个性化的交通信息和导航服务。这可能涉及移动应用开发、Web 界面设计，以及用户反馈和参与机制的建立。

（7）数据共享和开放接口

为了促进多方合作和创新，ATIS 还提供数据共享和开放接口，以便公共部门、私营企业和第三方开发者可以访问和利用系统的数据和功能。

3. 信息发布系统

信息发布系统包括各种发布渠道、媒体和技术。信息经处理系统后到达发布系统，由此将交通状况相关信息发布给出行者、信息服务提供商等信息使用者。信息发布系统包括标志牌、可变信息板、可变限速标志、网页、商业电台广播、公路资讯广播（Highway Advisory Radio，HAR）、电视、导航系统、电话等方式。信息发布系统通过上述方式，将处理和分析得到的交通信息传达给用户，以帮助他们做出明智的出行决策。

4. 信息传输系统

信息传输系统包括各种信息传输介质，它连接着上述 3 个系统，贯穿于信息流动的全过程。信息传输系统实体化后包括电缆、光纤、微波、无线电波等信息传输方式。

从信息的流向来看，信息传输一般包括单向传输和交互式传输两种方式。单向传输是指信息发布系统将信息单向发布给信息使用者，如可变信息板、HAR 等，如图 3-1a 所示。交互式传输是指信息在使用者与发布系统之间进行交互传输，以完成信息的请求与反馈操作，如手机导航等，如图 3-1b 所示。

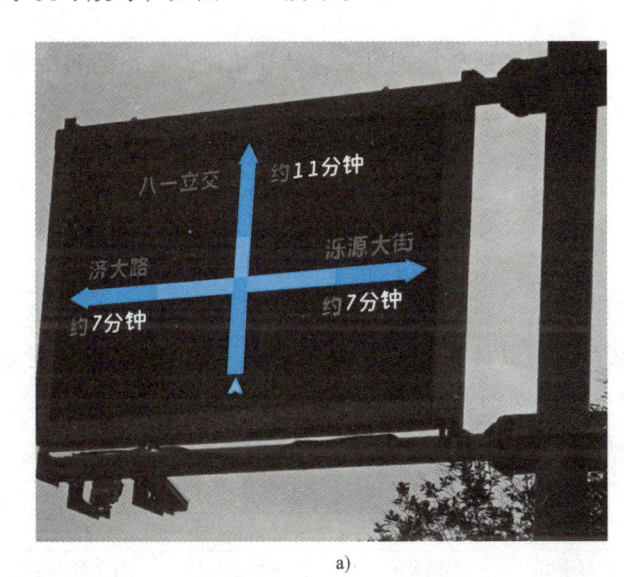

图 3-1　信息传输
a）单向传输　b）交互式传输

信息传输系统常用的方法技术如下。

（1）数据传输协议

选择适当的数据传输协议来确保高效、可靠的数据传输。常用的数据传输协议包括 HTTP、TCP/IP、WebSocket 等。这些协议能够在网络中传输交通信息并确保数据的完整性和安全性。

（2）无线通信技术

利用无线通信技术传输交通信息，可实时地将数据发送给用户。例如，使用无线网络（如 3G、4G、5G）或者无线电通信（如无线电广播、射频通信）来传输数据。

（3）云计算和大数据平台

将交通信息在云计算和大数据平台上存储和处理，可实现高可用性、高弹性扩展和强灵活性。通过使用云服务提供商（如 Amazon Web Services、Microsoft Azure）和大数据处理框架（如 Hadoop、Spark），可以实现高效的信息传输和处理。

（4）API 和 Web 服务

提供应用程序接口（Application Program Interface，API）和 Web 服务，使得其他系统和开发者可以访问和获取交通信息。通过定义合适的接口和协议，允许第三方系统对交通信息

进行调用和集成,以实现信息的共享和交流。

(5) 数据加密和安全传输

为了确保信息传输的安全性,采用数据加密和安全传输协议来保护交通信息的机密性和完整性,例如使用 SSL/TLS 协议进行加密、数字证书验证和访问控制等措施。

(6) 设备和传感器连接

将采集交通数据的设备和传感器与信息传输系统连接起来,以便实时获取数据并传输给处理和发布系统。这涉及物联网、传感器网络和设备接口等。

(7) 数据存储和备份

选择合适的数据存储和备份策略,以确保交通信息的可靠存储和快速恢复,例如使用分布式数据库、冗余存储和定期备份等方法。

(8) 实时通信和通知

通过实时通信和通知机制,及时向用户发送交通信息更新和警报,例如使用短信、推送通知、电子邮件和即时消息等方式。

3.4.2 技术介绍

交通流诱导系统是先进出行者信息系统的具体应用。它由交通流信息采集、车辆定位、路线引导和行车路线优化 4 部分组成,如图 3-2 所示。

交通流诱导系统要求交通流信息采集的交通信息具有准确性和及时性。交通流诱导信息包括道路路况信息、天气信息、交通运输实时状况信息等。交通运输实时状况信息主

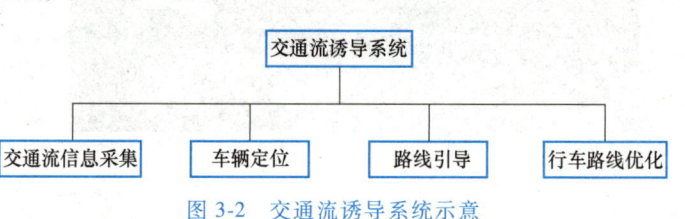

图 3-2 交通流诱导系统示意

要是指交通特性、交通事件和交通拥挤程度信息,主要有交通流量、车道占有率、车辆行驶速度、车辆行程时间等。其中,交通特性是指交通系统各要素自身的特性,包括驾驶人的交通特性、行人交通特性、乘客交通特性、车辆交通特性、道路交通特性等。电视监视系统和人工检测可以提供交通事件与交通拥挤程度信息。车道占有率分为空间占有率和时间占有率。车道空间占有率为路段上车辆总长度占该路段长度的百分比。车道时间占有率为某一时间内车辆通过某断面的累计时间占该段时间的百分比。而交通流量、车辆行驶速度、车辆行程时间则需要通过检测器采集的数据经过一定的算法计算才能得到。

交通流信息采集可以和智能交通监控系统的信息采集通过复用技术实现共享,它们属于交通信息中心。交通信息中心为整个系统控制的实现提供数据采集、处理、显示和接口功能,包括对道路交通运输数据和社会公众信息的采集、加工、处理和提供,以及当中涉及的交通流状态估计、计算旅行时间等算法的实现。信息处理后会通过通信网络发送到个人信息终端和公共信息终端,交通服务信息功能通过交通信息中心和通信网络共同实现,交通服务信息功能如图 3-3 所示。

行车路线优化是交通流诱导系统的重要组成部分,它依据车辆定位子系统所确定的车辆在路网中的位置和出行者输入的目的地,结合交通数据采集系统采集到的路网交通信息,通过一定的计算,为出行者提供一条能够避免交通拥堵且可以高效地到达目的地的行车路线。

它通过传输系统在车载信息系统的终端给出车辆行驶前方道路的路况，指示出最优行驶路线。

主要路径选择算法有 Dijkstra（迪杰斯特拉）算法、A*算法、遗传算法、粒子群算法等。此处介绍两种常用算法：Dijkstra 算法和 A*算法。

1. Dijkstra 算法

传统 Dijkstra 算法是求解最短路径问题的经典算法。典型的单源最短路径算法用于计算一个节点到其他所有节点的最短路径，主要特点是以起始点为中心向外层层扩展，直到扩展到终点为止。Dijkstra 算法一般的表述通常有两种方式，一种是用永久和临时标号的方式，另一种是用 OPEN 和 CLOSE 表的方式。

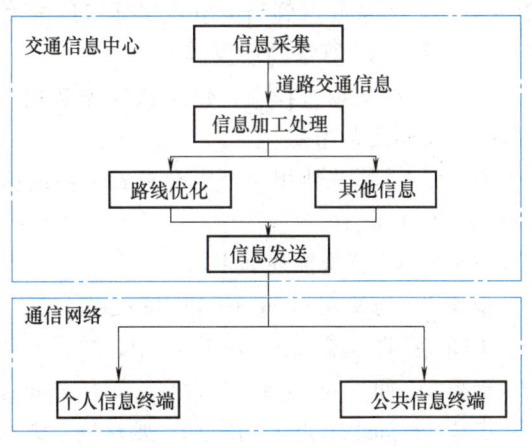

图 3-3 交通服务信息功能

Dijkstra 算法的思路是设置一个集合 S 记录已求得的最短路径的顶点，初始时把源点 V_0（图中的某个顶点）放入 S，集合 S 每并入一个新顶点 V_i，都要修改源点 V_0 到集合 $V-S$ 中顶点当前的最短路径长度值。在构造过程中需要两个辅助数组：dist[ ] 和 path[ ]。

dist[ ]：记录从源点 V_0 到其他各顶点当前的最短路径长度，它的初态为若从 V_0 到 V_i 有直接路径（即 V_0 和 V_i 邻接），则 dist[i] 为这两个顶点边上的权值；否则置 dist[i] 为∞。

path[ ]：path[i] 表示从源点 V_0 到顶点 V_i 之间的最短路径的前驱结点。在算法结束时，可以根据其值追溯到源点 V_0 到 V_i 的最短路径。

假设从顶点 $V_0=0$ 出发，邻接矩阵 Edge 表示带权无向图，Edge[i][j] 表示无向边 (i, j) 的权值，若不存在无向边 (i, j)，则 Edge[i][j] 为∞。

Dijkstra 算法的步骤如下。

步骤 1：初始化。集合 S 初始化为 {0}，dist[ ] 的初始值 dist[j]=Edge[0][i]，path[ ] 的初始值 path[i]=-1，i=1, 2, …, n-1。

步骤 2：从顶点集合 $V-S$ 中选出 V_j，满足 dist[j]=min{dist[i] | $V_i \in V-S$}，V_j 就是当前求的一条从 V_0 出发的最短路径的终点，令 $S=S_{V\{j\}}$。

步骤 3：修改从 V_0 出发到集合 $V-S$ 上任一顶点 V_k 可达的最短路径长度：若 dist[j]+Edge[j][k]<dist[k]，则更新 dist[k]=dist[j]+Edge[j][k]，并修改 path[j]=k（即修改顶点 V_k 的最短路径的前驱结点）。

步骤 4：重复步骤 2~3 操作共 n-1 次，直到所有的顶点都包含在 S 中。

Dijkstra 算法时间复杂度为 $o(n^2)$，适合地图节点较少的情况。

2. A*算法

A*算法是启发式搜索算法，是一种静态路网中求解最短路径最有效的方法。A*算法引入了当前节点 j 的估计函数 $f(j)$，其定义式为

$$f(j)=g(j)+h(j) \tag{3-1}$$

式中，$g(j)$ 为从起点到当前节点实际费用的度量；$h(j)$ 为当前节点 j 到终点的最小费用的估计，也就是 A* 算法的启发函数。

A* 算法在运算过程中，每次从优先队列中选取 $f(j)$ 值最小（优先级最高）的节点作为下一个待遍历的节点。

另外，A* 算法使用两个集合来表示待遍历的节点与已经遍历过的节点，这通常称之为 open_set 和 close_set。

完整的 A* 算法描述如下。

步骤 1：初始化 open_set 和 close_set。

步骤 2：将起点加入 open_set 中，并设置优先级为 0（优先级最高）。

步骤 3：如果 open_set 不为空，则从 open_set 中选取优先级最高的节点 n。

步骤 4：如果节点 n 为终点，则从终点开始逐步追踪 parent 节点，一直达到起点，然后返回找到的结果路径，算法结束。

步骤 5：如果节点 n 不是终点，则将节点 n 从 open_set 中删除，并加入 close_set 中，然后遍历节点 n 所有的邻近节点。若邻近节点 m 在 close_set 中，则跳过，选取下一个邻近节点。如果邻近节点 m 也不在 open_set 中，则设置节点 m 的 parent 为节点 n，计算节点 m 的优先级，将节点 m 加入 open_set 中。

启发函数会影响 A* 算法的行为。

在极端情况下，当启发函数 $h(n)$ 始终为 0，则将由 $g(n)$ 决定节点的优先级，此时算法就退化成了 Dijkstra 算法。

如果 $h(n)$ 始终小于或等于节点 n 到终点的代价，则 A* 算法保证一定能够找到最短路径。但是当 $h(n)$ 的值越小，算法将遍历越多的节点，也就导致算法越慢。

如果 $h(n)$ 完全等于节点 n 到终点的代价，则 A* 算法将找到最佳路径，并且速度很快。可惜的是，并非所有场景下都能做到这一点。因为，在没有达到终点之前，我们很难确切算出距离终点还有多远。

如果 $h(n)$ 的值比节点 n 到终点的代价要大，则 A* 算法不能保证找到最短路径，不过此时会很快。

在另外一个极端情况下，如果 $h(n)$ 相较于 $g(n)$ 大很多，则此时只有 $h(n)$ 产生效果，这也就变成了最佳优先搜索。

A* 算法不用遍历整个地图，而是每一步搜索都根据启发函数朝着某个方向进行，是利用对问题的了解和对问题求解过程和解的了解，寻求某种有利于问题求解的启发信息，从而利用这些启发信息去搜索最优路径。A* 算法在地图很大、很复杂时，计算复杂度优于 Dijkstra 算法，它的搜索空间比 Dijkstra 算法的要小。若将结点的平均出度记为 m，从起点到终点的最短路径的搜索深度记为 n，则 A* 算法的时间复杂度为 $o(mn)$。

3.5 案例介绍

3.5.1 依鲁光电智能交通诱导系统

依鲁光电智能交通诱导系统的拓扑图如图 3-4 所示。该系统通过地磁检测器、线圈检测

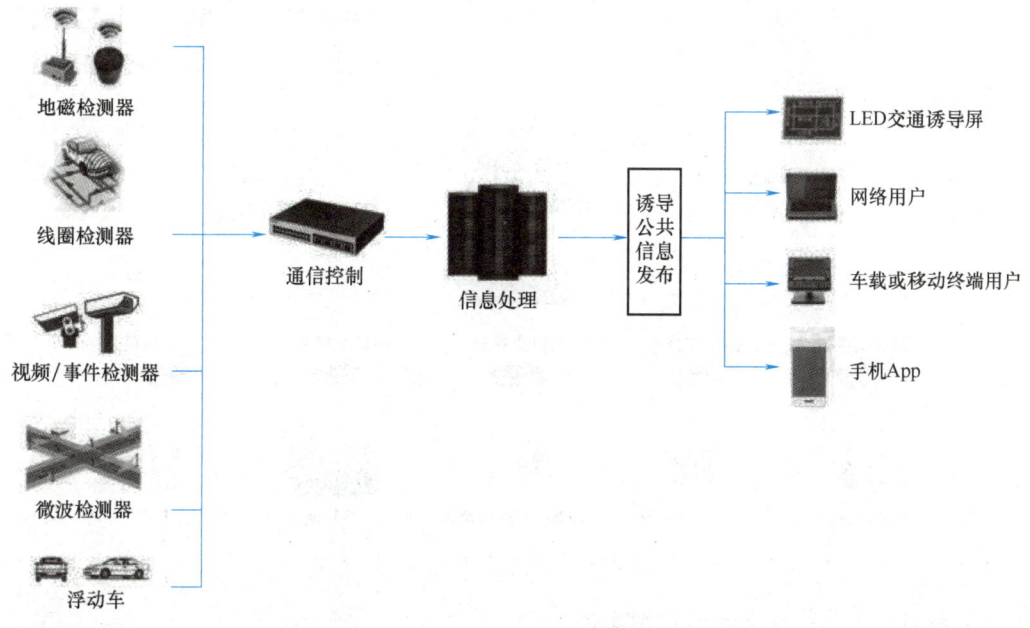

图 3-4　依鲁光电智能交通诱导系统的拓扑图

器、视频/事件检测器、微波检测器、浮动车等多种方式采集交通流量数据，以地理信息系统（Geographic Information System，GIS）地图为载体，对多种交通数据进行分析融合，通过分析模型预测未来时段的交通状况。交通状况可在电子地图和 LED 交通诱导屏上实时发布显示。

该系统包含 3 个子系统：交通流信息采集子系统、交通流信息分析子系统、智能交通诱导发布子系统。

1）交通流信息采集子系统依据不同路段的实地情况，有选择地与车辆检测器采集（包括地磁检测器、线圈检测器、视频/事件检测器、微波检测器、浮动车等不同原理的检测器）、GPS 位置定位采集及互联网数据采集等采集方式扩展，并且将采集到的车流量信息通过以太网、光纤等反馈到后台控制中心系统进行处理。交通流信息采集子系统结构示意如图 3-5 所示。

交通流信息采集子系统的信息采集方法有许多种，且每种方法的优缺点都不同。地磁检测器精度高，抗干扰能力强，使用寿命长，但是价格偏高；线圈检测器性价比高，精确度高，但是维护较为困难；视频交通流采集使用视频/事件检测器作为传感器，可以使用软件处理，得到交通量、平均车速等参数，并且主要设置在道路条件复杂的地段，如匝道、隧道、交叉口等；微波检测器可以在恶劣天气下使用，但是速度检测不够准确，当道路拥堵时，流量监测也不够准确；浮动车交通流采集通过少量装有基于卫星定位的车载设备的浮动车获得准确、实时的动态交通信息，不仅成本低，而且效率高、实时性强、覆盖范围大。

2）交通流信息分析子系统通过卡口、电子警察的速度、流量数据，融合地磁检测器、线圈检测器、视频/事件检测器、微波检测器、浮动车等获得覆盖面广、准确度高的多源交通流调研数据，利用特定的数据模型对道路交通状态进行分析判断。另外，记录城市一天、一周、一月、一年的交通流信息，通过对大量历史数据进行深度分析，总结城市交通拥堵规

智能交通系统概论

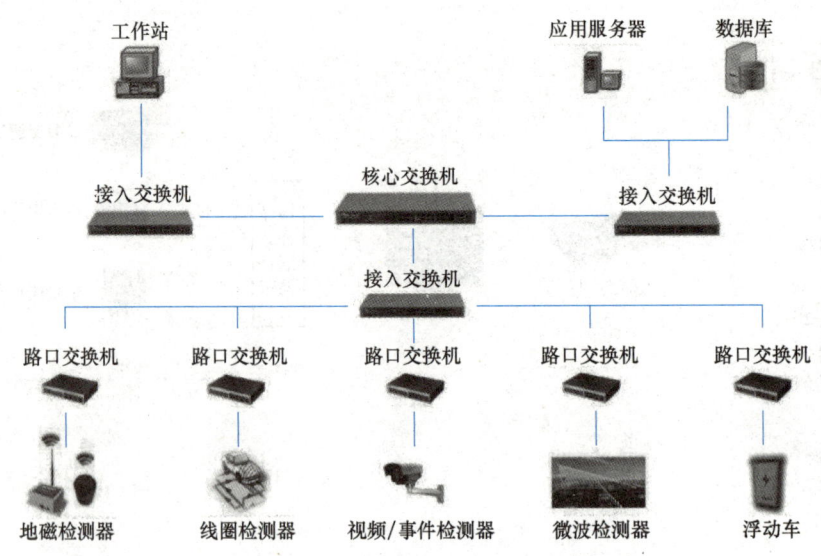

图 3-5 交通流信息采集子系统结构示意

律，为交通组织决策提供准确的数据支持。

交通流信息分析子系统结构如图 3-6 所示。该系统可以进行交通流量采集，交通事件检测，交通信息统计、处理、分析，流量信息存储，采集设备状态的实时监视与控制。该系统通过各类检测器可以对交通流进行采集、保存、分析，当交通异常时，可以快速自动报警，并且可以以可视化的方式显示车辆方向、速度、类型等信息，该系统有着速度快、误差小的特点。

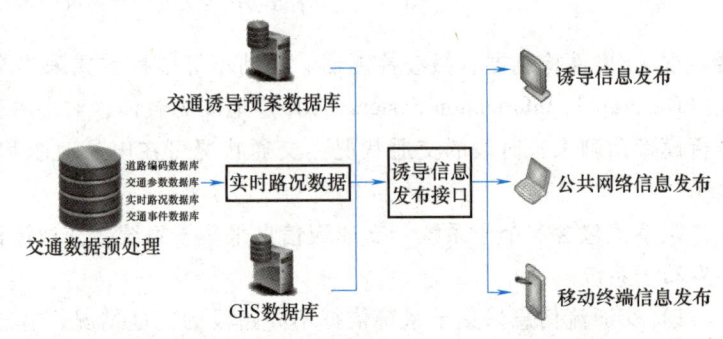

图 3-6 交通流信息分析子系统结构

3) 智能交通诱导发布子系统将车流数据、违章信息等数据融合处理，通过交通诱导屏、网站、广播、微博、微信公众号等多种途径为出行者提供全面的路况信息，提示最佳出行路线，提高出行效率，进而协助交管部门有效地提高交通通行能力、改善交通运行环境。该系统可以实现发布交通信息、屏属性控制、显示诱导信息、系统管理、日志管理和用户管理等功能。该交通诱导系统目前已经在多地投入使用，如山东省青岛市等地（见图 3-7），有效地缓解了当地的交通拥堵问题，方便了广大民众的出行。

3.5.2 高德地图

现在主流的地图软件主要包括高德地图、百度地图和腾讯地图。近年来，高德地图活跃人数全网渗透率达到了 41%，在同类型软件中排名第一。

高德地图作为一款功能丰富的地图应用软件，为用户提供准确、实时的地理信息，以及导航和出行服务。它通过实时交通信息、路线规划与导航、公共交通查询、周边搜索与推

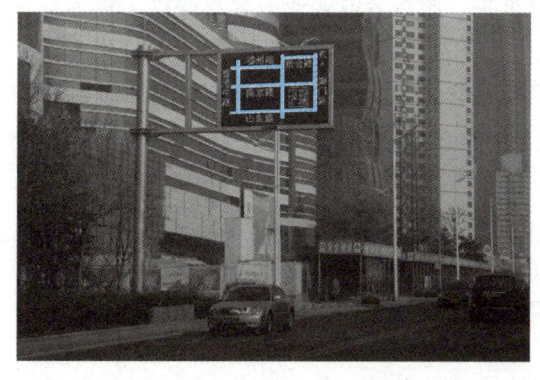

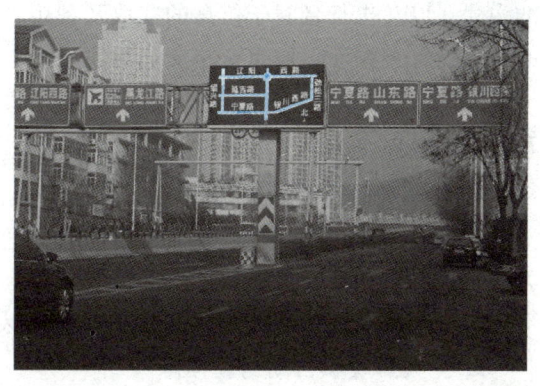

图 3-7 交通诱导屏的实际应用

荐、室内地图、交通出行服务等功能，帮助用户更便捷、高效地出行。

高德地图提供实时的交通情况，包括道路拥堵、事故、施工等信息。用户可以通过地图界面查看路况，并选择避开拥堵路段以节省时间。此外，用户可以输入起点和终点，高德地图会根据实时交通情况为用户规划最佳的路线。导航功能提供语音引导和路口放大图等功能，帮助用户准确、安全地到达目的地。高德地图还支持公交车、地铁、火车等公共交通工具的查询和规划。用户可以查找最合适的公共交通路线，并了解站点信息、票价以及实时到站情况等。用户可以使用高德地图搜索周边的商店、餐厅、酒店、银行等场所，并查看详细信息，如地址、营业时间、评价等。高德地图还会根据用户的兴趣和偏好推荐相关的场所和活动。

除了室外地图，高德地图还提供一些主要商场、机场、地铁站等场所的室内地图。用户可以在室内地图上查找店铺等，方便用户在复杂的室内环境中找到目的地。高德地图还提供一系列智能出行服务，如实时公交到站提醒、停车场导航和停车位查询、共享单车租赁等。这些服务为用户提供了更便捷的出行体验。高德地图不断更新地图数据，以确保准确性和实时性。同时，用户也可以通过反馈功能向高德地图提交路况变化、道路修建等信息，帮助改善地图的准确性和完整性。

高德地图可针对不同出行方式的用户，提供不同的导航建议，充分考虑用户的需求。

此外，高德公司在 2011 年启动了高德米级高精度地图采集项目，2014 年获得了亚太区首个自动驾驶级别高精度地图商业级订单，2015 年启动了厘米级高精度采集项目。

高德公司在高德数据中心展示了两辆高精度地图采集车。其中一辆车搭载 6 台电荷耦合器件（Charge Coupled Device，CCD）相机，环形分布 5 台，顶部 1 台，每个相机像素为 500 万，总像素为 3000 万，采集数据精度约 50cm。此外，车辆后备箱内放置工况机，主要用于存储和处理拍摄回的相关道路数据。搭载该相机组合的采集车是目前高德数据采集车的主力，6 台相机能采集到道路相关信息的全景画面。另一辆采集车搭载 2 台激光扫描仪和 4 台 CCD 相机，采集精度约 10cm，除了道路信息外，对人、车等信息的采集也更精准。在实际工作过程中，2 台激光扫描仪和 4 台 CCD 相机相互补充，CCD 相机主要负责拍摄标识标牌等道路属性，激光扫描仪主要拍摄边缘线、车道线等道路信息。另外，CCD 相机主要拍摄平面，激光扫描仪主要扫描三维，当线和面叠加时，就可以形成三维模型。

总体来说，高德地图在地图导航领域有着不可或缺的地位。它实现了对地图及道路的精

准构建，以及出行者对于信息的获取及利用，对车主、旅行者或普通游客都提供了较为完善的服务，大大推动了城市道路交通的发展。

高德地图在未来的发展中将继续致力于提供更智能化、个性化的地图和出行服务。它的发展方向有以下几点。

1. 智能导航与交通优化

高德地图将进一步提升导航的智能性，通过融合实时交通数据、路况分析和智能算法，为用户提供更精准、可靠的导航和路线规划。同时，高德地图还将探索交通优化方案，如智能信号灯控制、拥堵预测和智能路口管理，以提高整体交通效率。

2. 无人驾驶和自动驾驶技术

高德地图在无人驾驶和自动驾驶技术方面也有着深入的研究。未来，高德地图可能会继续开展相关研究与合作，以推动无人驾驶技术的发展，并提供与自动驾驶相关的地图和服务。

3. 全球覆盖与国际市场拓展

高德地图将继续扩大其地图数据的全球覆盖范围，增加更多国家和地区的详细地图数据。同时，高德地图也将加大在国际市场的推广和拓展力度，为全球用户提供更广泛的地理信息和出行服务。

4. 个性化服务与智能推荐

基于用户的偏好和历史数据，高德地图将进一步提供个性化的地图和出行服务。根据智能推荐算法，高德地图可以根据用户的兴趣、习惯和需求，推送定制化的内容和服务，如个性化推荐周边商家、活动、路线等。

5. 交通大数据应用

高德地图积累了庞大的交通和地理数据资源，未来将进一步发挥交通大数据的应用潜力。通过深度分析和挖掘这些数据，高德地图可以提供更多有关交通流量、出行习惯、城市规划等方面的数据洞察，协助城市管理者和企业进行决策和规划。

6. 生态合作与开放平台

高德地图将继续建设和拓展生态伙伴关系，与其他企业、开发者和数据提供商合作，共同构建一个开放的地图和出行服务平台。通过开放 API 和数据接口，高德地图可以实现更多的应用场景和服务创新。

3.6 未来发展趋势

随着信息技术的不断升级换代，ATIS 必将不断发展和更新，其未来的发展趋势大致有以下 4 个方向。

（1）智能化与自动化

未来，ATIS 将更加智能化和自动化。通过引入人工智能、大数据分析和物联网等技术，ATIS 可以实现更精确、实时的交通监控、预测和优化。同时，智能交通设备、车辆和基础设施之间的互联互通也将实现更高程度的自动化。

（2）实时交通信息与服务

随着交通数据的不断积累和精准化，ATIS 将为用户提供更准确、实时的交通信息和服务。无论是路况信息、导航建议还是出行安全提示，ATIS 都将通过智能算法和个性化推荐来满足用户的需求。

（3）多模式出行集成

未来的 ATIS 将以多模式出行为特征，将不同的交通方式（如公共交通、骑行、步行、私家车等）进行集成和协调。通过整合各种模式的交通信息和服务，ATIS 可以提供更便捷、高效的出行规划和推荐，优化交通系统的整体效能。

（4）可持续交通发展

随着对环境保护和可持续交通的关注增加，ATIS 也将促进可持续交通发展。ATIS 可以通过提供有关公共交通、电动车辆和共享出行等方面的信息和服务，鼓励人们改变出行方式，减少对环境的负面影响。

当然，ATIS 的发展在智能交通系统发展过程中必然会面临诸多新的挑战，主要有以下 4 点。

（1）数据隐私与安全

随着 ATIS 应用中用户数据的不断增多，保护数据隐私安全成为一项重要挑战。确保用户数据的安全存储和合法使用，同时保护用户的隐私权成为 ATIS 发展中不可忽视的问题。

（2）技术标准与互操作性

ATIS 需要面对不同地区、不同设备和不同数据来源的技术标准和互操作性问题。建立统一的技术标准和数据交换协议，以实现多个系统之间的无缝连接和信息交流，是 ATIS 发展中的另一项挑战。

（3）用户接受度与使用习惯

引入新技术和服务需要用户的接受和适应。ATIS 在推广过程中需要考虑用户的使用习惯、需求和接受度，以提供简单、易用的界面和功能，增加用户的满意度和黏性。

（4）基础设施建设与投资

ATIS 的发展需要良好的基础设施和投资支持。实施新的技术和设备，以及维护现有的交通设施，都需要大量的资金和资源投入。

总之，ATIS 在未来的发展中将更加智能化、实时化，并以多模式出行和可持续交通为特征。然而，数据隐私与安全、技术标准与互操作性、用户接受度与使用习惯，以及基础设施建设与投资等问题都是 ATIS 发展中需要解决的。希望通过合作、创新和投入，可以推动 ATIS 行业的进一步发展和提升。

思考题

1. 先进出行者信息系统定义是什么？
2. 请简要阐述先进出行者信息系统的功能。
3. 试举例说明国内外知名的交通信息系统，并简要阐述其特点。
4. 先进出行者信息系统常用的路径选择算法有哪些？请简要论述。
5. 先进出行者信息系统传输常用的方法技术有哪些？
6. 未来先进出行者信息系统发展面临的困难和挑战有哪些？

第4章 先进车辆控制系统

4.1 引言

随着全球对环境可持续发展的关注度不断增加，减少车辆的能源消耗已成为当务之急。虽然传统的交通管理方式（如 ATMS、ATIS）能够在一定程度上缓解城市交通拥堵带来的诸多问题，但面临的挑战依然很多，因此需要引入创新的技术和方法研发新型智能交通系统来应对更多的交通安全和环保等问题。通过研发先进车辆控制系统，能够进一步提高交通运输效率，缓解交通阻塞，提高路网通过能力，减少交通事故，降低能源消耗，减轻环境污染。"十四五"时期是加快建设交通强国开局和起步的重要阶段，广东、甘肃、上海、山东等多个省市均出台交通领域相关的"十四五"规划，提出加快提升交通领域智慧化水平。各城市越来越重视先进车辆控制系统的研发和应用。

4.1.1 研究背景与意义

先进车辆控制系统（AVCS）目前已经成为当前汽车工业研究和发展的热点领域，该系统通过优化动力系统、动力分配和行驶策略等方面的控制，可以实现更高效的能量利用和减少尾气排放。智能化的能量管理系统可以根据实时道路和交通状况进行能量分配和优化，提高车辆的燃油经济性和环境友好性。

AVCS 在提高道路交通安全性方面具有重要意义。它是基于先进传感器、电子控制单元和智能算法等技术的创新型系统，需要控制系统建模、环境感知、路径规划与车体控制等技术为其提供支持，具有实时感知、智能决策和精确控制等特点，通过引入高精度传感器和先进的驾驶辅助系统，如自适应巡航控制、碰撞预警和车道保持辅助等功能，可以大幅减少交通事故的发生率。此外，先进的制动和稳定性控制系统可以更好地保证车辆稳定性和操控性能，进一步提高驾驶人和乘客的安全性。

先进车辆控制系统能够实现对车辆各个子系统的精确控制和优化，通过传感器数据的实时监测和分析，可以对发动机、悬挂系统、转向系统等进行精确控制，优化整车的性能和驾驶体验。例如，智能化的悬挂系统可以根据路况和驾驶风格进行主动调节，提供更好的悬挂舒适性和操控稳定性。先进的转向系统可以实现主动转向辅助和转向力矩控制，提高车辆的操控响应和稳定性。

随着用户对汽车驾驶体验的要求越来越高，先进车辆控制系统的研究对于提升用户体验至关重要。智能驾驶辅助系统、语音识别和人机交互界面等技术的应用，可以提供更便捷、舒适和安全的驾驶环境，用户可以通过与车辆控制系统的互动，实现更智能化、个性化的驾驶体验。

本章通过分析基本概念、相关技术和研究成果，旨在探讨先进车辆控制系统的研究意义，包括其在提高安全性、降低能源消耗、优化车辆性能和提升用户体验方面的潜在价值。此外，还将介绍目前存在的挑战和未来的发展方向，以期为进一步研究和实践提供参考。

4.1.2 发展现状

AVCS 作为智能交通系统中的关键子系统，通过应用先进的感知、通信和控制技术，实现车辆之间的协同与自动化，提高车辆的控制能力和安全性。国内外对于 AVCS 的研究和应用已经取得了显著进展。

在国内，近年来 AVCS 的研究和应用取得了重要进展。中国政府将自动驾驶汽车列为国家重点研发计划的重点领域之一，并提出了"中国制造 2025"和"新一代人工智能发展规划"，明确了推动自动驾驶技术研发和产业化的目标。国内的科研机构、高校和企业积极参与 AVCS 技术的研究和创新。清华大学、北京大学等高校在自动驾驶技术方面取得了重要突破，百度公司自主研发了自动驾驶汽车 Apollo，并在中国多个城市进行了道路测试。蔚来、小鹏等新兴汽车制造商也在自动驾驶领域取得了一定的成果。此外，中国政府在一些城市开展了自动驾驶汽车的示范应用，为 AVCS 技术的推广和商业化应用提供了实践基础。

在国外，许多发达国家和地区积极推动 AVCS 的发展。例如，美国的自动驾驶技术不断突破，Google、Uber 等公司都在进行自动驾驶汽车的研发和测试。在欧洲，德国的奔驰、宝马等汽车制造商也在积极研发自动驾驶技术，并进行了大规模的道路测试，瑞典的沃尔沃公司也在自动驾驶汽车领域投入了大量资源，并计划在未来推出具备自动驾驶功能的车型。日本的丰田和本田等汽车制造商也在积极探索自动驾驶技术的商业化应用。丰田公司于 2024 年夏季在日本推出 L4 级自动驾驶服务，在特定条件下不需人工驾驶（L4 级自动驾驶是高度自动驾驶，在车辆行驶的全程，驾驶人无须操作，只依靠实时更新的道路信息数据支持，就能实现自动取还车、自动编队巡航、自动避障。但是，L4 级自动驾驶会限制驾驶区域和行驶时速）。此外，日本政府也在东京和其他一些城市进行了自动驾驶汽车的示范应用，以促进自动驾驶技术的发展。

总体而言，AVCS 在国内外的发展都取得了显著进展。不同国家和地区在自动驾驶技术的研究和应用方面各有侧重，但共同目标是提高交通安全性和效率，减少交通事故和解决拥堵问题。国外的先进技术和经验为中国 AVCS 的研究和应用提供了重要的借鉴和参考，并为该技术的大范围推广和应用奠定了基础。

4.2 先进车辆控制系统介绍

4.2.1 基本概念

先进车辆控制系统是借助车载设备及路侧、路表的检测设备来检测周围行驶环境的变化，进行安全辅助驾驶或自动控制驾驶，以达到行车安全和增强道路通行能力目的的系统。

该系统的本质就是在车辆-道路系统中将现代化的通信技术、控制技术和交通流理论加以集成，提供良好的辅助驾驶环境，在特定的条件下，车辆将在自动控制下安全行驶。AVCS的核心内容是智能汽车的研究与应用，这种汽车具有道路障碍自动识别、自动报警、自动转向、自动制动、自动保持安全距离、车速和巡航控制等功能。

先进车辆控制系统根据智能化程度可以分为以下几个层次。

(1) 安全辅助驾驶系统

安全辅助驾驶系统由车载传感器（微波雷达、激光雷达、摄像机、其他形式的传感器等）、车载计算机和控制执行机构等组成，行驶中的车辆通过车载传感器测定出与前车、周围车辆以及道路设施的距离，其后系统会及时向驾驶人发出警报，在紧急情况下强制制动车辆。

(2) 自动驾驶系统

自动驾驶系统由一整套传感器、信号灯及信息显示系统所组成，可根据交通干线结构、操作程序、安全法规而形成对事件的反应知识库，为系统操作员对发生某特定事件做出反应提供控制策略与建议，该系统具有十分便捷、明晰的人机界面，用最简单的操作即可完成对事件的正确反应。装备自动驾驶系统的汽车称为智能汽车，智能汽车在行驶中可以自动导向、自动检测和回避障碍物，在智能公路上，能够在较高的速度下自动保持与前车的距离。

(3) 自动公路系统

该系统建有通信系统、监控系统、光纤网络等基础设施，能对车辆实施自动安全检测并发布相关信息，是一个能够实施实时自动操作的平台，为实现智能公路的运输提供了更为安全、经济、舒适、快捷的基础服务。自动公路系统是管理多个自动驾驶车辆的系统，即实现车队的自动有序运行。系统中的所有车辆可以进行自动驾驶，车辆与车辆之间、车辆与道路之间通过通信实现相互的协作，达到高效、安全的运行目的。

总之，AVCS是应用传感技术、计算机技术、车载控制技术及定位技术等，使车辆安全、高效、自动行驶的自动控制系统，可以大大提高驾驶人的安全系数和行车效率。AVCS将是一个长期发展的领域，也将是ITS技术中最复杂、最难实现的技术之一。

4.2.2 系统特点

19世纪以来，随着内燃机的诞生，人类发明了最现代化的交通工具——汽车。经过长时期的发展，汽车技术性能有了很大提高，从而使汽车运输成为最主要的运输方式。随着经济的发展，汽车保有量不断攀升，由此带来了不少的负面效应，例如交通事故率上升、交通堵塞、噪声、环境污染和能源消耗等问题。

这一现实迫使人们改变以往单纯依靠增修道路或限制发展等办法来改善道路交通状况的思路，进而寻求采用高新技术来提高汽车性能，以解决因需求增长而带来的道路交通公害问题。作为ITS重要的组成部分，AVCS的重点是提高汽车行驶的安全性，在减少可能发生的交通事故的同时，提高交通通行能力，使交通效率大幅提高。

AVCS不同于过去对汽车行驶安全的被动研究，而是采取主动措施，依靠电子装备实现汽车智能化，以其自身的智能来感知行驶环境信息，并加以判断，必要时系统自动控制车辆行驶，从而排除驾驶人主观分析、判断的失误，达到避免事故发生的目的。AVCS发展的最终目标是实现车辆的完全自动驾驶，主要包括两方面的内容，即行驶速度和行驶方向的自动控制。

AVCS 有以下优点。

（1）增加公路的通行能力，减少道路阻塞，缩短行车时间

AVCS 能使运行的车辆保持合适的最小跟车间距，保持车流稳定地前进，缩短行车耗时，缓解交通拥挤，提高道路利用效率，增加公路的通行能力。

（2）降低事故率，提高行车安全

AVCS 可以通过显示或预警装置，给驾驶人提供足够的交通信息，帮助驾驶人做出正确的驾驶决策，在 AVCS 高度完善的情况下，可以将人工驾驶转为自动控制，防止因驾驶人疏忽或机件故障造成的交通事故，并可提供适当的安全防护。最终实现完全自动驾驶时，将完全排除人为因素而导致的交通事故，从而实现高效安全的行车秩序。

（3）降低行车成本，提高行车效率

在 AVCS 控制下，可以保持车流顺畅，减少交通阻塞，减少由于车辆滞留道路时间过长，以及因频繁踩油门与刹车所造成的能源消耗，提高行车能源利用效率。

（4）降低废气排放量，减轻环境污染

当车流顺畅、稳定地向前行驶时，排放的废气、噪声等环境污染较少，可达到减轻环境污染的效果。

4.2.3　基本功能

AVCS 具备六大基本功能，以系统的形式呈现，主要如下。

1. 安全预警系统

AVCS 中的车辆安装的车载设备，具有事故规避功能，车载设备包括安装在车身各部分的探测雷达、盲点探测器等设施，由计算机控制，在超车、倒车、更换车道、大雾、雨天等易发生事故的情况下，随时以声、光等形式向驾驶人提供车体周围必要的信息，以自动或半自动的方式采取措施，从而有效防止事故的发生。

另外，在车载设备内，还可以存储大量有关驾驶人个人和车辆各部位的信息参数，对驾驶人和车辆进行随时检测调控。如当检测到驾驶人体温下降（这通常表明驾驶人开始打瞌睡）时，就会发出报警，提醒驾驶人注意，并采取措施。当检测到车内空气中酒精含量超标时，就会自动锁住发动机。还能对汽车主轴转速、轴温、燃油状况、轮胎气压、尾气排放等参数情况进行监控分析，必要时向驾驶人发出报警信号，预防事故的发生等。使原来很多由驾驶人关注的工作改由计算机完成，大大提高了汽车运行的安全程度。具有安全预警功能的汽车一般具有驾驶人困倦预警系统、轮胎压力预报系统、发动机预报系统、车前灯自动调整系统、自动刹车系统、灭火系统等。

2. 防撞系统

纵向防撞系统主要是通过安装在车辆前后的磁性传感器和路面上安装的磁标相互作用或雷达探测器等的探测作用实现的，具体操作过程是利用传感器分别探测前后潜在的碰撞隐患或即将发生的碰撞事故，为驾驶人提供及时的回避操作指令，并自动控制车辆的加减速控制系统以保持适当安全车距，防止车辆与车辆、车辆与其他障碍物之间的正面和追尾碰撞。例如，雷达能判断和测试驾驶车辆与另一辆车的距离和相对于其他车辆的速度，如果车辆之间的距离小于安全距离，可以用亮灯或声音警告，也可以启动自动制动以保持车辆之间的安全距离和车速。

侧向防撞系统主要是利用车辆左、右两侧的传感器分别探测车辆两侧的路况，从而为欲改变车道和驶离道路的车辆提供适当的侧向安全间距，防止两辆或多辆汽车发生侧撞，或驶离道路的车辆与路侧障碍物发生侧撞。

交叉口处是碰撞事故发生的多发点。交叉口防撞系统主要是当车辆驶近和通过信号控制的交叉口时，将车载设备及通信系统所获得的情报进行处理后，判断出是否有发生事故的危险，据此对车辆进行控制，维护行车安全。

3. 视觉强化系统

系统要求有车载式检测设备、屏幕显示设备及计算机处理设备，对检测信息进行处理，并以适当的、有助于驾驶人理解的方式于屏幕上显示相关信息，这有助于增强行驶环境的可视性，对潜在信息（即具有隐蔽性的信息，如未按正常规律行驶的汽车，超高不足的弯道等）、微弱信息（即不易被察觉的信息，如黄昏、大雾或雨天等环境造成难以看清的障碍物等）加强视觉可知性，可大大提高汽车驾驶人对路况的观察及判断力，使驾驶人更好地遵守交通规则，从而提高汽车行驶的安全性。

4. 救难信号系统

救难信号系统（Mayday System）是为了缩短事故响应时间，提高事故处理效率，尽量减少事故损失而研制开发的 AVCS 系统中的一个子系统。这个系统由 GPS 定位技术和全球移动通信系统（Global System for Mobile Communication，GSM）及显示事故的电子地图等设备组成。当事故发生时，碰撞传感器会自动发出一个由 GPS 确定的车祸位置的无线电信号，并由 GSM 技术完成车辆与反应中心的信息传输。反应中心的电子地图可以准确地显示出信号位置即事故发生的地点。在 AVCS 中，车辆应用救难信号系统以后，紧急事故处理的响应时间可以减少 45%，幸存率可以增加 7%~12%，也可以大大地降低受伤严重性。

5. 自动导航系统

导航系统由全球定位系统（GPS）、路侧通信、网络技术、电子地图、咨询引导系统组成，通过它可以寻找最佳行车路线，避开交通拥挤和发生事故的路段。驾驶人可以将目的地输入车载微型计算机，计算机便根据道路情况、红绿灯数、速度限制等条件选出最佳路径，并显示在电子地图上。它不仅使车辆能避开拥挤阻塞的路线，还可以帮助疏散车辆，以减轻驾驶人的心理负担，提供安全、舒适的行车环境。

6. 环保系统

在智能汽车中，还有智能环保系统，由计算机检测燃油、排放等情况，以取得最佳排放效果。除此之外，目前各国还在大力发展研制太阳能、天然气、氢气等各种无污染的新能源汽车。另外，还研究开发低噪声汽车以减少噪声污染。智能汽车环保系统的研制与开发，是 AVCS 研究开发的重要领域，可以减少排放及噪声污染，提高汽车的运行效率。

4.2.4 系统架构与技术

一个完整的 AVCS 是由智能车、智能车和辅助专用道路之间的通信系统，以及智能车与智能车之间的通信系统所组成的。智能控制主要通过利用智能车的智能来处理所提供的道路交通信息而实现。从本质上讲，AVCS 就是由专用车道及智能汽车有机结合而形成的一个完整的运行系统，相关技术和理论如下。

1. 决策和控制技术

此项技术以车载微型计算机作为决策和控制中心，对收集来的车况、路况、环境等各类信息加以综合利用和分析处理，以便得出最佳控制实施方案，并自动控制车上各个系统。

在横向控制方面，AVCS 利用先进的控制理论和算法来实现精确的转向控制和车辆姿态稳定控制。转向控制通过电动助力转向系统（Electric Power Assisted Steering，EPAS）实现，该系统利用电动机辅助驱动转向系统，确保车辆能够准确响应转向指令。车辆姿态稳定控制则通过传感器监测车辆姿态和运动，应用控制算法来调节悬架系统、制动系统和转向系统，从而保持车辆的稳定姿态，提供更好的操控性和安全性。

纵向控制方面，AVCS 可实现车辆的精确加速度控制和制动控制。加速度控制依赖于控制发动机的功率输出和调节制动系统，以满足车辆的加速度需求。制动控制通过电子制动系统实现，能够精确控制制动器的压力和力度，提供安全和可靠的制动性能。传感器监测车辆的速度和加速度，并根据所需的加速度控制算法调整发动机输出和制动压力，以实现所需的加速度和制动控制。

在控制理论和算法方面，AVCS 应用了多种方法。比例-积分-微分控制器是一种常用的控制算法，基于车辆动态特性和传感器反馈信息，通过调节执行器输出实现车辆的精确控制。模型预测控制（Model Predictive Control，MPC）利用车辆动力学模型预测未来状态，并在每个时间步骤上进行优化，确定最佳控制输入。模糊控制基于模糊逻辑处理模糊信息和不确定性，通过定义模糊规则和模糊集合实现车辆控制的柔性调节。最优控制方法通过优化目标函数确定最佳控制策略，考虑系统的约束条件和性能指标，以实现精确控制。

此外，AVCS 中的电机控制是实现车辆动力需求的重要部分，电动汽车和混合动力汽车常使用电动机作为动力源，控制电动机的转速、转矩和功率输出来满足车辆的动力需求。不同类型的电动机，如直流电动机、交流电动机和无刷直流电动机，可通过调整电动机的相电流和电压，或使用特定的控制算法和调节器来实现精确的电动机控制。

综上所述，AVCS 通过横向和纵向控制技术以及控制理论和算法的应用，实现了对车辆的精确控制。这些技术和内容突出了 AVCS 在提高车辆性能和安全性方面的重要性和应用价值。

2. 行驶状态监控技术

此项技术可以监测汽车的行驶状态及工作状态，如轮胎压力、轴速、轴温等，还可检测出驾驶人的状况等，为决策提供必要的参数。

3. 信息显示技术和通信技术

利用 LED、LCD（Liquid Crystal Display）或 CRT（Cathode Ray Tube）等显示设备，作为文字、图形显示和状态指示，提供完善的信息给驾驶人。通信技术主要是利用无线电频道的规划与分配，配给调频技术，准确无误地传输语音、数据和图像等信息。

4. 环境监测技术

环境因素对汽车行驶产生的影响很大，近 10% 的交通事故与环境因素有关。利用有关

的环境监测技术，可以随时检测出温度、风力、湿度等天气状况，以及废气排放等环境污染等情况。

5. 路况检测技术

路况检测主要应用于 AVCS 专用车道上，包括同轴电缆、磁性标记等。

4.2.5 基础辅助驾驶系统

1. 车道保持系统

车道保持辅助（Lane Keeping Assist, LKA）系统属于智能驾驶辅助系统中的一种，它可以在车道偏离预警系统（Lane Departure Warning System, LDWS）的基础上对制动的控制协调装置进行控制。该功能可以通过前置摄像头来识别车道线，并自动调整车辆的转向，使车辆始终保持在正确的车道中行驶，如图4-1所示。

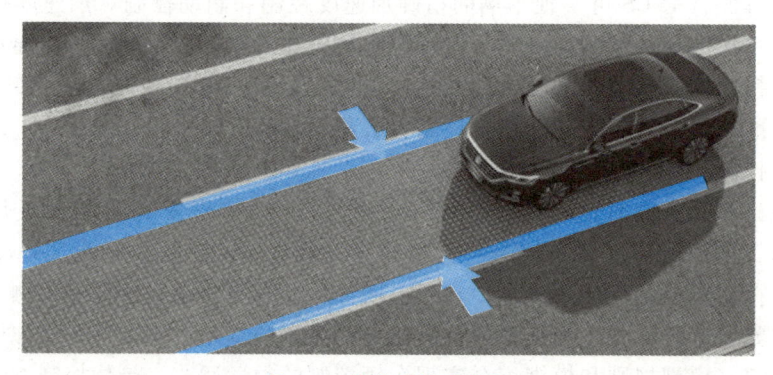

图4-1 车道保持示意图

如果车辆接近识别到的标记线并可能脱离行驶车道，那么会通过转向盘的振动，或者是声音来提请驾驶人注意，并轻微转动转向盘修正行驶方向，使车辆处于正确的车道上，若转向盘长时间检测到无人主动干预，则发出报警，用来提醒驾驶人。如果车道保持辅助系统识别到本车道两侧的标记线，那么系统处于待命状态。这通过组合仪表盘中的绿色指示灯显示。当系统处于待命状态下，如果在越过标记线前打开了转向灯，则认定驾驶人为有意识地换道，警告信号就会被屏蔽。

该系统主要应用于结构化的道路上，如高速公路和路面条件较好（车道线清晰）的公路上，当车速达到 65km/h 或以上才开始运行。

2. 自适应巡航控制系统

自适应巡航控制（Adaptive Cruise Control, ACC）系统是一种智能化的自动控制系统，在车辆行驶过程中，安装在车辆前部的车距传感器（雷达）持续扫描车辆前方道路，同时轮速传感器采集车速信号，如图4-2所示。当与前车之间的距离过小时，ACC 系统控制单元可以通过与制动防抱死系统、发动机控制系统协调动作，使车轮适当制动，并使发动机的输出功率下降，以使车辆与前方车辆始终保持安全距离。自适应巡航控制系统在控制车辆制动时，通常会将制动减速度限制在不影响舒适的程度，当需要更大的减速度时，ACC 系统控制单元会发出声光信号通知驾驶人主动采取制动操作。当与前车之间的距离增加到安全距离时，ACC 系统控制单元控制车辆按照设定的车速行驶。

简单地说就是 ACC 系统在定速巡航的基础上依照传感器对前方障碍物的感知，自动调节行驶速度。相对于定速巡航，ACC 系统主要有两个参数可以控制：车速和距离。在高速行驶过程中，若前方一定范围内没有车辆，则提速至设定值；若前方有车且与本车存在速度差，则 ACC 系统会自动减速以保持车辆处于安全距离。如今 ACC 系统都有制动功能，通过雷达扫描，一旦发现前方有车、有人或者障碍物，车辆就会在安全的距离内自动制动，避免发生碰撞事故。

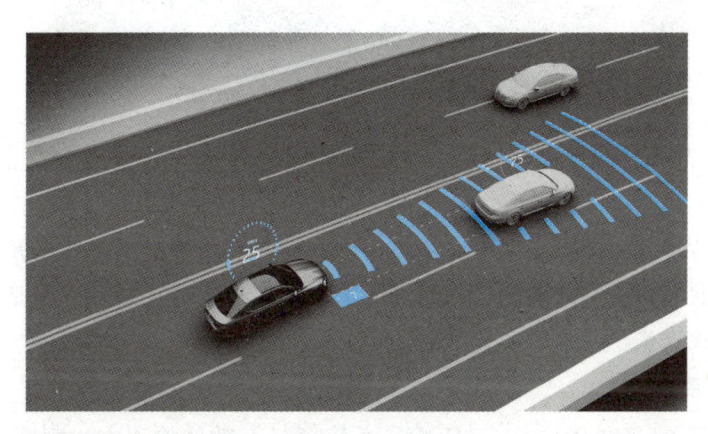

图 4-2　超声波雷达测距示意图

3. 交通拥堵辅助系统

交通拥堵辅助（Traffic Jam Assist，TJA）系统主要针对车速较低时（一般是 0~60km/h），为驾驶人同时提供横向和纵向的辅助控制功能。当路面上有清晰车道线，且自车前方一定距离内没有参考车辆时，TJA 系统能控制车辆以一定的车速在车道线中间位置行驶；当车辆前方有参考车辆时，TJA 系统能控制车辆按照前车的行驶轨迹行驶，并主动控制自车的加减速，控制车辆和前车保持一定的距离。

4. 自动变道辅助系统

自动变道辅助（Auto Lane Change，ALC）系统又称自动车道保持系统或自动变道系统，它是一种智能辅助系统，通过使用车辆上的传感器和摄像头等设备，可以实时监测车辆周围的交通状况和道路情况，帮助驾驶人更加安全地完成变道操作。在通畅的封闭高速公路上，当汽车的车速大于预先设置的时速并开启变道辅助系统后，只要驾驶人拨动转向灯拨杆，自动变道辅助系统就会对周围的行车环境进行判断，然后辅助驾驶人将车辆开往相邻车道内，如图 4-3 所示。但它并不是所有条件下都可以使用，大多数情况下，ALC 系统更适合在具有清晰车道线的畅通高速公路或相对可控的情况下使用。

5. 驾驶人疲劳预警系统

驾驶人疲劳预警（Driver Fatigue Monitor，DFM）系统主要通过摄像头获取的图像，通过视觉跟踪、目标检测、动作识别等技术对驾驶人的驾驶行为及生理状态进行检测，当驾驶人发生疲劳、打电话、抽烟等危险行为时，系统会在设定时间内报警，以避免事故发生。DFM 系统能有效规范驾驶人的驾驶行为，大大降低交通事故发生的概率。

通过分析驾驶人的疲劳特征（如打哈欠、闭眼等），对疲劳行为及时发出疲劳驾驶预

图 4-3　自动变道示意图

警。高精准度的算法甚至能做到不受时间段、光照情况、是否戴墨镜等外界条件影响，始终对驾驶人的疲劳状态进行有效监测。当驾驶人员产生生理疲劳状态时，立即发出预警，及时唤醒驾驶人，避免发生严重事故。

6. 离手检测系统

离手检测（Hands Off Detection，HOD）系统通过有效的检测方式判断驾驶人在行车过程中是否用手握住转向盘，起到保障行车安全的作用。HOD 系统的实现方法有很多，例如红外检测、超声波检测，甚至是摄像头的图像识别等。然而，红外检测容易受到杂光干扰，难做到全面覆盖转向盘；超声波检测也不能做到全面覆盖转向盘，响应速度慢；摄像头成本较高，而且容易因视觉假象出现识别错误。目前的主流方案是采用检测电容的方式来实现，只需测量转向盘与车身或电气接地之间的电容，经过算法处理后即可识别当前驾驶人的离手状态，当检测到双手离开转向盘超过一定时间后通过振动或声音提示报警来提醒驾驶人。

4.3　案例介绍

4.3.1　自动领航辅助（NOA）

作为通往高阶智能驾驶的雏形，自动领航辅助（Navigate on Autopilot，NOA）功能是当驾驶人开启该功能后，在有高精地图或者高级驾驶辅助系统地图覆盖区域，系统可以让车辆在道路中实现车道保持，并根据导航预设线路、实际道路限速、车流状况等自动调节车辆速度，并完成自主变道，辅助人工驾驶到达目的地。根据使用场景，NOA 可以分为以下几种：

1）1.0 环路和高速封闭道路的领航辅助。这是当前各家公司推出的主流的领航辅助，可以实现在半封闭道路、无红绿灯的高架或者高速路段的领航辅助驾驶，能够进出匝道，并在多条环路或者高速道路之间切换。

2）2.0 城市复杂道路的领航辅助。当前，高速 NOA 已实现规模落地，城市 NOA 正进入快速推进阶段，华为、小鹏等品牌高阶智驾车型陆续发布，智能驾驶成为车企竞争的主战场。城市道路情况复杂很多，首先是交通环境复杂，给车辆感知系统带来难题，其次道路及交通参与者种类繁多，给结合其他道路交通参与者情况下的路径规划增加了难度，最后，在复杂路况下频繁的加减速给车辆的运动安全以及舒适控制带来挑战。

3）3.0点对点领航辅助。当前在售车辆的高速领航辅助的瓶颈是强依赖高精地图，实际道路的变化会很容易影响系统的正常运行，从而引发事故。而点到点的领航辅助是泊出车位、城市领航、高速领航、泊入车位的功能集合，即实现"行泊一体"。

4.3.2 特斯拉汽车

特斯拉汽车的全自动驾驶（Full Self-Driving，FSD）技术及其算法主要分为以下几个部分。

1. 路径以及运动规划算法

将算法植入终端，终端通过调用车身多种传感器感知周围环境，并利用感知算法进行解析，从而实现复杂环境下的路径规划和运动规划，确保行车安全和出行顺畅。

2. 环境感知算法

环境感知算法包括可活动空间探测（Occupancy Network）算法，该算法使得通用障碍物检测具备良好的泛化能力；车道以及物体（Lane and Objects）检测算法，即通过算法提取交通中丰富的信息语义层来识别物体及其运动信息。

3. 训练算法设施以及软件

建立超算中心来支持数据处理和存储，对大量复杂数据和算法进行训练，并搭建训练人工智能算法的框架、开发出相应软件以实现自主推理。

4. 数据标注和虚拟

训练环境感知算法必须需要已经具有标签的数据。自动标注算法可以实现对大量数据的自动标注，以帮助训练环境感知算法识别特定场景或者物体，极大减小了人力消耗；此外，还要通过搭建虚拟场景和测试软件模拟来获取真实场景环境数据，实现引擎的数据流闭环，从而自动更正标签，提高训练准确率和效率。

4.3.3 华为智能汽车

2023年4月，华为发布了智能汽车功能安全方案ADS 2.0。

华为定义的功能安全代际包含了主动和被动安全。第一代功能安全指的是安全气囊与安全带在内的被动安全功能；第二代功能安全指的是毫米波、视觉与激光雷达探测在内的主动安全功能。ADS 2.0在安全性上已经进入了第三代，即在第二代基础上增加了一般障碍物检测（General Obstacle Detection，GOD）网络，这是一种视觉与激光前融合的占据格栅网络，可以实现类似于FSD的功能，当系统遇到异形障碍时，系统可具备出色的应对能力。

考虑到高精地图有价格昂贵、更新慢、受制于安全监管等缺点，无法满足智能驾驶的迭代需求，ADS 2.0减少了对高精地图的依赖，更加注重单车的感知能力，加入了道路拓扑推理网络，即通过输入电子导航信息与动态交通流、静态占用信息，自主推理道路结构，提高了汽车在无高精地图条件下的行驶能力。

4.3.4 小鹏汽车

小鹏汽车XNGP在第一代XPilot系统的基础上，增加了城市路况下的全程智能辅助驾驶

（城市导航辅助驾驶）、高速导航辅助驾驶和记忆泊车功能。

值得关注的是代客停车辅助（Valet Parking Assist，VPA）的停车场记忆泊车技术。车辆在进入停车场的开始，驾驶人就可以完全解放双手，由汽车自主找到停车位，然后泊车入库。此功能在离停车位1km左右的范围内就可以开启，车主可以自主选择从何处开始记忆泊车路线，在人工操作一次停车后，系统会自动保存并学习优化本次停车路线和动作，下一次自主重复此行为，但车主仍需全程在车上，并随时接管。目前，停车场记忆泊车主要应用于住宅停车场、商场停车场和办公停车场。

从技术细节上来说，由于地库中并没有GPS信号，网络连接本身也不通畅，所以它将所有的数据存在本地，而非云端。在完成记忆泊车后，下次恢复到拥有GPS信号的环境会对该车库的位置进行重新标定。除常规避障外，在记忆泊车的过程中车辆还可以识别减速带并自动打开转向灯，到达记忆车位附近将自动执行泊车入位，如图4-4所示。

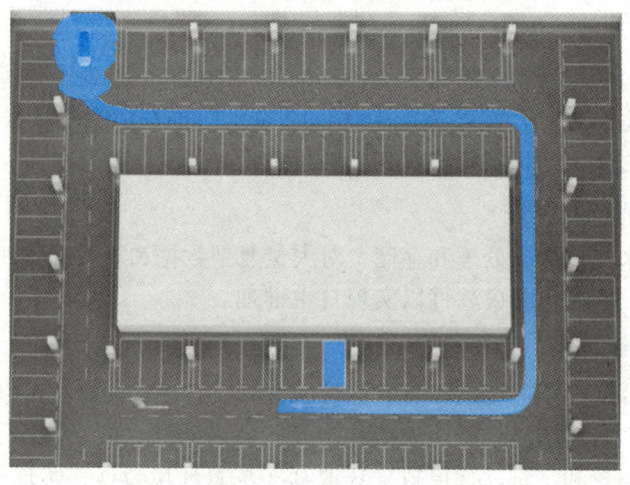

图4-4 记忆泊车示意图

4.4 未来发展趋势

4.4.1 难题挑战

AVCS尽管在安全性、能源消耗、车辆性能和用户体验等方面有许多潜在优势，但仍然存在一些挑战，其中包括复杂的系统集成、高可靠性和安全性的要求，以及法律法规和道德伦理等方面的限制。目前，自动驾驶技术的商业化和相关法律法规的制定是主要难题，同时自动驾驶技术的可靠性和安全性也需要进一步提高，这不但需要加强对车辆控制系统的安全性和隐私保护等方面的研究，还需要建立相关的法规和标准来规范自动驾驶车辆的行为和责任。此外，AVCS的成本问题也是一个挑战，如何降低成本并实现量产，使其更加普及，需要在工程细节上进一步探索。

4.4.2 未来展望

随着技术的不断进步和创新，先进车辆控制系统将继续在未来发挥重要作用并取得更大

的突破，未来的研究方向包括更高级别的自动驾驶技术、网络化的车辆通信和协同驾驶系统等。以下是对先进车辆控制系统未来的一些展望。

1. 升级自动驾驶技术

自动驾驶技术是先进车辆控制系统的重要组成部分，未来将实现更高级别的自动驾驶功能。通过引入更先进的传感器、人工智能和决策算法，车辆可以实现更加精确、安全和高效的自动化驾驶，减少人为驾驶错误和事故的发生。

2. 无缝与智能交通系统集成

先进车辆控制系统将与智能交通系统实现更紧密的互联互通。车辆将通过车联网技术实时获取道路和交通信息，与其他车辆、交通信号和道路设施进行智能协同。这将大大提高出行的效率，减少拥堵和排放，优化行驶路线并减少行驶时间。

3. 新能源车辆普及和优化

随着对环境保护和可持续发展的需求增加，未来将进一步推广新能源车辆，如电动汽车和燃料电池车。先进车辆控制系统将针对新能源车辆的特点进行优化，提高能源利用率，延长电池使用寿命，并建立智能化的充电和加氢基础设施。

4. 提升人机交互体验

随着人工智能和语音识别技术的不断发展，未来的先进车辆控制系统将更加注重用户体验。驾驶人将能够通过自然语言与车辆进行对话，并享受更加个性化和便捷的驾驶体验。此外，智能感知和情感分析技术也将进一步提升车辆对驾驶人的状态和需求的理解，从而提供更安全和舒适的驾驶环境。

5. 增强安全性和隐私保护

在先进车辆控制系统的发展中，安全性和隐私保护始终是重要的关注点。未来将加强对车辆控制系统的安全防护，采用先进的加密和认证技术，以防止恶意攻击和非授权访问。同时，隐私保护机制将得到进一步加强，确保车辆和驾驶人的个人信息不被滥用或泄露。

总之，未来先进车辆控制系统将在自动驾驶、智能交通、新能源车辆和用户体验等方面实现更大的突破，为人们提供更加安全、环保、智能和便捷的交通方式，极大促进交通系统的可持续发展。同时，也需要持续加强系统研究和技术创新，应对面临的技术、法律和伦理等各种挑战，以实现先进车辆控制系统的全面推广和应用。

思考题

1. 先进车辆控制系统定义是什么？
2. 请简要阐述先进车辆控制系统的功能。
3. 试举例说明国内外采用先进控制技术的汽车，并简要说明其特点。
4. 简要论述先进车辆控制系统的六大基本功能。
5. 基础辅助驾驶系统常用的方法和技术有哪些？
6. 未来先进车辆控制系统发展面临的困难和挑战有哪些？

第5章 货运管理系统

5.1 引言

  大多数商品和原材料在从产地到市场的过程都会或多或少地经过公路运输。随着我国经济的高速发展，道路条件的不断改善，车辆作为一种非常重要的交通工具，成为人们工作和日常生活必不可少的重要组成部分。同时随着人民消费能力的提升，市场需求也不断扩大，车辆的大量应用，带动交通运输行业飞速发展。然而，车辆运营企业面临的管理和竞争问题日渐凸显。首先，我国的客车、货车、特殊品运输车等公路营运车辆引发的道路交通事故不断增多，车、路、人之间的矛盾日益凸显；其次，人们对有限车辆资源的需求在时间上和运输服务上存在着冲突；再次，企业存在无法及时合理进行车辆调度、运营成本难以控制和数据统计效率低下引起决策滞后等问题，运输管理者希望通过新技术的应用来降低成本、改善服务、提高效率。

  为了解决这些问题，国家颁布了机动车行驶记录仪国家标准，交通运输部也更新了行业标准，不断加强道路营运车辆的管理。同时，国家加强货运车辆物流运营系统的建设，通过提升作业自动化水平，不断增强运输企业的生产能力，提高装备与设施的使用效率，减少管理者与承运人的开销。此外，通过新技术的推广应用，更好地执行载重运输规章，减少基础设施的维护保养和更新费用，并通过商用车辆的智能化，改进其运输安全性和运营效率。这些措施为政府、运输企业、车队管理者提供车辆监控、管理和运营服务，以及更多增值服务，为我国发展基于物联网的智慧交通和智慧城市建设提供支持。

5.2 发展现状

5.2.1 国外发展现状

  在国外，较早投入对物流车辆运营信息化管理进行研究的国家和地区有美国、欧洲和日本。这些国家和地区无论是市场应用还是相关技术都处于世界领先水平，特别是在监控及调度管理方面。例如，美国的 GPS 及地理信息技术已相当成熟，在社会上有着广泛的应用，已渗透到各行各业，也包含应用于车辆运营管理上，这在优化车辆调度和监控管理方面发挥了重要作用。

非常著名的车辆运行导航及管理系统包括美国 Clarion 公司的车载计算机系统、美国通用汽车公司开发的 TravTek、法国的 Carminat、德国西门子的 Ali-scout、日本的 VICS 等。国外企业对车辆也有着严格的管理程序，通过规范化管理给企业带来更多的收益。因此，车辆定位与调度管理系统受到了越来越多的关注和重视。例如，非常著名的车辆运营管理软件 Car care 可以对车辆提供各种方便的服务，如对燃油费用及售后服务费用进行跟踪，且可以为用户提供车辆维修顾问服务、车辆保养提醒功能等。

5.2.2 国内发展现状

在我国，货运车辆运营管理系统是从 20 世纪 90 年代开始发展的。"九五"期间，交通运输部为发展智能交通系统，制定了智能交通系统发展战略，为未来的发展和应用打下坚实的基础，对货运物流管理系统方面的发展起到了较大的推动作用。

由于我国对交通信息化领域的研究建设起步较晚，目前尚处于发展的初期阶段。现阶段我国市场上的车辆运营管理系统主要有北斗卫星导航系统、GPS 定位系统、行车记录仪系统和视频监控系统，这些系统都有一定的偏向性，都主要体现在解决某个方面的问题。但以业务管理需求为出发点，较为全面解决交通运输企业管理问题的系统还相对较少。

交通运输企业的管理需求主要体现在调度管理与成本控制方面。车辆调度的特点是工作量大、灵活性强、实时性要求高，需要管理人员及时、有效地指派任务。车辆服务企业最大的成本是车辆的维修保养费用和油耗费用。总体来讲，企业急需借助信息系统来规范内部管理、提高调度效率、有效控制成本。

近几年来，随着政府相关部门对此领域的不断重视和引导，计算机技术和网络技术的飞速发展，社会上用车需求呈现爆发式增长。目前，我国的交通信息化建设发展态势良好。许多交通运输企业从观念上认识到，通过信息化建设，可以很好地解决企业运营过程中存在的各种问题，大大提高了企业的效益和管理水平，因此越来越多的运输企业不断投入车辆运营管理的信息化建设之中，以提高自身管理服务水平，从而提高市场的竞争力。

车辆物流管理系统的未来发展趋势主要体现在两个方面：一方面，移动车载终端的发展趋势是集车辆监控与调度、车辆导航于一体的车辆信息系统；另一方面，车辆监控调度系统的功能发展趋势是由单一类型系统、区域类型系统转向网络服务类型系统、大规模系统和国家网络系统。智能化和广域化已经成为车辆运营管理系统的发展方向。

5.3 基本概念

5.3.1 商用车辆

按照国际标准，汽车分为两大类：乘用车辆和商用车辆。乘用车辆指的是就其设计和技术特性而言，主要用于运载人员及其行李或偶尔运载物品，包括驾驶人在内，最多为 9 座的汽车。乘用车辆范围外的车辆即为商用车辆，包含了所有的载货汽车和 9 座以上的客车，分为客车、货车、半挂牵引车、客车非完整车辆和货车非完整车辆，共 5 类。人们习惯按商用

车的不同用途把商用车划分为客车和货车两大类。

由于各种运输设备的运营包含着不同的特性，不能一概而论。例如，公共汽车服务于某一较小的固定区域，沿既定路线行驶，且有政府的资金技术支持；而货运车队在大范围内运行，且运行路径和行程不固定，长途货运企业也多为私人所有。于是后来将公共汽车从商用车辆中分离出来。目前，商用车辆主要是指重载卡车与长途客运车。

5.3.2 功能分析

货运管理系统的主要管理功能有以下5个方面。

(1) 快速获取和响应客户的用车需求

货运管理的传统工作方式是由客户拨打热线电话并口头提出用车需求情况，调度员手动记录用车需求。这种方式效率低下，并且信息分散在不同人的手里，无法进行共享，不便于进行调度和管理。需要建设在线订车功能，特别是在目前移动互联网非常流行的背景下，需要建设可实现PC端和移动端（手机等智能终端）的在线订车功能，以便多渠道采集用户的用车信息，提高服务层次和品牌形象，同时降低人工成本。

(2) 快速查看出勤车辆实时位置及任务执行情况

采用目前市场上流行成熟的技术，结合GPS和电子地图，对出勤车辆进行实时跟踪，查看车辆行驶轨迹和任务信息，通过实时监控，可有效规范驾驶人的工作行为，避免公车私用、怠工和偷懒等情况发生。

(3) 及时有效地做出调度

通过用户的用车需求，结合车辆的实时运行状态，对数据进行分析处理，自动推荐出最佳的派车调度方案，充分利用现有的资源（车辆与驾驶人等），满足不断增加的用车需求，最大限度地提高车辆调度效率，提高资源利用率和服务质量。

(4) 有效降低运营成本

对车辆的历史维修数据和历史加油数据进行分析处理，统计出维修费用较高、油耗较大的车辆，特别是对维修费用和油耗费用的管理，进行重点抽查和监督，从源头上杜绝偷油、多报账或公车私用而引起的费用高、资源浪费等情况，便于有效管理驾驶人等工作人员。

(5) 提高货运管理水平

针对人工汇总统计工作量大、效率低、容易出错、实时性差、难以形成各种有用的运营报表和分析图表，特别是难以从运营数据中提炼出知识和经验等技术难题，需要对各种运营数据进行多维度的统计，建立经验知识库，帮助管理人员更好地掌握货运营状况，起到支持决策的作用。

5.4 系统组成与关键技术

5.4.1 系统组成

1. 用户系统组成

货运车辆运营系统中包含车辆运营、部分紧急情况管理和电子付费3个相互渗透的部分。

车辆运营包含的用户服务系统功能描述见表5-1。

表5-1 用户服务系统功能描述

系统名称	功能分类	功能描述
用户服务系统	商用车辆电子通关	不停车通关保证符合通关条件的车辆迅速通过各种关卡;避免重复性检查
	自动路旁安全检查	与电子通关结合,检查车辆安全性以及驾驶人的反应能力与适应能力
	车载安全监控	对高速行驶中的车辆进行无干扰监控,将驾驶人、车辆和货物的不安全状况及时汇报给驾驶人、运输公司及相关执法人员
	商用车辆管理	使用电子方式办理手续,得到通关证件,并获得相关信息
	危险货物事故响应	向紧急救援人员提供危险物品事故数据,推荐最佳救援方案,提供响应指令
	商用车队管理	提供驾驶人、调度与多式联运者的通信链路,为运输者提供各种实时信息,实现商用车辆自动列队驾驶
	电子商用与第三方物流	采用物流信息技术,在一体化前提下将采购、仓储、配送实现全方位信息化

货运车辆运营系统的服务对象是货物运输和公共交通,目的是提升运输效率和安全性,货运车辆运营结合了电子收费服务和紧急车辆管理服务,三者的服务平台构成了货运车辆运营管理平台。

2. 逻辑架构

货运车辆运营管理系统的逻辑架构是商用车辆运输管理服务和功能之间的交互关系和逻辑层次,系统中的功能和服务不是孤立的,而是通过与其他部分之间的交互、传递和共享数据来实现的。商用车辆运营管理系统的逻辑架构主要包括运营管理、运营综合运输(多式联运)管理、紧急事件管理和安全管理,以下介绍前两种。

(1) 商用车辆运营管理

商用车辆运营管理包括公交运营管理、运营监视、一般货物运输管理和特种货物运输管理。

1) 公交运营管理:根据采集的信息和交通管理需求,对公交公司的驾驶人、车辆和班组,以及出租车驾驶人进行管理。为特殊的集团用户提供车和包车服务,辅助完成公交优先的服务。

2) 运营监视:根据各类信息和交通规划的要求,监视在公路系统运营的各种车辆(如公交车辆、出租汽车、货运车辆等)的运营审批,了解其位段、轨迹和载重等情况,保证用户的安全,提高整个交通网络系统的运营效能。

3) 一般货物运输管理:根据采集的信息和交通管理要求,对货物车辆和驾驶人进行管理,并根据货源的情况,合理地对货运车辆进行安排和调度,制订完备的运营计划,提高货运的效率和安全。

4) 特种货物运输管理:制订特种货物(如危险品以及超重、超大货物)的运营计划并登记申请,对可能发生的紧急事件做应急预案,并随时对过程进行实时跟踪。

（2）商用车辆运营综合运输（多式联运）管理

商用车辆运营综合运输（多式联运）管理包括运输数据管理、联运前后和途中信息服务、货物信息管理、车辆计划管理。

1）运输数据管理：包括客运数据交换管理和货运数据交换管理，它从系统用户得到制订旅行联运计划方案或货物联运计划方案及提供途中服务所需的基础数据。

2）联运前后和途中信息服务：为用户提供联运过程前后及途中个人化信息服务、路线引导、计划变更支持、动态追踪查询等服务。

3）货物信息管理：通过系统用户得到车的状态、货物集装箱状态、危险品状态等基础数据，并将这些数据传送至货物联运跟踪查询服务系统，与"货物进口报关单据""货物出口报关单据""货物托运管理数据库"相连。

4）车辆计划管理：为系统用户提供车辆的计划管理，输入车辆"预订请求"和输出车辆的"预订响应"，此模块与货物联运前信息服务相联系。

3. 物理架构

商用车辆运营管理系统的物理架构是逻辑层次的具体体现，是逻辑功能向物理硬件转化的一个重要层次。商用车辆运营管理系统的物理架构主要包括货运系统、客运系统和紧急事件管理系统。

货运系统根据采集的交通信息和交通管理要求，为货主提供更高效便捷的运输服务。除了提供运输功能外，还利用网络资源提供与货物运输相关的货运、仓储、联运计划，以及车辆调度等管理功能。该系统主要的逻辑功能是货源的组织、货源信息的提供、货运车辆的调度和诱导、货运驾驶人的管理、货运车辆的自动路线选优、路线的选定和登记、紧急事件的处理和预案准备、运输时的检测和发生紧急事件时的自动通告。

客运系统由公共交通子系统、长途客运子系统和出租车管理子系统组成。该系统一方面为乘客提供运输服务，包括常规的旅游运输和联运服务；另一方面通过与站场、车辆和其他管理控制中心的信息交换为客运公司提供管理、规划服务。该系统主要的逻辑功能有客运数据交换管理、客运数据采集、客运数据更新、客运数据更新、客运数据存储管理、客运数据输出、提供不同客运方式互补方案、提供联运旅行规划和支持、提供联运旅行途中服务、包租包乘服务。

紧急事件管理系统是紧急事件管理和安全管理部分在物理框架中对应的部分。在商用车辆运营管理系统中，紧急事件管理系统主要用于实现接收紧急事件报告、紧急事件调度、紧急响应管理、紧急救援支持和危险品管理。该系统主要的逻辑功能有提供紧急事件的识别信息、提供紧急通信功能、根据输入的信息确认紧急事件、紧急事件状态的通信、提供紧急事件数据操作者界面、调度紧急车辆、提供紧急服务人员界面、维持紧急车辆当前的调度状态、紧急车辆路径诱导、建立紧急事件的通告信息、建立危险品运输公告信息、确定相应的响应管理、紧急事件的响应管理、选择紧急事件的响应模式、评估紧急事件的响应、提供危险品情况数据。

5.4.2 关键技术

商用车辆运营管理系统以卫星、路边信号标杆、电子地图的控制中心和车辆通过数据通信为依托，应用了调度管理、动态称重、多式联运及定位导航、车联网等多种技术，提高了商用车辆的运营效率和安全性。

1. 调度管理

（1）问题描述

商用车辆的调度管理是商用车辆运营管理系统中的关键技术。车辆路径问题是物流公司车辆调度研究核心的问题之一。一个物流配送中心拥有若干辆具有最大载重限制的配送车辆。配送中心负责完成若干个客户点一定需求量的货物配送与收集工作。不同客户点之间的距离已知，配送车辆从物流中心出发，完成配送与集货任务后返回物流中心。在客户点允许的服务时间之外提供服务，物流公司需要支付惩罚费用。配送中心应合理安排配送车辆数和行驶路径，使货物配送与收集成本最小。带软时间窗的车辆路径问题中每次发车完成配送任务一般需满足以下约束条件。

1）物流配送中心有一批稳定客户点，每次分配任务都需要访问这批客户点。车辆在配送中心装货，完成分派任务后，需返回配送中心。

2）在发车前，各客户点卸货量已知。每个客户点最多被一辆车服务一次，车辆需要将发车前每个客户点的货物全部装载。

3）配送车辆具有载重量约束，车辆从配送中心出发和返回配送中心时，装载货物量要小于最大载重量，在行驶过程中，车辆载重要小于最大载重。

（2）调度目标

车辆调度有几个主要目标：车辆的总行驶路程最短、车辆的总行驶时间最短、总运输成本最小。

1）车辆调度问题经常以车辆总的行驶距离为路径优化的目标，这是不考虑路况时车辆调度要达到的目标。车辆最小总行驶路程 D 表示为

$$\min D = \sum \sum \sum x_{ijk} d_{ij} \tag{5-1}$$

式中，x_{ijk} 为车辆 k 是否从客户点 i 直接行驶到客户点 j，其中 $0 \leq k \leq K$，是则值为 1，否则值为 0；d_{ij} 为客户点 i 到客户点 j 的距离，其中 $0 \leq i, j \leq n$，0 为配送中心，1，2，…，n 分别为各客户点。

2）车辆的行驶时间受多种情况制约，相同的行驶距离因为天气情况不同或交通拥堵程度相异而存在较大区别，因此不能仅以车辆行驶距离最短为目标。面向路况的车辆调度问题必须考虑车辆行驶时间。假定不同时间段路况拥堵情况可由历史数据预测得到，描述交通时段拥堵可以用美国联邦公路局的一个路阻函数表示，该函数被称为 BRP 函数，如式（5-2）所示为

$$t_r = t_f \left[1 + \alpha \left(\frac{r}{c} \right)^\beta \right] \tag{5-2}$$

式中，t_r 为道路流量为 r 时的行驶时间；t_f 为不拥堵时路程的行驶时间；c 为道路最大流量；α，β 为路阻函数待标定参数，与地域、天气等因素相关。

进而可以得到车辆最小总行驶时间表达式为

$$\min T = \sum \sum \sum t_{ijk} \tag{5-3}$$

式中，t_{ijk} 为车辆 k 从客户点 i 行驶至客户点 j 实际用时。

3）总运输成本包括行驶距离成本、车辆早到提前服务惩罚成本、车辆晚到延迟服务惩

罚成本、行驶时间成本、固定用车成本，如式（5-4）所示。每辆车的固定用车成本包括发车费用、驾驶人费用等。

$$\min Z = c_1 \sum \sum \sum x_{ijk} d_{ij} + c_2 \sum \sum \max(E_i - s_{ik}, 0) + c_3 \sum \sum \max(s_{ik} - L_i, 0) + c_4 \sum \sum \sum t_{ijk} + \sum c_{0k}$$

(5-4)

式中，c_1 为车辆行驶单位距离的加权成本系数；c_2 为车辆服务时间早于最早服务时间的加权惩罚成本系数；c_3 为车辆服务时间晚于最晚服务时间的加权惩罚成本系数；c_4 为车辆行驶单位时间的加权成本系数；c_{0k} 为车辆 k 的日常使用成本；E_i 为客户点 i 期待的服务起始时间；s_{ik} 为客户点 i 接受车辆 k 服务的实际时间；L_i 为客户点 i 期待的最晚服务时间。

带软时间窗的车辆路径问题已被证明是非确定性质问题。使用精确算法只能对小规模问题进行求解，求解时间随问题规模的增大呈指数上升，因此目前针对该类问题的研究集中于使用启发式算法求解，如粒子群算法、蚁群算法、遗传算法等。其中，蚁群算法求解时间较长，粒子群算法比遗传算法少了交叉变异操作，容易陷入局部最优。遗传算法是求解优化问题的一种高效的全局搜索方法，具有良好的适应性，广泛应用于大规模的复杂优化问题。它的鲁棒性强，并行搜索能力高，在求解车辆路径问题时具有较高的求解效率和求解精度。

2. 动态称重

作为陆路运输最重要的一环，公路的建设给社会经济的发展带来了便利，起到了巨大的促进作用。然而，快速发展的同时也产生了车辆超载现象，损害了人民的生命财产安全。为了更好地对车辆超载现象进行治理，进一步加强对车辆超载现象的有效监管，在治理车辆超载问题的初期，交通运输部门只能针对事故频发及超载现象严重的地段，设立称重站点，所有经过称重站点的车辆需要通过地磅测量车辆的实际载重，对超重车辆进行处罚，从而达到监管的目的。由于传统的静态称重存在许多弊端，如容易造成车辆囤积影响称重效率、检测灵活性不高、车辆容易绕行避开监测点、需要投入大量人力进行管理、自动化水平不高、治理效率低等。因此，传统的车辆称重方式已经不能满足当下的要求，需要更为先进的技术手段对车辆超载进行有效治理。

目前，世界各国正加快对车辆动态称重技术的革新与发展，新技术的发展有利于解决传统称重技术的弊端，能够将自动化、人工智能及大数据等先进技术融合应用，从而实现车辆动态称重检测，检测数据通过互联网大数据等先进信息技术进行远程分析与传输，实现执法非现场化，可以有效地提高治理效率。车辆动态称重系统利用称重传感器采集压力信号并计算出车辆行驶各轴重量，根据各轴重量计算出车辆载重，可以精准识别车辆轴数，准确判断车辆是否存在超载现象，若车辆存在超载现象，则根据超载数值按等级进行处理，实时显示处理结果，实现对行驶中的车辆进行动态称重检测。

动态称重站一般分为安装在主线车道上的主线子系统和安装在执法站低速精检区的基地子系统，系统硬件组成包括高速动态轴重秤、称重仪表、车牌识别仪、称重传感器、地感线圈系统、WIM（Weighting in Moving）控制柜、高速称重计算机、视频监控系统、LED可变情报板等。

如图 5-1 所示，车辆首先通过主线子系统，系统会自动计测行驶车辆的高度、宽度、长度和重量，超过限制值的车辆在光电板上得到通知并被引导至基地子系统，之后在基地子系统进行更精确的测量。其中，车辆高度使用超声波检测器测量，宽度和长度使用 4 台摄像机测量，重量由路面埋设的车辆感知器和称重传感器测量，其中称重传感器前后错开设置。由于车辆以高速从主线子系统通过，精确测量是很困难的，因此开发基地子系统是很重要的。车辆动态称重流程如图 5-2 所示。

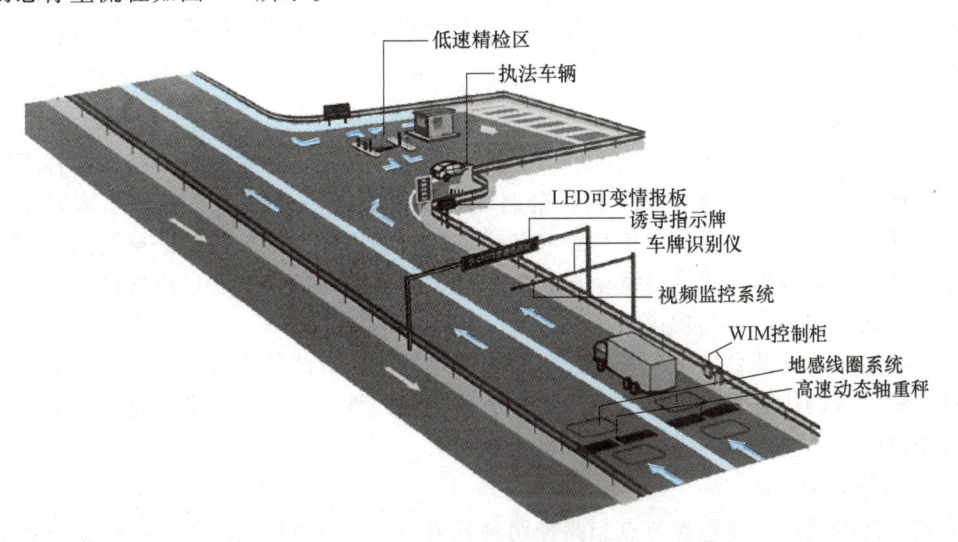

图 5-1 动态称重系统示意

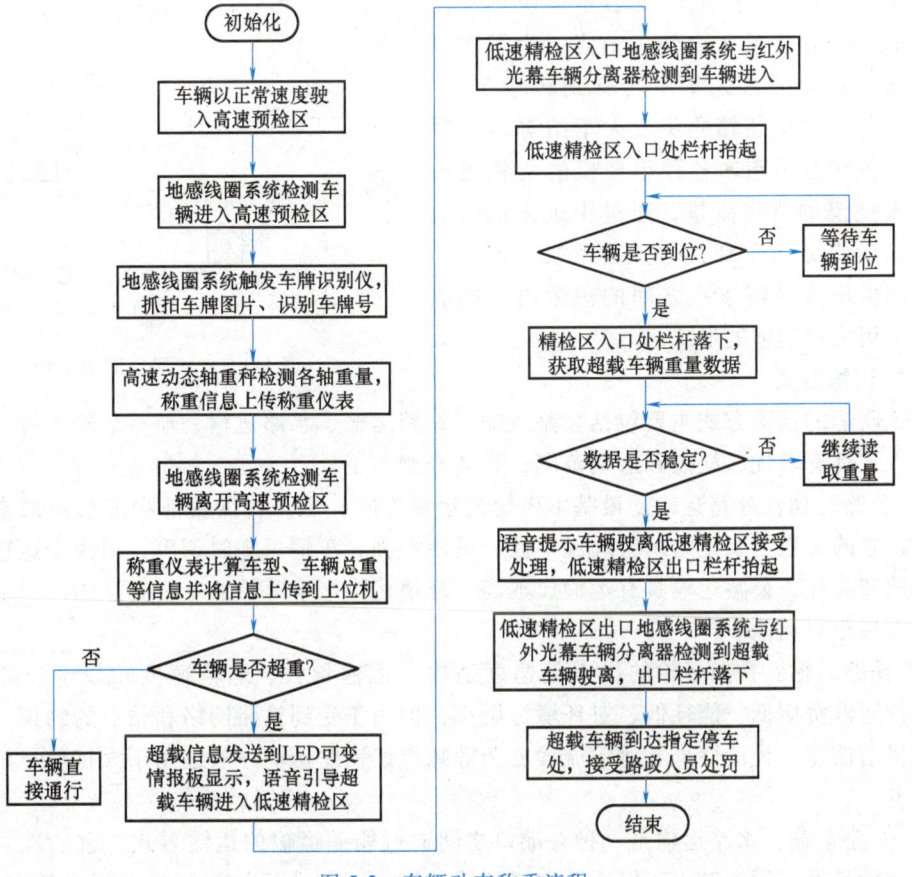

图 5-2 车辆动态称重流程

系统在不干扰正常车辆行驶的前提下自动处理称重流程，自动识别超载车辆并自动引导，能够实现24h连续运行，无执法时间间隙。系统具有数据远传功能，可将动态称重数据或车辆超载数据等发送到执法站监控中心数据服务器中。系统还留有远程诊断功能，执法人员即使不在现场也能了解系统运行情况，便于及时排除系统出现的故障。

3. 多式联运

(1) 基本概念

多式联运定义为多种运输方式的联合运输，是指货物运输过程中至少采用两种不同的运输方式。运输单位可以是盒、集装箱、公路、铁路车辆或船只等运输工具。从定义可以看出，多式联运常运用在大规模、中远距离的运输网络中，例如区域或国家规模的快递系统以及长途取件和递送服务。随着经济全球化的发展，世界各地的多式联运终端设施为物流企业带来了更高的运输灵活性和规模经济。

多式联运是一种结合公路、铁路、水路、空运等运输方式的综合运输形式，能够充分发挥各种运输方式的优势，突破传统单一运输方式的局限性，满足日益多样化的运输需求，在全球范围内给经济、环境等多方面带来最大效益。

(2) 网络结构

多式联运的网络主要包含节点和路径两种元素类型。节点包括起始点、转运节点和终端需求点，路径表示为节点之间的连线，每条路径包含若干种运输方式。多式联运网络结构如图5-3所示。其中，节点1~9表示供应点和需求点，A、B、C表示3个转运节点。为了实现规模经济，货物通常先集中转移到转运节点，例如机场、海港集装箱码头、火车站等多式联运平台。在转运节点，各种小规模的货物被整合成更大规模的货物流量，通过中远距离、大容量的运输服务运送到其他转运枢纽。各个转运节点同供应点及需求点之间的短距离运输服务通常采用公路运输的形式。

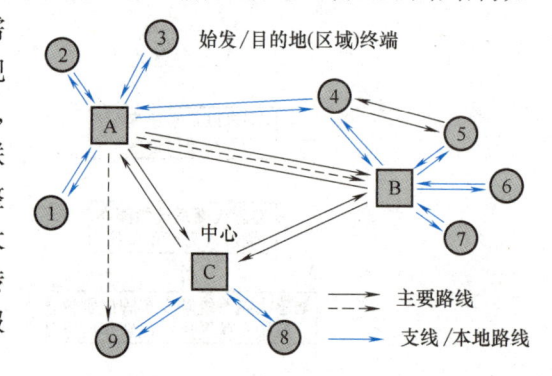

图 5-3 多式联运网络结构

(3) 运输方式

多式联运的运输方式主要包括公路运输、铁路运输、水路运输、航空运输4种方式，每种运输方式都有其优、缺点和适用范围，具体介绍如下。

1) 公路运输：公路运输是最基本传统的运输方式，也是我国目前物流行业最常用的运输方式，它的优点主要是组织管理成本低、灵活性强、车辆可随时调度，但由于运输车辆的尾气排放和油耗，公路运输具有运输成本高、环境污染严重等缺点。公路运输一般适用于小批量、中短距离运输。

2) 铁路运输：铁路运输的优点是速度适中、运输量大、运输速度相较于公路运输更快、单位运输费用低、能耗低、对环境污染小，但由于受到铁路网络和站点的约束，铁路运输具有机动性差、灵活性低、运输流程复杂等缺点。铁路运输一般适用于大批量、中长距离运输任务。

3) 水路运输：水路运输是一种在港口之间通过船舶运输的运输方式，它的优点是运费较低、运输量大、污染较小，但由于水路环境的限制，水路运输受到自然环境的影响较大，

因而机动性较差且速度较慢。水路运输主要用于大批量、远距离运输。

4）航空运输：航空运输的优点是速度极快、运输效率高、污染较小，但由于飞机制造成本和机场运营成本高昂，航空运输的缺点是运费较高、运输量较小。航空运输一般适用于远距离的运输。

多式联运基于以上几种运输方式，根据不同的运输需求，采用两种或两种以上的运输方式联合运输，按照不同组合可分为"公铁联运""陆桥联运""海空联运""海陆联运"4种组织形式，这种新兴运输模式可以最大化发挥各种运输方式的优势，具有高效、经济、方便、绿色环保的优点。

(4) 问题描述

多式联运的运输过程与常规的单种运输方式的运输不同，由于涉及多种运输方式，每种运输方式都会有其对应的路径，在优化的过程中常常需要考虑每种运输方式产生的费用、时间、危险性，还需要考虑不同运输方式转换过程中所产生的运输费用、时间、危险性。在现实生活中，多式联运的承运人以运输过程中费用最小为目标，在满足顾客要求时间和保证货物的完整性的前提下，尽量优化多式联运运输过程的路径及运输方式的组合。

构建多式联运模型时经常使用的决策变量一般分为两个，一个是多式联运货物所经过的运输城市节点，另一个是在经过两个节点时所采用的运输方式，即在构建这个模型的过程中需要两组决策变量。在构建目标函数的过程中，目标函数与变量之间符合线性关系，因此对应目标函数组成的决策函数也是线性的。决策函数可表示为

$$Y_m = S_1\theta_{m1} + S_2\theta_{m2} + \cdots + S_n\theta_{mn} + \tau_m \tag{5-5}$$

式中，Y_m 为第 m 种运输方式的决策因子；S_n 为第 n 种影响控制因素的系数；θ_{mn} 为第 m 种运输方式的第 n 种影响；τ_m 为其他因素。

对于多式联运目标函数定义式为

$$\min/\max Y = \sum_{j=1}^{m} Y_m \tag{5-6}$$

一般优化的目标包括运输过程的成本最低、运输过程的碳排放量最低、运输过程的时间最短等。由于多式联运系统不断完善，运输过程的安全性也逐渐被重视，因此，运输过程中风险最小也成了目前热门的目标函数。在多式联运模型中，约束条件同样重要，一般需要考虑的约束条件包括：路径的完整性约束，在运输的过程中货物必须从出发点开始被连续不断地运送到目标点；运输的时间约束，根据收货人的要求，发货人需要与多式联运承运人在多式联运合同中约定时间要求，在要求的时间之内将集装箱完成运输过程；运输的容量约束，在运输过程中由于承运人的运输工具有限，即可能会不满足集装箱的运输量，继而耽误货物运输的正常进行，因此需要构建路径的容量约束，以确保集装箱在运输中具有足够的运输能力；运输方式的选择约束，在两城市之间在货物运输过程中只能选取一种运输方式。

在多式联运的实际过程中，单独追求一个目标的最优不能满足实际的现实需求，在一般的多式联运运输过程中既要保证多式联运承运人和经营人的收益，也要满足收货人和发货人的客户满意程度，即在优化运输过程的费用最低的同时，优化多式联运运输过程的时间，并根据结果使多式联运的路径选择做到整体最优，除了满足上述的目标外，还需要兼顾碳排放量、运输过程中风险等目标，因此多式联运问题可以定义为多目标优化或多属性决策的问题，这对多式联运的发展具有重要的意义。

5.5 案例介绍

5.5.1 顺丰智慧物流

1. 概述

在顺丰持续提升服务质量的背景下，经过多年的行业深耕与洞察，自主研发建立了人工智能物联网视觉感知应用平台——慧眼神瞳，它综合应用了物联网、边缘计算和人工智能等前沿技术，极具扩展性和鲁棒性。模块化、容器化的设计可根据需求灵活调整配置，实现业务变化与优化，高效迭代作业流程；能够配合监控摄像机、分拣线工业相机等智能设备进行作业场景数字化建模，全面分析人、货、车、场地、设备等关键生产要素，覆盖端到端全业务场景的实时业务数据流，通过业务风险分析、自动化决策等数字化手段，有效保障了运营质量、管控业务风险、减少运营成本、提高管理效能与服务质量。

慧眼神瞳综合运用计算机视觉与边缘计算技术，通过构建覆盖全网的人工智能物联网视觉感知应用平台，以数十万感知触点实时解析各场景关键生产要素，形成覆盖全网的实时业务动态数据，为行业客户提供数字化管理与运营精细化升级的解决方案。目前业务场景覆盖安全管理、质量管理、经营管理、风险管控等几个方面。

2. 核心技术特性

（1）数据驱动的边缘计算平台

将云端、边缘端、设备端三方进行数据流联通，实现云端构建、边缘部署、设备控制，有效降低全链路协同成本。

统一标准实现边缘设备集中化管理，对资源进行充分利用，减少多种运维成本；边缘设备智能预警，避免设备故障发生；提供从代码到边缘上线的持续集成、持续部署的解决方案、助力研发的快速迭代与验证。

整个架构方案通过标准化的"物模型"协议，对设备端采集的数据加以智能化处理和分析，通过运用边缘计算技术，减少了云端处理延迟，提升了整体运算速度，并对全场景下的数据进行多维感知、数据实时交互，实现事前检测、事中预警、事后决策等工作，最终达到云边端协同模式下的智能化协作。

（2）统一的云边端一体化架构优势

1）边缘感知。通过对多种物联网协议与视频协议进行数据标准化、结构化、网络化，有效降低网络带宽的压力、边缘人工智能计算量和存储压力，提升整体分析效率，满足业务实时响应等要求。

2）边缘计算。采用完全基于分布式容器化的微服务架构，极大地提高系统可用性和可扩展性；支持不同加速芯片推理框架，适应多模型并/串联的组合结构，面对高流量并发，自适应动态提高吞吐率，并减少业务响应时长。

3）边缘安全。采用增强隐私计算技术，确保人工智能算法关键部分不被窥探，机器身份管理确保人工智能算法指定运行，云边端通信鉴权机制确保上、下行网络链路安全可靠。

4）全链路能力。基于云边端完整的治理与自动化构建能力，在服务构建、数据源管理、模型训练、部署加速、稳定性保障、监控跟踪等基础能力为一体，云边端一键协同发布，为各种业务场景提供完整的通用解决方案。

5）再生产能力。基于微服务架构提升业务领域的服务能力，采用K8s（Kubernetes）的服务编排机制以实现对业务的二次组合，快速适应新的行业和业务场景。

3. AI（Artificial Intelligence）应用

在顺丰场景中，进行图像AI算法推理时，需要处理大量高清相机生成的大图片，内存不足成为此过程的显著瓶颈。当一张分辨率较大的图片解码后，可能需要上百兆字节，甚至二三百兆字节，由于内存资源受限，无法完全发挥多核心的并发处理性能。为解决内存瓶颈的问题，经调研某些场景并不需要彩色图片，只要黑白图片即可，即把三通道的彩色图片直接解码成单通道的灰度图，这样不仅可以节省2/3的内存空间，也可以大幅减少解码所需时长和后续图片副本的复制时间。经测试，采用黑白图片后，图像处理性能相比于解码成彩色图片提升了200%左右。为避免频繁向系统申请和释放内存的额外开销，使用内存池来进行优化，以空间换时间的方式，消除内存切换导致的性能瓶颈，经过测试，速度有效提升了330%。

在AI算法推理效率优化方面，顺丰使用TensorRT技术进行推理加速。TensorRT是Nvidia（英伟达）针对自家平台开发的一个神经网络前向推理加速的C++库，旨在极致优化图像处理器（Graphics Processing Unit，GPU）资源使用的深度学习推理计算框架，它可以为深度学习应用提供低延迟、高吞吐率的部署推理，除此之外，TensorRT在异构架构中的兼容性较强，已经成为行业内较成熟的性能提升方案。

除了对图片的处理本身做优化可以增加系统的性能以外，充分利用系统的硬件资源也可以使系统的性能有所提升。当处理大量较小的图片时，可以尽可能地使用中央处理器（Central Processing Unit，CPU）做图片相关的处理，即让GPU尽量用于算法推理，从而提高整个系统的吞吐率；而当图片都比较大时，系统的瓶颈会更偏向于图片处理本身，导致GPU不能充分利用，在这种场景下，可以把一部分图片处理放到CPU上完成，这样子可以充分利用CPU的资源，让整个系统的AI算法推理吞吐率达到最平衡与最优。

5.5.2 中国移动智能车辆管理系统

1. 系统优势

1）优化驾驶人的安全管理。提供驾驶风险相关的信息给车队管理者，以制定针对性更高及更有效的管理措施。

2）优化车队成本管理。更清晰地理解车队的成本结构，协助构建降低成本的部署。

3）提高运营效率。车队管理者可轻易地获取车队的运营数据从而进行更符合成本效益的车队调配。

4）提供强大的数据分析能力。利用云能力及数据建模分析驾驶人的行为及其驾驶风险。

5）提供高兼容性。提供多种API接入方式让方案可以快速部署，同时拥有高延展性，及可跟多个终端设备进行合并。

6）提供便利用户使用的服务。提供应用程序同时解决车队管理者及驾驶人在各自层面上遇到的困难。

2. 功能特征

1）车队运营数据采集。采集及提供汽车行车时的数据，如历史行车路径、地理围栏出入记录、汽车总行驶距离及燃料消耗量等。

2）车队运营数据分析。利用云存储和云计算的强大功能来进行不同维度的数据分析，例如驾驶分数统计和驾驶人行为实时监控等，让客户更清楚地了解车队的运营情况。

3）车队运营数据管理。将车队运行数据统一放在服务系统里，车队管理者可通过网站或应用程式在一站式的门户获取车队运营数据的汇总，包括汽车成本、汽车行驶数据及汽车总行驶距离及燃料消耗量等。

4）为驾驶人提供帮助。利用手机应用程式获取即时的定位信息、完成线上签到及持续优化驾驶行为的建议。

3. 应用场景

（1）物流车队管理

1）降低风险及事故发生率。上传所有数位式的数据（包括事件录像及图片）到云端并进行分析，从而评估驾驶人的驾驶风险，方便车队管理者找到风控点。

2）监控燃料消耗量。针对高燃料消耗有机会来自燃料盗用、发动机空转或不良的驾驶行为，监控汽车任何非商业用途的行为及汽车总行驶距离、燃料消耗量及驾驶人的驾驶行为，并进行精密分析。

3）提高管理效能。让车队管理者能轻松获取车队的运营数据，从而进行更符合成本效益的车队调配。

（2）公司专用车队管理

1）监控非商业用途。监控汽车任何非商业用途的行为。

2）监控及管理车队风险。将所有数位式的数据（包括事件录像及图片）上传到云端并进行分析，从而评估驾驶人的驾驶风险。

3）改善资源利用率。让车队管理者能轻松地获取车队的运营数据，从而进行更符合成本效益的车队调配。

5.6 未来发展趋势

5.6.1 动态称重

车辆动态称重系统已在某称重执法站投入使用且运行平稳，满足系统需求和动态称重的信息化管理，能够很好地解决车辆超载超限问题，保障交通运输业的健康稳定发展。随着技术的不断发展优化，该系统具有广阔的发展空间，通过引入新技术可进一步提升和优化系统性能。

1）系统需要进一步与交通执法部门系统进行深度融合，建设通用性强的管理平台，实现动态称重的标准化、规范化发展，保障系统称重精度和稳定性。

2）随着5G技术的不断推广，车辆动态称重系统中采用5G技术势在必行，这样便能够打破电气与光纤线路等的限制，硬件设备的布置也将更为灵活。

5.6.2 智慧物流

物联网、通信和人工智能等技术不仅为物流带来了创新的功能，也改变了物流管理的模式。如何有效和高效地应用这些技术已成为智慧物流研究的主要问题。以往的研究大多探索了这些技术在不同物流过程中的应用，如提出了实时监控、情境感知控制等新的物流功能，解决有效性问题；智慧物流优化研究则更多致力于提高仓储、配送、运输等物流运作环节的效率。然而，已有研究提出的相关优化算法和管理系统是针对不同行业的特定场景所开发的，但考虑到智能物流作为智能供应链的一部分，应兼容不同的流程和行业。因此，未来智慧物流的运营管理研究可以考虑以下几个方面。

1) 智慧物流的通用管理框架：智慧物流不是简单的行业升级，而是物流行业的颠覆性创新。然而，大部分已有研究只是在原有管理系统的基础上应用相关技术来增强某些物流功能。唯有将相关技术应用到促进不同物流流程，以及物流与其他供应链流程之间的协作时，才能真正发挥技术对行业颠覆的作用，而一个通用的智慧物流管理框架是指导技术合理应用的基础。

2) 智慧物流的理论研究：缺乏通用的智慧物流管理框架是由于相关技术对当前物流运作的作用机制未被明晰。未来的研究可以在理论层面分析某一类特定技术对物流运作的影响及其机制。例如，可以用信息系统理论分析内部物流信息共享如何影响物流运作绩效。此外，还可以关注智慧物流的独特属性及技术应用如何影响其执行者的利润和客户的期望。

3) 智慧物流的可视化研究：已有文献主要关注物流四大功能（监控、控制、优化、自动化）的智能化发展。物联网技术虽然为决策者带来海量多样的数据，但不恰当的数据展示可能会导致无关数据隐藏关键信息。合理、人性化的物流信息数据可视化是提高决策准确性和运作效率的关键环节。此外，探索物流决策的关键要素和数据分析方法也能够为可视化设计及实现提供理论和方法支持。

4) 智慧物流与其他智能模块的协同研究：智慧物流是智慧供应链、智慧交通、智慧城市不可或缺的组成部分，在逻辑上和功能上应与不同的智能模块兼容。因此，未来研究可以从不同智能模块主体视角出发，探索智能物流与其他智能模块的协作机制和方法路径。此外，在优化研究方面，相关行业也需要针对自身的应用场景进行算法和集成模型的研究。

随着科学技术的进步和社会经济的发展，需要不断使运输系统智能化、定位技术精确化、物流服务智能化、商用通关高效化，加快信息交流与培训合作，使我国货运车辆物流运营系统的研究尽快与国际接轨。

思考题

1. 货运管理系统的定义是什么？
2. 请简要阐述货运管理系统的主要功能。
3. 试举例说明国内外知名的货运管理系统，并简要说明它们的特点。
4. 货运管理系统常用核心关键技术有哪些？
5. 未来货运管理系统发展面临的困难和挑战有哪些？

第6章　先进公共交通系统

6.1　引言

　　先进公共交通系统（APTS）是指面向公共交通使用者的交通信息系统，它是智能交通系统的重要组成部分，它的主要功能是提升公共交通工具的综合运输能力，使公共交通运输更加便捷、经济，运量更大。有别于传统低效、单一化的公共交通系统，APTS将诸多高新技术运用到公共汽车、地铁、轻轨列车、长途列车等多样化的公共交通运输方式中。

　　在私家车保有量激增、城市道路交通持续恶化的今天，发展先进公共交通系统，推行高效的公共交通运输，不仅可以改善道路交通状况、提高经济效益，还可以减少尾气排放量，有助于打造绿色低碳的出行方式，符合国家可持续发展理念。

6.2　背景及发展现状

6.2.1　背景

　　随着城市经济的迅速发展，交通需求与日俱增，加之部分大城市的交通结构不合理，种种原因导致了城市道路的利用效率低下。糟糕的路况在某种程度上影响了人民生活水平的提高及城市经济的进一步发展。由于受到投资、土地等条件限制，单纯依靠道路基础设施建设来解决交通问题变得较为困难。因此，必须建立"安全、快捷、舒适、绿色"可持续发展的公共交通运输环境，并不断提高公共交通系统自身的智能化和先进化水平，来帮助解决日益恶化的交通问题。

　　我国城市经济正处于高速发展期，大中城市的交通系统特别是公共交通系统也处于提档升级期，大力发展公共交通，建立先进的公共交通系统（APTS），可以有效提高交通系统的服务质量和运输效率，吸引广大人民群众选择公交出行，使出行方式向公交、地铁等公共交通方式转移，从而有效地缓解道路资源紧缺问题，减少居民出行时间，减少污染物排放，促进城市可持续发展。在城市公共交通系统中，车辆调度是影响公交运营系统水平和服务水平的主要方面，是智能公交的核心研究内容，聚焦研究公交调度智能化，建立先进公共交通系统，是解决未来城市交通问题的方法之一。

6.2.2 发展现状

1. APTS 总体研究

美国在智能公共交通方面起步较早，20 世纪 80 年代，美国将先进的信息技术、数据通信技术、电子控制技术及计算机处理技术等有效地综合应用于地面交通管理体系。美国的先进公共交通系统在车队管理、车辆定位、公交运营软件、公交出行信息系统等方面走在世界前列，通过大力提倡信息化，积极采用高新技术，公交的运营效率大为提高。

我国智能公共交通系统发展相较于西方来说起步比较晚，总体来看，可大致分为以下几个阶段。

（1）1996—2000 年：起步阶段

国内专家通过研究国际智能交通系统的发展情况，开始进行我国智能交通系统发展思路和方向的研究。

（2）2001—2005 年：试点阶段

在全国 12 个城市进行了智能公共交通示范工程建设。此外，国务院明确提出，要对公共交通规划理论和方法、综合交通枢纽设计、公共交通优先的路网利用和信号系统等组织立项，加大科研力度，有效促进了与智能公共交通相关的科技、产业等单位的参与。

（3）2006—2011 年：发展基础形成阶段

我国智能公共交通体系标准化体系日益完善，在重大国家活动的交通保障中，大规模集成应用了智能公共交通技术，如北京奥运会和上海世博会，城市公共交通信息化建设成果初具规模。

（4）2012 年至今：全面建设阶段

全国普遍展开智能公共交通系统的建设，交通运输部、公安部实施了一系列智能化管理和智能化服务的项目工程。交通运输部明确提出要建成城市公共交通中心、公共交通智能调度平台、乘客出行信息服务平台和城市公共交通行业监管平台。

虽然我国智能公共交通取得了巨大的进步，依然存在规划不清晰、标准不统一、应用分散、普及率不高等缺点。

2. 调度理论研究

在 APTS 建立过程中，调度理论的研究始终是重点。国外对调度理论研究始于 20 世纪 80 年代。1980 年，Scheele 考虑了车容量、客流分配因素，以乘客出行时间最少为目标建立了单线路公交调度优化模型。1984 年，Ceder 提出了 4 种推导发车频率的方法，其中两种基于站点客流量统计数据，根据最大站点载客量推导发车频率，另外两种基于线路总客流量，根据线路客流周转量推导发车频率，并探讨了满足发车频率的最小车队规模，应用了计算机技术来求得发车频率，并在洛杉矶市进行了测试。1995 年，Ceder 研究了在基于客流分布制定好发车时刻表的前提下，如何安排不同车型执行计划的车辆配置问题，以最小化公交公司的成本。1998 年，Site、Filippi 考虑公交车容量，以公交企业和乘客的成本最小为目标，建立了单线公交线路全程车与区间车的组合调度模型。2001 年，Ceder 以最小化乘客换乘时间为目标，对于给定的公交网络，研究了最大化同时到达换乘站点的公交车辆的公交调度问题。2011 年，Daganzo 认为现有相关研究并不能很好地避免或缓解"窜车"或车头间距不均的情况，提出了一种通过调整前后车运行速度以保持车头间距的自适应调整方案，为了解决常规公交的固定线路、固定班次的特性不适用于需求较为分散的区域或时段的问题，具有可响应特定需求的公交形式应运而生。

相较于国外学者，国内学者对于公交调度理论的研究起步较晚，但得益于经济的迅猛发展及技术的快速更迭，国内的研究也取得许多创新性突破，并迅速达到国际先进水平。1998年，Xu J E等以乘客总候车时间最少为目标，研究了利用跨站停车的方式来调整前后车辆车头间距的问题。2001—2002年，张飞舟利用混合遗传算法对公交调度优化模型求解进行了优化，同时对可能面临的、使公交实际运行与行车计划出现偏差的突发情况提出了利用无线通信技术进行动态调整的策略。2005年，任传祥将遗传算法与模拟退火算法相结合组成混合遗传-模拟退火（GA-SA）算法，并对公交行车调度进行优化，实例仿真证明了GA-SA算法很好地克服了传统遗传算法容易陷入局部最优的缺点，具有更好的效率。2007年，赵骞分析了既往公交IC卡数据的规律和特点，建立了不同峰值情况下公交IC卡数据预测时段客流的回归方程，为公交调度提供基础数据，同时提出了以乘客满意率和企业满意率加权平均值最大作为目标函数，考虑最大和最小发车间隔、满载率等约束，以发车时间为变量的公交车辆优化调度模型，并利用免疫算法求解得到最优的公交发车时刻表。2010年，为了细化考虑公交线路之间的合作与竞争的不同关系对公交网络发车时间，即行车时刻表的影响，司徒炳强、靳文舟将公交网络中关联线路划分为合作与竞争两类，并构建不同的子网络及对应的线网发车时间优化模型（包括线路始发车时间模型和线路发车间隔模型）。2013年，程赛君针对城市公交调度形式单一及公交线路客流分布不均衡的问题，以区间车组合调度为研究重点，建立不同调度模式下以乘客等车成本、车内拥挤成本和公交运营成本为优化目标的区间车组合调度优化模型，通过求解模型得到最优发车模式、区间车和全程车之间的发车间隔并根据优化的调度模式，以及区间车与全程车的发车间隔，编制出线路的发车时刻表，程赛君以武汉市715路公交线路为例，证明了与单一的调度形式相比，区间车组合调度可以减小车队规模，降低公交固定投资成本。随着互联网发展新一波浪潮的到来，"互联网+交通运输"的概念被提出，定制公交服务（城市公交辅助客运模式）应运而生。2016年，Liu T等提出了一种基于通信的协同控制策略（Communication-based Cooperative Control，CCC）以尽可能实现乘客在换乘点的同步换乘。Liu等人基于蒙特卡洛方法对车辆行程时间、乘客需求和驾驶人行为进行了模拟仿真，仿真结果表明，该方法显著提高了计划同步换乘的发生率。2017年，雷永巍等对互联网定制公交服务模式中存在的路线规划不合理、缺乏成熟的通用模型等问题，首先采用K-means算法对居民的实时出行需求进行聚类，在此基础上以最大需求服务率和最小费用作为双层目标，以最大载客量和乘客时间阈值等因素为约束条件的动态网络调度模型，进而针对模型的快速求解设计了基于Hadoop平台的并行蚁群算法，并以广州为例验证了该模型与算法的有效性和实时性。2018年，王健等以多辆公交车总运营里程最小为目标，考虑乘客的站点约束、公交车容量约束及乘客的出行时间窗，建立了定制公交车辆调度优化模型，并基于后向推导原则设计贪心算法求得模型的可行解，之后基于遗传算法，采用自然数编码机制，将每个站点作为基因位，按照访问次序排列成染色体对应问题的解，该研究有效证明了所建立的优化模型能够输出合理的多条定制公交线路车辆调度方案，不仅可以给出每辆定制公交的途经站点、运营里程，还可以给出每个站点的准点程度，以及由于公交早到、晚到折算得到的当量运营里程。

6.3　APTS 概述

1. 概述

在公共网络分配、公交调度等关键基础理论研究的前提下利用系统工程的理论和方法，将现代通信、信息电子、控制、计算机、网络、GPS、地理信息系统等高新科技集成应用于公共交通系统并通过建立信息化、现代化、智能化的公共交通管理系统，实现对公共车辆的动态监控和实时调度，为出行者提供更加安全、舒适、便捷的公共交通服务，从而吸引人们采取公交出行，缓解城市交通拥挤，创造更大的社会和经济效益。

2. 服务对象

APTS 的服务对象主要包括公交出行者以及公共车辆。对于公共交通出行者来说，该系统采集和处理动、静态交通信息，并通过多种媒体将动态和静态交通信息发布出来，从而达到规划出行、选择最优路线、避免交通拥挤、节约出行时间的目的；对于公共车辆来说，APTS 可实现对公共交通车辆的动态监控、实时调度、科学管理等功能，从而达到提高公共服务水平的目的。

3. 系统结构

APTS 主要包括 4 个子系统，分别是优化子系统、调度子系统、服务子系统、评价子系统。优化子系统需要对公交线网布局、线路配置、站点布置、发车间隔确定、票价制定等方面进行优化；调度子系统是 APTS 最核心的子系统，它利用自动车辆定位系统（由 GIS、GPS、无线电技术组成）、电子站牌、主控中心监视与通信等系统对公共交通进行排班调度，使车辆有序、平稳、高效、协调地运行；服务子系统利用多种媒体将采集分析后的出行路线、换乘点、票价、车型等静态与动态公交信息发布出去，提高公共交通的服务水平；评价子系统需要从经济效益、社会效益、服务质量等多个角度对公交服务系统进行评估，评估的结果有助于优化子系统更好地优化整个公共交通系统。

6.4　智能调度子系统

6.4.1　子系统构成

车辆的运营调度是整个公共交通管理的核心技术，智能调度子系统则是 APTS 的最基础与核心的子系统，它运用先进的运营调度方法（包括调度发车、驻站策略、车速引导）来实现对公交车发车、到站时间等的控制，从而保证公交车道路通行顺畅、提高运营调度管理水平、改善公交服务质量、增强公交吸引力。智能调度子系统主要由以下几个方面构成。

1. 调度中心

城市公交调度中心系统主要由信息服务系统（发布出行前的乘车信息、换乘信息、行车时刻表、票价信息等）、地理信息系统和 GPS 系统（接受定位数据、完成车辆信息的底图映射、地图的显示与编辑、车辆道路等信息查询、地图匹配、车辆状态信息的处理）、大屏幕显示系统（匹配司乘与车辆、动态显示车辆的调度信息、发车时间等）、协调调度系统和紧急情况处理系统组成，如图6-1所示。

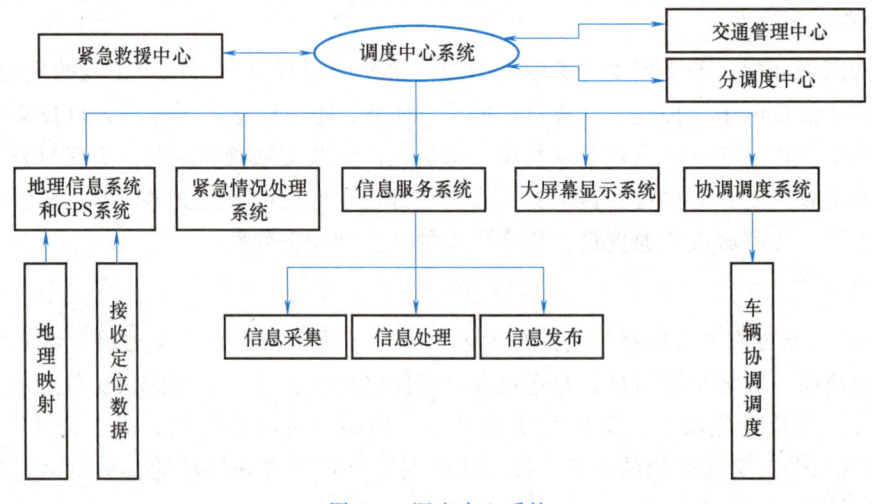

图 6-1 调度中心系统

2. 分调度中心

分调度中心主要负责接收总调度中心的命令，对负责区间车辆实施动态调度，主要由车辆定位和调度系统（车辆定位与监控、与中心双向通信、向电子站牌发送数据）、地理信息系统两部分组成。

3. 车载移动站

车载移动站主要负责公交车辆运营过程中的自动实时定位，便于公交车辆的统一管理、监控、调度或提供实时导航（包括路径选择优化等功能），它是多种技术集于一体的综合系统。随着电子技术、卫星通信、5G移动通信和人工智能等技术的发展，自动车辆定位系统中逐渐采用了先进的电子设备，并形成了目前较为稳定的基本模型，主要包括GPS、GIS和惯性导航系统等。

4. 电子站牌

公交车站的电子站牌由无线信号接收器、显示控制器、光带式车辆位置显示器、LED时间显示单元、电源及防护外壳、支架，以及有源或无源的ID码发射器等几部分组成。电子站牌基于GIS和GPS技术，定时接收公交车辆的GPS时间信息，对内部时钟进行校正，并通过LED显示屏向站内乘客显示车辆的到站时间。电子站牌不仅能动态显示车辆到站时间、距离本站最近的车辆行驶进程等信息，还有语音提示功能，能够预报车辆的位置和到站情况，实时提醒乘客上车。

5. 车载设备

对于智能化的公交车来说，车载设备也是非常重要的。为方便调度中心实时获取车辆信息并按需进行车辆调度，公交车辆安装包括GPS设备、监控软件系统、车载通信设备、实时路况信息设备、车道偏离警示系统、倒车监控摄像机、自动停车系统和遥控启动系统等车载设备。不仅如此,为了给乘客因营造良好的乘车环境,现代公交车辆大多都安装了空调、语音广播、低延时 WiFi 等人性化车载设备,致力于提升乘客的出行体验。

6.4.2 调度发车

1. 概述

智能调度子系统的核心内容便是对车辆运营调度方法的研究,其中就包括对调度发车模型及其相关的优化算法的研究,调度算法可以直接影响公交运营效率和服务质量。公共交通工具调度,按是否具备实时性分为静态调度和动态调度。静态调度主要是对公交行车计划进行编制;动态调度则是通过地理信息系统、GPS、自动定位系统等辅助系统获取车辆实时位置、速度等状态信息,断面客流情况,道路交通状况等实时信息,并利用这些信息选择最合适的方案,减少实际行驶状况和行车计划之间的差距。动态调度建立在静态调度基础上,静态调度方案是否准确、科学,对动态调度影响较大。

对公共交通的静态、动态调度方案优化,需改变传统的凭借调度员经验的调度模式。通过辅助系统收集的实时动态信息及数据库储存的历史运营数据,汇集调度预案,形成调度经验和知识库,进而形成推理和辅助决策,提高调度管理水平和决策水平,从而达到减少出行时间、吸引交通出行、缓解交通压力等目的。一般静态、动态调度关系图如图 6-2 所示。

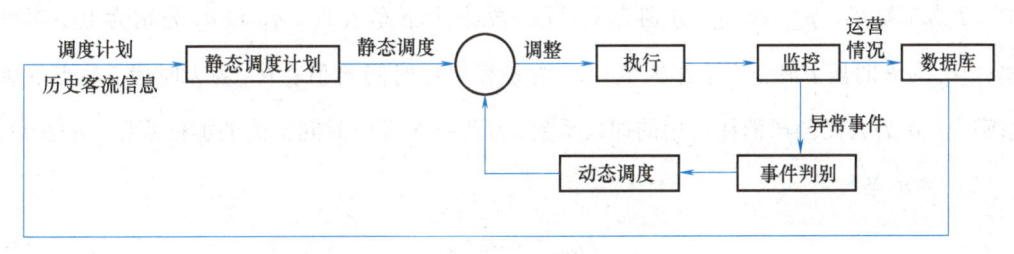

图 6-2 一般静态、动态调度关系图

2. 调度发车模型

在实际的调度发车中,需要先对调度发车进行数学建模。在数学模型中,需要从乘客利益和公交公司利益的角度来考虑公交车辆调度优化的目标函数,从公交公司的角度,需使发车间隔尽量大,以减少发车次数,从而降低运营成本,提高公司的收入;从乘客的角度,需要使发车间隔尽量小,以最大限度地降低因等车和换乘带来的交通费用损失,因此在车辆调度方案中以全天公交公司运营成本和乘客等车损失的总和最小为优化目标,发车间隔为待求变量,分别建立目标函数及约束条件。

由于公交调度具有所受影响因素多、外部环境复杂、客流变化大等特点,为了使优化模型具备一定的实用性,必须考虑所用数据的规范性、通用性及可获得性,因此在建模时需要对模型进行一定的假设。例如各公交车辆为同一车型,公交车会按调度表准时到站和出站;线路客流需求独立,不受相邻线路运行情况的影响;根据全线客流划分时段,同一时段相邻的两车发车间隔相等;各时段内,各站客流到达分布服从均匀分布;出行者消耗的单位时间费用是固定值;公交车单位乘次营运成本是固定值;全程为统一票价。

（1）目标函数

公交调度要兼顾公交公司和乘客的利益，往往选择公交公司投入运营的所有公交车辆的运营成本最小和一天内所有乘客等车损失最小两个目标函数。公司运营成本表示为

$$f_1 = \frac{u_0}{K} \sum_{k=1}^{K} \frac{T_k}{t_k} \tag{6-1}$$

式中，u_0 为公交车辆的单车营运成本；K 为全天运营时间划时间分为 K 个时段；T_k 为第 k 时段间隔；t_k 为第 k 时段发车时间间隔。

乘客等车损失分为乘客候车消耗的时间费用 f_{21} 和不下车乘客由于公交站点停车所消耗的时间费用 f_{22}，则有如下表达式为

$$f_{21} = \frac{1}{2} \frac{u_0}{K} \sum_{k=1}^{K} \sum_{j=1}^{J} U_{kj} t_k \tag{6-2}$$

$$f_{22} = \frac{u_1}{K} \sum_{k=1}^{K} \sum_{j=1}^{J} D_{kj} \left(\frac{p_{kj1}}{2q_1} + \frac{p_{kj2}}{2q_2} \right) t_k \tag{6-3}$$

$$f_2 = f_{21} + f_{22} \tag{6-4}$$

$$\min f = \alpha \min f_1 + \beta \min f_2 \tag{6-5}$$

式中，J 为车站集；p_{kj1} 和 p_{kj2} 分别为 k 时段 j 站点上下车人数；q_1 和 q_2 分别为上下车平均速率；D_{kj} 为 k 时段 j 站点不下车人数；u_1 为乘客单位时间价值；U_{kj} 为 k 时段 j 站点的乘客到站密度；α 为公交公司消耗费用的加权系数；β 为乘客等待时间损失的加权系数，$\alpha+\beta=1$。

（2）约束条件

$$t_{k\min} \leqslant t_k \leqslant t_{k\max} \tag{6-6}$$

$$c \frac{\sum_{k=1}^{K} \sum_{j=1}^{J} p_{kj1}}{\sum_{k=1}^{K} \frac{T_k}{t_k}} > \frac{u_0}{K} \tag{6-7}$$

式中，$t_{k\max}$ 为第 k 时段最大发车间隔；$t_{k\min}$ 为第 k 时段最小发车间隔；c 为票价。

第一个约束函数说明第 k 时段发车时间间隔的上、下限要满足相关部门规定的上、下限。一般情况下高峰期发车间隔不得超过 5min，低峰期发车间隔不得超过 10min。第二个约束函数说明公交公司一天的运营是处于盈利状态。因为公交公司要盈利，所以必须使公交公司的收益大于公交公司最低的消耗成本。

3. 优化算法

对目标函数进行优化是制定、调整调度方案中至关重要的一步，传统优化算法包括：线性规划、非线性规划、整数规划、动态规划。随着人工智能概念与技术的日益成熟，与其相关的智能优化算法层出不穷，由于这类算法对目标函数的形态无任何要求，因此我们可以方便地考虑各种约束条件。与经典的优化算法原理截然不同，它们主要是模拟自然生态机制来

求解复杂优化问题，这些方法主要有人工神经网络、遗传算法、人工免疫算法、粒子群算法等，它们在并行性、随机性、自适应性、鲁棒性、非线性复杂问题的搜索能力等方面表现出了显著的特点。

(1) 传统优化算法

1) 线性规划（Linear Programming，LP）。线性规划是研究在一组线性约束条件下，寻找线性目标函数的最大值或最小值的问题。该算法计算速度快、收敛性好，便于处理各种约束，缺点是计算精度低。

2) 非线性规划（Nonlinear Programming，NLP）。非线性规划是具有非线性的约束条件和/或目标函数的数学规划，是运筹学的一个重要分支。非线性规划研究一个 n 元实函数在一组等式或不等式的约束条件下的极值问题，且它的目标函数和约束条件是至少有一个未知量的非线性函数。非线性规划模型又可分为一阶梯度法和二阶梯度法。一阶梯度法主要有简化梯度法、微分注入法等；二阶梯度法包括牛顿法、内点法、外点法等。非线性规划模型的特点是精度比较高，但计算量相对较大，对于大规模问题收敛特性不是很稳定。非线性规划问题分为有约束非线性规划和无约束非线性规划。非线性规划在处理优化问题时往往利用罚函数将有约束的优化问题转化为无约束问题求解或者基于可行方向法直接求解有约束的优化问题；也有将非线性规划问题转化成线性规划问题，然后求解。

3) 整数规划（Integer Programming，IP）。整数规划是指优化问题中的目标函数的决策变量只能取整数值的线性或非线性规划。在整数规划中，如果所有变量都限制为整数，则称为纯整数规划；如果仅一部分变量限制为整数，则称为混合整数规划。求解整数规划的方法有穷举法、割平面法、分支定界法、分解法等。

4) 动态规划（Dynamic Programming，DP）。动态规划是针对多阶段决策问题的特点提出的最优化方法，它成功解决了工程技术、生产管理等方面的许多实际问题。动态规划法把复杂问题转化为一系列相互联系的多阶段序列来处理，通过合理选择各个阶段决策的集合并找出各阶段之间的关系，使整个过程的总体效果达到最优。动态规划中每个阶段都是一个更小规模的优化问题，这会降低时间和空间的复杂程度，更利于得到全局最优解，并且我们可以利用经验减少重复计算的次数，提高求解优化问题的效率。它的不足之处是用数值方法进行求解时存在维数灾的问题。动态规划是一种重要的决策，可以用于解决最优路径选择和资源分配等问题。在处理某些优化问题时，动态规划比线性规划或非线性规划方法更有效。

(2) 现代智能优化方法

1) 人工神经网络（Artificial Neural Network，ANN）是模拟人脑思维方式的数学模型。神经网络是在现代生物学研究人脑组织成果的基础上提出的，它模拟了人脑神经系统功能，包括信息处理、学习、联想、记忆等。目前神经网络模型的种类有 40 多种，典型的有 BP 网络、Hopfield 神经网络等。它们具有以下优点：可以充分逼近任意复杂的非线性关系；所有定量或定性的信息都等势分布储存于网络内的各神经元，故有很强的鲁棒性和容错性；采用并行分布处理方法，使得快速进行大量运算成为可能；可学习和自适应不知道或不确定的系统；能够同时处理定量和定性知识。所以，神经网络为解决复杂的非线性、不确定优化问题开辟了新的途径。在公交调度问题中，神经网络可以利用数据库历史数据进行训练，从而对目标函数（如车流量、各站点上车乘客数）进行预测，通过不断优化使目标最优，可以

通过损失函数反映预测和优化结果,神经网络法收敛特性好,但是如果缺乏十分有效的学习方法,它在训练过程中很容易陷入局部极值。

2) 遗传算法(Genetic Algorithm,GA)是一种将达尔文进化论的自然选择和自然遗传机理引入数学理论中的全局优化概率搜索算法。该算法作为一种概率搜索和自适应优化方法,在求解非线性问题时与其他算法相比具有较好的鲁棒性、全局优化性和并行性。但是它仍然存在一些缺点,主要是局部搜索能力差、收敛速度慢、容易早熟和迭代次数多等。因此,许多学者对遗传算法进行了相关的改进。目前,遗传算法及其改进算法已被很多学者应用到公交调度上。遗传算法中可以用于确定调度时刻表,进一步制定和调整调度方案。把一天划分为 K 个时段,每个时段的发车间隔相等。考虑以染色体表示各个时段的发车间隔,进而得到发车时刻表。假设最大发车间隔为15min,最小发车间隔为5min,区间长度为100,必须将此区间分成100等份,所以表示每个时段发车间隔的基因二进制串长度至少需要7位。假设把一天划分为 K 个时段,那么染色体的长度为 $7K$,对于染色体数值的解码为

$$x_i = x_l + \frac{x_u - x_l}{2^{7K} - 1} \sum_{j=1}^{7K} \gamma_j 2^{j-1} \tag{6-8}$$

式中,γ_j 为编码的二进制串中第 j 位的数;x_u 为最大发车间隔;x_l 为最小发车间隔。

3) 人工免疫算法(Artificial Immune Algorithm,AIA)。生物免疫系统是一个高度进化的生物系统,它能够识别和排除抗原性异物,保护机体免受损害及维持内机体的稳定。从计算的角度来看,生物免疫系统是一个高度并行、分布、自适应和自组织的系统,具有很强的学习、识别、记忆和特征提取能力。人类从免疫系统中不断获得新的启示,并创造出越来越多智能方法,去解决复杂的现实问题,AIA 就是其中的一种方法。在人工免疫算法中,被求解的问题视为抗原,抗体则对应于问题的解,采用复制、交叉、变异等算子进行操作,逐代逼近最优解。与遗传算法相比,它通过抗体之间的亲和力保证了可行解的多样性。近年来,人工免疫算法也逐渐被应用到交通系统中,例如文献 [65] 将免疫算法应用到车辆调度路线安排中,并根据车辆调度问题的具体情况,提出了一种基于分组匹配的亲和力的免疫算法;文献 [66] 建立了基于公交线路时段客流数据的公交车辆优化调度模型,并提出采用基于信息熵的人工免疫算法求解。

4) 粒子群(Particle Swarm Optimization,PSO)算法是一种进化计算技术,它由 Kennedy 和 Eberhart 于 1995 年提出。它的基本思想来源于对鸟群觅食行为的研究。它将优化问题的解看作寻优空间中的一只鸟,被抽象为没有质量和体积的微粒,在搜索空间中以一定的速度飞行,通过对环境的学习与适应,根据个体与群体的飞行经验的综合分析结果来动态调整飞行速度。在整个寻优过程中,每个粒子都有一个被优化函数决定的适应值和飞行的速度,并且每个粒子都具有以下几类信息:粒子当前自己所处的位置;到目前为止由自己发现的最好位置,此信息视为粒子自身的飞行经验;到目前为止整个群体中所有粒子发现的最好位置,这可视为粒子群同伴共享飞行经验。于是各粒子的运动速度受到自身和群体的历史运动状态信息的影响,并以自身和群体的历史最好位置来对粒子当前的运动方向和运动速度加以影响。粒子群算法是一种典型的群体智能实现模式,模型中个体与个体、个体与其所处环境的局部作用使整个群体的宏观行为表现出全局性的智能涌现行为,这种特性为许多问题的解

决提供了新的方法。粒子群中的粒子个体是分布式的,不存在中心控制,能够适应当前环境下的工作状态,并且具有较强的鲁棒性。此外,分布式计算的特征避免了算法的早熟性收敛。

6.4.3 车速引导策略

1. 概述

传统的速度引导策略通常受速度引导区制约,只有车辆进入速度引导区范围,才能对其进行速度引导,因此速度引导的灵活性有限。同时由于速度引导区的设定,速度引导对象仅为当前路段车流,关联路段的速度引导信息并不互通,各单一路段的最优速度引导策略在干线层面往往出现"1+1<2"的效果。随着智能网联技术的发展,可以借助智能网联技术将车辆、道路、交通设施等信息互联。道路上行驶的车辆可充分了解道路其他车辆及周围道路环境的信息,并能及时进行自车的调整。可以以智能网联环境提供的数据互通为基础,考虑路段车流到达目标交叉口时的信号状态,划分车速引导控制策略。在车路协同的环境下,可基于当前车辆的行驶速度、交叉口的公共信号周期以及相位设置、周边路况信息等测算出公交车辆在道路上的理想行驶速度。如果公交车辆依照原有速度继续行驶可顺利通过当前信号控制交叉口,则可让车辆保持匀速行驶状态;若公交车辆在最大行驶速度范围内需加速才能顺利通过当前信号控制交叉口时,则可引导公交车辆加速行驶;若公交车辆在最低行驶速度范围内需减速才能顺利通过当前信号控制交叉口时,则可引导车辆减速行驶;当路段上其他社会车辆在公交车辆前方行驶,公交车辆可与其结合成车队形式,此时需对公交车辆进行跟驰车速引导。

传统的绿波控制方案以绿波带宽时间作为车辆不停车通过交叉口的判断依据,在非绿波带宽时间行驶的车辆不能连续通过交叉口,从而降低车辆整体的通行效率。如图6-3所示,以相邻的3个交叉口为例,在区段φ_1通过交叉口X_{i-1}的车辆,保持当前车速v_0行驶,将在

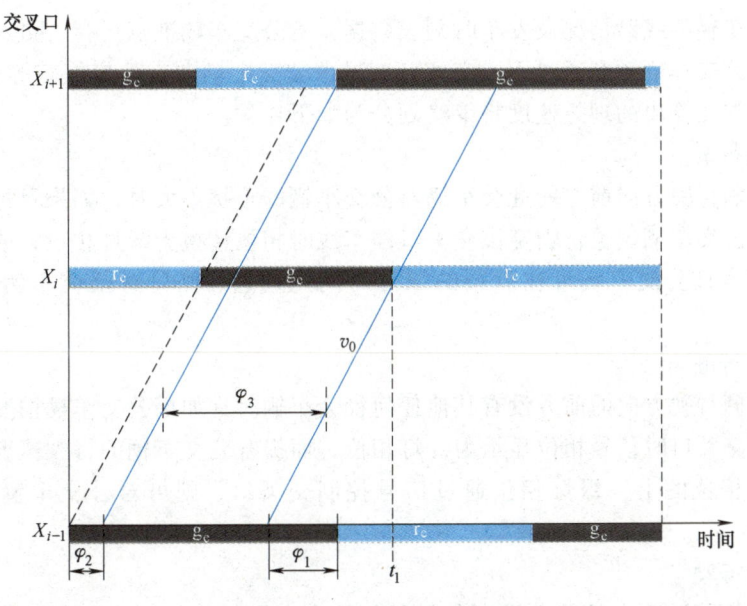

图 6-3 车速引导问题分析

t_1 时刻后到达交叉口 X_i。此时交叉口 X_i 为红灯信号,车辆将停车等待从而产生延误。同理,在区段 φ_2 通过交叉口 X_{i-1} 的车辆虽然能不停车通过交叉口 X_i,却无法连续通过交叉口 X_{i+1}。只有在绿波带区段 φ_3 内通过交叉口 X_{i+1} 的车辆才能连续通过剩余交叉口。

为了使车辆能够尽可能多地连续通过交叉口,可通过采用速度引导的方法动态地调整行车速度,以期望更多的车辆在交叉口前遇到绿灯信号,减少停车等待及车辆集散造成的延误,提高通行效率。

如图 6-4 所示,在不进行速度引导的情况下,能连续通过交叉口的车辆分布在绿波带宽 φ_1 内。而通过对车辆进行速度调整,适当对车辆进行控制,能够有效地使绿波带范围外的车辆连续通过交叉口,相当于变相扩展绿波带宽到 φ_2,从而减小停车损失时间,增加连续通过交口的车辆数,提高通行效率。

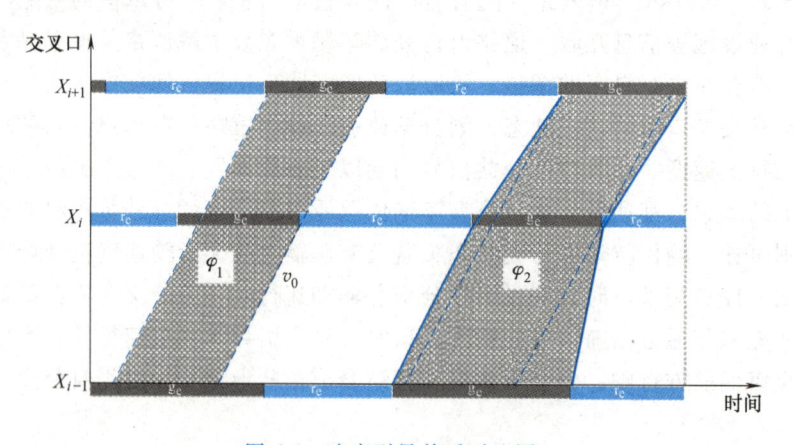

图 6-4 速度引导前后对比图

注:图中粗虚线圈出部分为改进前,粗实线圈出部分为改进后。

2. 策略划分

基于公交车辆的线路情况及发车时刻表数据,若公交车辆准点运行,可对公交车辆进行车速诱导,使公交车辆顺利通过下一交叉口,减少公交车辆在交叉口停车等待造成的延误。根据当前车速与测算出的理想速度将策略划分为如下 4 种。

(1) 匀速行驶

当公交车辆行驶方向前方的社会车辆对公交车辆的干扰不大时,如果目标交叉口当前为红灯相位,且公交车辆匀速行驶至该交叉口停车线时相位转换为绿灯相位;或目标交叉口当前为绿灯相位,且公交车辆可在剩余的绿灯时间内通过,则可对公交车辆进行匀速行驶诱导。

(2) 加速行驶

当公交车辆行驶方向的前方没有其他任何社会车辆时,如果公交车辆按照当前的行驶速度运行至下一交叉口时信号相位显示为红灯相位,而提升公交车辆的行驶速度后,公交车辆可在当前红灯相位的上一绿灯相位通过信号控制交叉口,则可对公交车辆实施加速行驶诱导。

(3) 减速行驶

当公交车辆行驶方向的前方没有其他任何社会车辆时,如果公交车辆按照当前的行驶速度运行至下一交叉口时信号相位显示为红灯相位，且在最大行驶速度的条件下也无法在该红灯相位的前一绿灯相位顺利通过该信号控制交叉口，则可对公交车辆实施减速行驶诱导，使公交车辆在到达目标交叉口时相位为下一绿灯相位，此时公交车辆可直接通过交叉口。

（4）跟驰行驶

若公交车辆前方有社会车辆行驶，将其视为一个整体，可通过引导社会车辆的行驶速度来诱导公交车辆跟驰其驾驶，直至通过下一交叉口。

6.5 案例介绍

6.5.1 公交自动化多模式调度

广州市大力发展先进公共交通系统，目前已经建成涵盖 15000 多辆公交车、1200 多条公交线路、7000 多个站点的庞大公交体系。在为公众提供全面公交服务的同时，公共交通系统也面临着日常运营和管理调度方面的极大挑战。当前公交线路的发班主要采用传统"计划排班+一定的人工干预"的方式，发班效果对调度员的专业水平和工作经验依赖性较强。若调度员无法精准、及时、高效地响应道路交通实时状况和客流变化需求，则会造成公交运力资源供需不平衡，降低服务质量。

为解决传统公交调度模式中存在的公交运力供需不平衡问题，基于人工智能技术、物联网技术、大数据技术，结合 GPS、车载视频、CAN 总线、客流检测等技术手段深入挖掘分析公交线路客流数据，提出"实际公交系统+仿真公交系统"并行的解决策略，形成"面向常态公交调度+异常公交情形"的解决方案，建立公交自动化多模式调度系统（见图 6-5），从而克服公交企业和乘客普遍关注的首末站服务断位（如发车间隔超过 30min）、中间站点串车及站点乘客等待时间过长等实际问题，大力提升公交车辆调度的智能化水平。

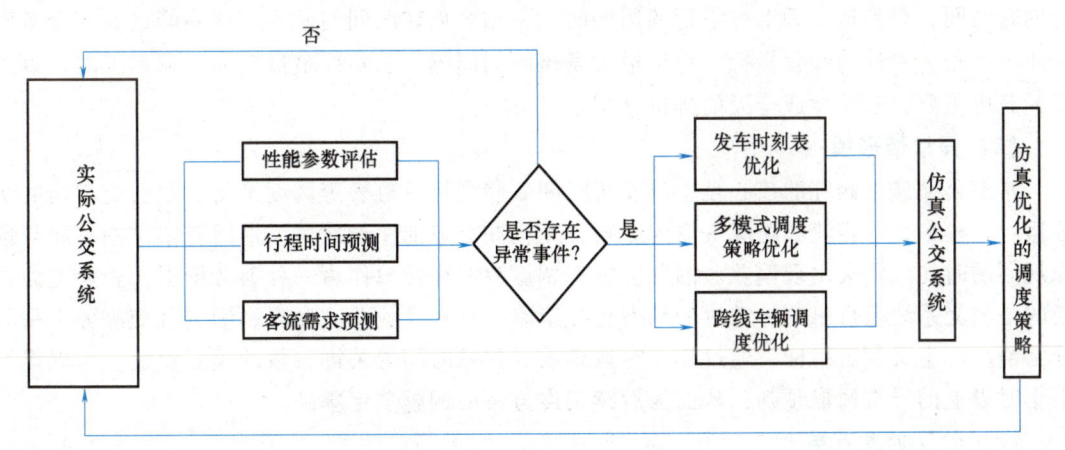

图 6-5　公交自动化多模式调度系统

广州公交自动化多模式调度系统运用了一系列关键性技术，具体如下。

（1）基于大数据的客流起讫点分析

利用公交、地铁 IC 卡刷卡信息，进行公交线路的换乘、通勤规律分析，并通过出行链轨迹恢复得到可靠的客流起讫点（Origin Destination，OD）；对于其他波动性强的客流，采用站点吸引率估算下车比例。

(2) 基于神经网络的到站预测

针对有专用道但外部干扰强的情形，采用支持向量机或神经网络预测方法进行行程时间预测。总体上，需要针对不同公交路段采取不同预测方法，探求多模式交通流交互规律下的公交串车、服务中断、乘客长时间等待等事件预测。

(3) 仿生智能优化的多模式公交调度

多线路多模式公交调度是充分考虑线路客流方向的不均匀性，采用全程车、大站车和区间车组合的形式，对车辆进行调度。通过时段划分，确定不同时段内的公交发车形式及每种形式的车辆数。在实际过程中，采用电子信息显示牌预先通知或对不同车辆进行颜色标识，来保证乘客能够快速识别公交的不同调度形式，保证多模式组合调度的运营效果。

(4) 仿真驱动的公交运行态势评价

建立与现实公交系统并行的公交仿真平台，实时接入公交车辆GPS数据等信息，基于仿真公交系统预测公交运营异常情形，并开展有针对性的实时调度策略优化。对多组可行的调度策略进行仿真评价，根据企业需求进行多性能指标评价。针对公交车中途串车问题，采用站点延时等待策略，结合企业实际提出提前站点等待、适时站点等待、不定时站点等待，以及调整发车间隔等策略集合，并对通过公交仿真平台实施后2~3h的应用效果综合评价。针对首末站公交服务中断问题，采用调整后续公交车发车间隔、发短线车（即在原始公交线路上的适合站点进行短距离掉头）、借调车（即从其他富余线路借调公交车辆进行支援）等策略集合，通过仿真平台开展有针对性的指标评价，供企业综合评判与选择。

广州公交自动化多模式调度系统主要实现的功能应用如下。

(1) 排班计划自动生成

应用客流分析预测技术，对截面站点在车客流进行预测，再利用历史数据分析公交班次的周转时间，得到这一天上行下行的周转时间，结合周转时间与截面客流高峰，并综合考虑企业一些较为刚性的经营指标，包括最大发班时间间隔、长短线最低间隔、营运工时，以及车辆充电需要，从而生成全天的排班计划。

(2) 异常情形预测

常态公交调度研究的核心是生成发车时间表和司机排班表等调度策略。在公交车辆的实际运行过程中，受客流和路况等原因影响，车辆在完成前序趟次后，返回首末站的时间与预先规划的时间经常会出现偏差。因此，常态调度策略往往只作为一种参考依据，企业更为重视的是公交系统运行出现异常时的动态管控策略。针对企业关注度高、影响公交服务水平的异常情况，定义判定指标。通过建立客流延误、到站时间等关键参数的预测模型，实现提前半小时以上的异常情形预判，从而为后续调度方案的调整奠定基础。

(3) 公交调度方案

根据企业需求对多组可行的调度策略进行仿真及多性能指标评价。此外，应用自主研究的客流预测技术，合理制订计划排班，并可结合公交运力实时监测数据，动态调整发班。为引导市民减少出行密度，基于公交供给匹配大数据技术，开发了"一键叫车"按需响应功能。

(4) 5G 快速公交智能调度创新试点

利用 5G "高带宽、低延时、大连接" 的优势，在广州 B27 公交车线已试点实现车辆智能排班。该线通过 5G 公交智能调度系统传输公交客流、运营调度、安全提醒等 10 多类信息资源，建立合理性评估指标体系，实现 5G 公交智能排班、车辆运行指标分析、安全驾驶预警提醒、客流检测等 20 多项功能，提高公共交通资源周转效率。

(5) 车厢高密度载客自动预警

通过抽取线路客流特征和上车乘客历史出行特征构建 AI 模型，结合站台等候乘客拥挤度信息，实现对车厢满载度的精准预测、自动预警，当车厢满载度超过设定阈值，立即发出"警报"，提醒公交企业及时响应，增加运力，保障出行需求。

该智能调度系统在广州应用，将创新成果延伸拓展到出租车、客运等其他领域。该系统实现了常态公交调度方案的快速生成，自动调度取代人工干预调度。通过应用，自动排班计划有效执行度达 90% 以上，使得排班计划由原来的一个星期缩短至一天。此外，该系统能有效满足特殊事件情形下公共交通在安全防控、应急响应和信息服务等方面的社会民生需求，显著提高了公共交通出行的效率和安全性。

6.5.2 希迪智驾

在所有的交通场景当中，"智慧公交"是解决城市拥堵的有效技术手段。希迪智驾发布"V2X+公交智慧出行"解决方案（见图 6-6），在不需专用通道和进行大量土建施工的情况下，通过对公交车辆及交通信号灯进行网联化升级改造，运用车路协同技术，使得公交车辆拥有与红绿灯通信的能力，结合希迪智驾 V2X 产品与算法，帮助公交车辆以最短时间完成首末站行程，从而提高通行效率。该解决方案助力数字交通建设，同时完成精细化管理与缓解交通的目标，大力推动综合交通运输体系建设，维护交通安全稳定。

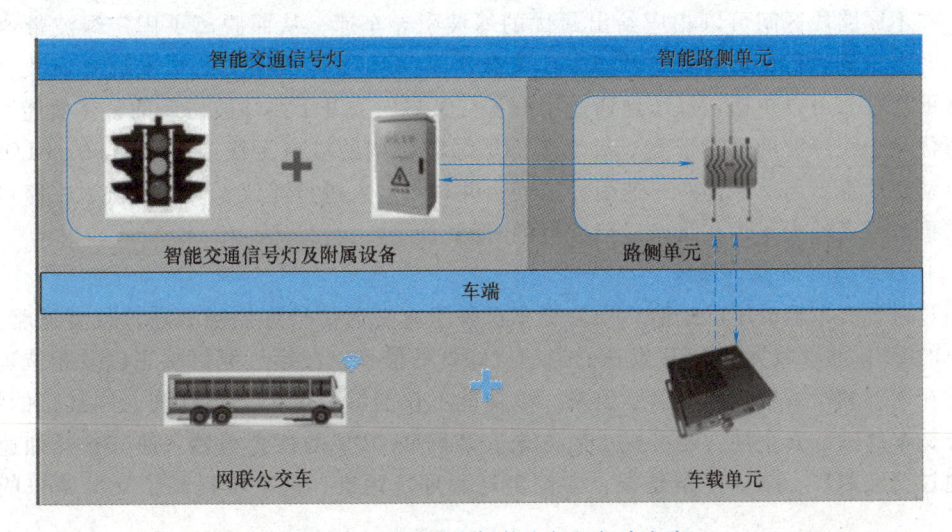

图 6-6 "V2X+公交智慧出行"解决方案

该解决方案包含公交优先、绿波车速建议（Green Light Optimal Speed Advisory，GLOSA）、红绿灯信息共享三大主要功能。通过结合车路协同技术，使公交车辆拥有与路、云通信能力，结合 V2X 产品与算法，旨在帮助公交车辆以最短时间完成首末站区间运行，提高通行

效率。主要功能如下。

（1）公交优先

基于V2X技术的公交优先功能可实现公交车与红绿灯之间的双向通信、公交车位置速度高精度检测、交叉路口信号优先配时等功能。当公交车辆行驶至交叉路口区域附近时，通过车载单元（On Board Unit，OBU）与路侧单元（Road Side Unit，RSU）相互通信，并自动发送交叉路口优先通行请求，RSU内置的旅行商问题求解算法通过当前车辆位置、行驶速度及实时路况信息计算出公交车辆到达交叉路口的时间，同时结合当前红绿灯的相位、公交车通过路口需要的绿灯相位来决定采用绿灯延长、红灯截断、相位插入、不做处理4种处理机制中的一种。通过上述的公交优先机制确保公交车能够以绿灯相位通过路口，减少公交车在路口的等待时间。该功能在保障公交优先通过路口的同时能够考虑到其他社会车辆以及行人的通行权益，实现路口通行整体利益最大化。

（2）绿波车速建议（GLOSA）

GLOSA是指在车辆进入交叉路口前，根据实时的相位状态信息、车辆状态信息，以及辅助信息（如道路限速、流量、排队等），通过一定的优化指标，计算最优引导车速，对驾驶人进行提示，从而帮助车辆快速、经济、舒适地通过交叉口。希迪智驾的方案不仅能够通过路侧单元与车载单元进行信息交互，获取当前公交车辆的状态信息，还可以获取优化后的控制方案信息、实时信号状态信息及准确的交通态势信息，从而预测出公交车辆抵达当前路口的时间，并根据实际道路情况与公交车辆行驶速度等信息，通过OBU内置的GLOSA算法总体考虑乘客舒适度、是否能在绿灯相位通过、行驶时间最短及道路限速等指标，利用预测、修正优化等算法，综合各项数据计算最优车速建议，辅助公交车驾驶人在最少停车或不停车的状态下舒适、高效、安全地通过红绿灯路口。GLOSA利用车路协同技术实现网联车辆与路侧单元的实时数据交互，获取准确的路口信号状态，结合当前车辆位置、速度等状态信息，在不同路段区间可以相应给出最优的绿波引导车速，从而脱离了固定绿波带速的限制；同时当车辆运行状态或到达状态发生变化时，GLOSA可根据实时情况调整绿波引导车速，帮助驾驶人可以快速、舒适地通过干线各交叉口，提升干线绿波协调的整体效能，等效于动态优化干线绿波的通行带宽。对于未部署绿波协调的城市干线或单点路口，GLOSA同样可以动态计算出当前最优的车速引导区间，并对驾驶人进行建议，降低驾驶人在路口遇到红灯的概率或者减少车辆在路口等待红灯的时间。

（3）红绿灯信息共享系统

通过对公交车辆的尾屏改造，当公交车行驶至有交通信号灯控制的路口或者道路上时，公交上的OBU能够收集到RSU发送的当前红绿灯的信息，包括红绿灯状态以及相位剩余时间，并在尾屏和车载中控屏上显示出来。该功能不仅能够减少公交车驾驶人闯红灯的情况，提高公交车驾驶的安全性，还可提示后方未安装网联OBU的社会车辆，使其选择加速或者减速通过交叉路口，减少停车延误、燃油消耗和环境污染，进一步提高了交叉路口的整体效率。

希迪智驾的"V2X+公交智慧出行"一方面可以降低土建施工对现有道路交通通行的影响，便于项目实施与落地；另一方面可以充分利用现有的红绿灯及其控制设备，不会影响现有交通信号控制系统的使用，避免公共交通的额外投资，能显著提升公交的通行效率以及乘坐的平稳性和舒适性。该方案不但适用于公交车辆，而且适用于消防车、救护车、警车、校

车等执行紧急任务的特殊车辆，保障其优先通行。目前，希迪智驾发布的"V2X+公交智慧出行"解决方案已在长沙 7.8km 的智慧公交线部署，依托长沙智慧公交线全路线网联化环境，实现公交优先、全局绿波车速等功能落地。通过数月公开道路实际测试数据分析，运用"V2X+公交智慧出行"解决方案的公交车比普通公交车的行程时间减少成果显著，并能极大提高公共交通通行效率和司乘人员的体验水平。

希迪智驾的"V2X+公交智慧出行"方案能够有效地解决智慧交通中"数据孤岛""知易行难"等问题，辅助交通主管部门，助力打造城市数字交通，实现城市智慧交通科学与精细化管理，提升出行的品质。通过科技的手段，使得出行更加美好。

6.6 未来发展趋势

1. 改进运营调度算法

虽然现在 APTS 对车辆调度发车方案制订与优化已较为智能，但发车模型还有较多约束，而且模型设定往往是理想情况没有考虑紧急事件与特殊情况，未来随着人工智能、深度强化学习等技术发展，发车模型的约束条件会进一步简化，模型也越来越接近现实。

2. 优化运营管理系统

随着社会数字化程度加深，数字孪生这个概念越来越受到关注。数字孪生是将现有或将有的物理实体对象的数字模型，通过实测、仿真和数据分析来实时感知、诊断、预测物理实体对象的状态，通过优化和指令来调控物理实体对象的行为，通过相关数字模型间的相互学习来进化自身，同时改进利益相关方在物理实体对象生命周期内的决策。它的特点是动态、全生命周期、实时/准实时、双向。利用数字孪生技术构建运营管理系统，通过该系统管理人员可实时获取智能网联公交车有几辆在途，分别处于什么位置，还有几分钟到达下一站。同时，应对疲劳驾驶、突发危险等问题，智能后台能及时发现并迅速接管车辆，可以极大限度地避免车辆违规行驶，既保障了公交车的行驶安全，又能为突发事件的处置提供支撑。此外，技术人员还可以在平台上直接向公交车辆下达指令，实现远程控制和智能调度。例如，当公交车辆电量不足时，可以发出指令让车辆及时回场充电。

3. 公交车辆协调控制

随着智能感知和边缘计算技术的持续发展，以及网联化应用的不断渗透，V2X 技术将会越来越多地应用于公交车辆的调度与协调控制中。利用 5G 技术全面、及时地实现对客观环境的状态感知，公交系统将车载智能终端、路侧单元、各类传感器等多种设备收集感知到的数据回传给 5G 边缘计算平台，利用 5G 边缘计算平台强大的运算能力对数据进行发掘分析并送入仿真平台进行仿真预测，从而得到公交车辆运行线路的执行结果，构建一个完整的车际感知网，在 V2X 场景下提供基于 5G 低时延、高可靠的互通能力，实现安全服务、绿波控制、公交优先等功能。具体来说，通过部署路侧感知设备实时精确获取路口行人、机动车、非机动车的实时动态信息，经过挖掘分析后实时反馈给通过路口的公交车辆，可有效降低由于行人闯红灯、公交视野盲区等原因造成的路口交通事故发生率，从而保障智能公交车辆的安全行驶。以车速引导策略为例，基于车路云协同的绿波车速引导方法已经在部分省市应用，在 V2X 技术的帮助下，各协调路口感知设备对不同进口、出口的交通态势（如车流量、平均速度、排队长度、空间占有率等）进行感知，所获取的信息将更加快速与准确，绿波协调效果将更加完善，以确保公交车辆通行顺畅，做到"一路绿灯"。

思考题

1. 先进公交系统的定义是什么？
2. 先进公交系统的架构是什么？请简要阐述。
3. 试举例说明国内知名先进公交系统，并简要说明它们的特点。
4. 简要论述先进公交调度子系统的基本功能。
5. 先进公交系统常用的核心关键技术有哪些？
6. 未来先进公交系统发展面临的困难和挑战有哪些？

第7章　电子收费系统

7.1　引言

随着城市交通的不断增长和发展，传统的现金支付方式已经无法满足高效、安全和便捷的交通支付需求，在智能交通系统中引入电子不停车收费（Electronic Toll Collection，ETC），系统成为一项关键举措。电子收费系统是一种利用先进的信息技术和无线通信技术实现自动缴费的系统，可以大大提高道路通行的效率和质量及收费管理的自动化程度，减少人力资源的浪费，降低人力成本和收费差错率，是现代智能交通系统的重要组成部分，也是智能运输系统中最可能率先得到产业化应用的技术之一。

7.1.1　研究背景与意义

2018 年 5 月，国务院常务会议作出部署，推动取消高速公路省界收费站。为落实这一精神，国家发展改革委、交通运输部于 2019 年 6 月联合制定了《加快推进高速公路电子不停车快捷收费应用服务实施方案》，明确提出："到 2019 年 12 月底高速公路不停车快捷收费率达到 90%的目标。鼓励 ETC 在停车场等涉车领域应用，2020 年 12 月底前，基本实现机场、火车站、客运站、港口码头等大型交通场站停车场景 ETC 服务全覆盖。推广 ETC 在居民小区、旅游景区等停车场景的应用"。

随着全球化的发展和科技的进步，城市交通压力日益增大。传统的人工收费方式已经无法满足现代社会对道路通行效率的需求，车辆在通过收费站时需要停车、缴费等一系列操作，使得道路通行效率低下，浪费了车主的时间和精力，也增加了交通拥堵和尾气排放，管理成本较高。因此，电子收费系统 ETC 的研究和实施变得越来越重要。

此外，现代科技的发展为电子收费系统的研究和实施提供了可能。信息技术、物联网、无线通信技术的不断发展，使得车辆自动识别、信息采集和处理、电子支付等功能的实现变得容易。因此，研究和实施电子收费系统 ETC 已经成为一种趋势，它可以有效提高道路通行效率，减少交通拥堵和尾气排放，同时降低管理和维护成本，提高交通安全等，ETC 的推广应用将有力推进交通运输的转型升级、提质增效，具有深远的社会意义和经济效益。

本章节旨在探讨电子收费系统及其在智能交通系统中的研究背景和意义，包括其在提高交通效率、方便用户出行、促进交通智能化和支持可持续交通发展方面的重要性，同时分析 ETC 的相关技术和现实案例，并讨论其面临的挑战和未来发展方向。

7.1.2 发展现状

ETC 是一种有效的智能交通发展方向。在国内外，对 ETC 的研究和应用已经取得了显著进展。20 世纪 90 年代初，日本、欧洲和美国等国家和地区开始研究 ETC 技术，并进行了大量的试验和测试。这一阶段的主要研究目的是确定 ETC 系统的可行性和优势。在系统建设阶段（20 世纪 90 年代末—21 世纪初），全球范围内的许多国家开始建设和使用 ETC 系统，日本、欧洲和北美也在这一时期开始大规模建设 ETC 系统。随着技术的不断发展和改进，ETC 系统的功能和应用范围也不断扩展。21 世纪初，许多国家开始对 ETC 系统进行升级和改造，以提高系统的性能和稳定性。同时，ETC 系统的应用范围也逐渐扩展到城市道路、桥梁、隧道等场所。

日本作为全球最早推广 ETC 的国家之一，其 ETC 技术和服务已经非常成熟。2001 年 3 月，ETC 技术在日本整体上投入运营，到 2003 年 6 月末，日本装有汽车导航系统的车辆已达 1200 多万辆，同时装有汽车导航系统和道路交通信息服务系统（VICS）接收器的车辆也达 700 多万辆。据日本公布的数据，到 2025 年，日本国内高速公路将全面实现 ETC 覆盖，旨在提高道路使用效率、减少交通拥堵和促进节能环保。此外，日本政府还通过给予一定的税收优惠等措施，鼓励企业和个人使用 ETC 系统。

在美国，ETC 系统的应用范围已经覆盖了全国的收费公路和桥梁，并且 ETC 系统成了智能交通系统的重要组成部分。根据美国公布的数据，到 2020 年，美国全国的 ETC 用户数量已经超过了 2600 万，覆盖了超过 95% 的收费公路和桥梁。在加拿大，ETC 系统的使用率也达到了相当高的程度，多伦多、温哥华等城市的市区道路和高速公路均采用了 ETC 系统，有效缓解了城市道路和高速公路的交通拥堵问题。

我国的 ETC 应用范围也非常广泛，覆盖了全国高速公路、城市道路、桥梁和隧道等诸多领域。根据交通运输部公布的数据，截至 2021 年年底，全国 ETC 用户数量已经突破了 1.2 亿，成为全球最大的 ETC 市场之一，覆盖了超过 99% 的高速公路和城市道路。我国 ETC 的应用效率和效果非常显著，高速公路的拥堵率下降了约 30%，同时 ETC 的缴费速度也提高了约 6 倍。

总之，ETC 技术在国内外发展迅速，使用场景不断扩充。国外的先进经验和技术为我国 ETC 的研究和应用提供了借鉴和参考，与此同时，我国政府在推动 ETC 技术的推广上取得了积极成果，为其大范围应用奠定了基础。随着相关技术的不断创新，ETC 在智能交通系统中的作用将变得更加重要，为交通支付提供更加便捷、安全的方式。

7.2 电子收费系统

7.2.1 基本概念

ETC 是不停车电子收费系统，也称为自动道路缴费系统，是一种专门用于收费道路的道路收费方式。它通过安装在车辆风窗玻璃上的车载电子标签与在收费站 ETC 车道上的微波天线进行微波专用短程通信，运用 5G 感知技术和图像识别等技术精准识别过往车辆的车型与号牌等数据信息，自动进行数据交换，并利用计算机联网技术与银行进行后台结算处理，从而快速、准确地完成扣费，达到车辆通过路桥收费站不需停车就能缴纳路桥费的目的。

ETC 系统通常出现在高速公路、施行收费政策的桥梁或隧道及市中心部分路段，在 ETC 车道，车辆无须停车即可完成缴费，用以缓解城市交通的拥堵状况。该系统极大地提高了道路使用效率，降低了时间成本，同时也节约了人力资源，改善了人们的出行体验。

7.2.2 系统组成

ETC 系统是一个复杂的系统，由多个关键组件和技术构成，多个组成部分协同工作实现自动、快速、便捷的道路收费功能。以下是 ETC 系统的主要组成部分。

1. 支付终端设备

支付终端设备是 ETC 系统中的重要组成部分，用于处理车辆的通行费用支付。这些设备通常安装在车辆内部或车辆外部，能够与用户的电子标签、手机应用或银行卡等支付工具进行交互，方便车主充值或缴纳通行费用。

2. 车载电子标签

车载电子标签安装在车辆上，用于存储车辆信息和通行记录等数据。每个车载电子标签都有一个唯一的 ID，以便在通过 ETC 车道时进行识别。通常采用射频识别（Radio Frequency Identification，RFID）或近场通信技术，内置有存储芯片和加密算法，能够存储用户的支付信息和身份信息。用户只需将电子标签或卡片与支付终端设备靠近或放置在指定区域，即可完成支付交易。

3. 后台管理系统

后台管理系统是 ETC 系统的核心组件，负责管理和处理交易数据、用户账户和支付信息，包括车辆信息、通行记录、扣费记录等。通常集成了数据库、服务器和管理软件等，能够实现用户账户管理、支付记录查询、数据统计分析和系统维护等功能。后台管理系统需要具备高度的安全性和稳定性，以确保交易数据的保密性和完整性。

4. 数据通信网络

ETC 系统依赖于稳定高效的数据通信网络，以实现支付终端设备和后台管理系统之间，以及系统各部分之间的数据传输和交互。ETC 系统需要与银行、交通管理部门等外部机构进行数据交换，因此需要可靠、高效的数据通信网络，建立快速、稳定和安全的连接，以保证支付交易的实时性和准确性。

7.2.3 关键技术

1. 射频识别（RFID）技术

射频识别（RFID）技术是 ETC 系统中广泛应用的关键技术之一。它利用无线电信号实现对电子标签的识别和读取。当电子标签靠近读卡器时，读卡器会发送射频信号，激活标签中的芯片并读取其中的信息。RFID 技术具有快速、无接触和大容量存储等特点，适用于交通支付场景中的快速通行和大规模用户管理。

2. 微波通信技术

ETC 系统利用微波通信技术进行车与路侧设备之间的通信。微波是一种高频电磁波，频率范围在 100MHz~10GHz。微波通信具有传输距离远、速度快、穿透力强、不依赖于移动网络等特点，为 ETC 系统提供了快速、可靠的通信方式。

3. 车辆自动识别技术

该技术主要由车载设备和路边设备组成，两者通过专用短程通信技术完成路边设备对车载设备信息的一次读写，即完成收付费交易所必需的信息交换手续。具体来说，车载设备包括应答器和电子标签，当车辆通过 ETC 通道时，路边的阅读器会读取车载设备中的信息，从而自动识别车辆。

4. 车牌识别技术

ETC 中的车牌识别技术主要是通过图像处理和计算机视觉技术来实现的。图像处理包括采集、预处理、特征提取和字符分割等步骤，旨在清晰地捕获车辆的车牌号码图像。计算机视觉利用图像处理、模式识别和人工智能技术处理图像信息，自动识别出车牌的数字、字母及汉字字符，并直接给出识别结果。车牌信息可实时记录并处理，提高交通管理效率和安全性。

5. 加密算法和安全协议

在 ETC 系统中，保护用户支付信息和数据安全至关重要。采用加密算法和安全协议可以确保交易数据的机密性和完整性。常用的加密算法包括 RSA、AES 和 DES 等，它们可以对支付信息进行加密和解密。此外，安全协议如 SSL/TLS 等能够确保数据传输的安全性和双向身份验证。网络安全技术包括防火墙、入侵检测、数据加密等技术的应用，可以有效地保护 ETC 系统的网络安全，防止黑客攻击和数据泄露。

6. 数据库技术

ETC 系统的运行离不开数据库技术的支持。后台系统需要建立车辆信息、交易数据等大型数据库，用于存储和管理 ETC 相关的数据。数据库技术提供了高效的数据存储、查询和管理方法，为 ETC 系统的正常运行提供了保障。

7. 清分结算技术

ETC 系统需要进行高速、高效的清分结算，以确保交易的准确性和公正性。清分结算技术利用了计算机技术，对交易数据进行快速处理和计算，得出准确的应收费金额，并进行相应的扣费和结算操作。

8. 防雷技术

ETC 系统通常部署在高速公路的出入口，属于室外工作环境，因此需要应对各种恶劣天气和自然灾害。防雷技术包括防雷设备的配备和防雷工程的设计与施工，可以有效地保护 ETC 系统的设备和网络不受雷电的损害。

7.3 案例介绍

7.3.1 高速公路无感支付

高速公路无感支付的 ETC 收费系统采用了多项新技术和设备，包括无感支付系统、车主识别系统、车道控制系统、图像识别系统、信息通信系统等，同时采用了无感信息匹配平台、前置处理集群、用户查询平台、卡口信息采集服务等软件算法，确保无感支付 ETC 收费通道费用的准确性，相较于以往的单收费通道，提高了道路通行效率。

在无感支付 ETC 车道的入口和出口都需要安装具有车型、号牌等图像信息识别的高清摄像头、红外检测器和 ETC 射频装置，在 ETC 车道装入无感支付设备或将 ETC 车道与无感支付车道合并组成一个车道，可以解决 ETC 用户账户余额不足的情况，快速为用户生成无感支付订单。

以中国高速公路为例，ETC 支付系统的应用使车辆在收费站不需要停车，可以快速通过，大大缩短了车辆等待时间，提高了通行效率。ETC 系统支持多种支付方式，用户可以通过银行卡、微信、支付宝等方式进行充值，实现自动扣费。

ETC 系统不仅可以提高通行效率，还可以降低收费站的人力成本和管理成本。传统的人工收费方式需要大量的收费员和管理人员，而 ETC 系统可以实现自动扣费和自动管理，减少了人工成本，同时提高了管理效率，此外，该系统还为交通管理部门提供了实时的收费数据和监控手段，便于交通管理和决策。ETC 系统的组成如图 7-1 所示。

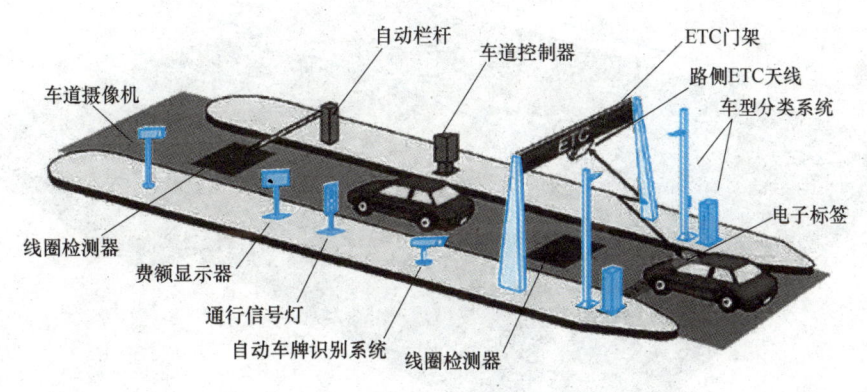

图 7-1 ETC 系统的组成

ETC 系统的原理可以简单阐述为以下几点。

1. 车辆识别

当车辆进入 ETC 通道，经过 ETC 门架时，通道两侧的微波读写器会通过无线通信技术与车辆上的电子标签进行通信。微波读写器发送一个请求信号，要求车辆上的电子标签返回其编码信息。

2. 交易处理

车辆上的电子标签接收到微波读写器的请求信号后，会返回一个应答信号，包含车辆的

编码信息。微波读写器接收到应答信号后,将其传输到后台系统进行交易处理。

3. 车速测量

微波读写器同时会对车辆的速度进行测量,这是通过分析应答信号的传输时间来实现的。当车辆通过ETC通道时,微波读写器会连续发送请求信号,并计算车辆通过的时间,从而得出车辆的速度。

4. 扣费处理

后台系统接收到微波读写器传输的车辆编码信息和车速信息后,会根据预设的收费标准和车道标识进行扣费处理。如果车辆符合免费通行的条件,或者车辆已经提前储值,后台系统就会自动进行扣费。如果车辆没有支付足够的费用,后台系统就会生成违章记录。

5. 通行信息记录

后台系统还会将车辆的通行信息记录到数据库中,包括车辆编码信息、扣费金额、扣费时间、车道编号等信息。这些信息可以用于后续的查询和处理。

7.3.2 智慧停车

ETC智慧停车是一种基于ETC技术的停车服务。该技术运用车辆自动识别和收费数据处理,在不停车、不设收费窗口的情况下也能实现全自动电子收费,如图7-2所示。在智慧停车中,车辆的ETC装置和停车场的ETC设备进行通信,自动完成车辆信息和费用的交换,从而实现自动计费、自动扣费、自助开票等智能化服务。

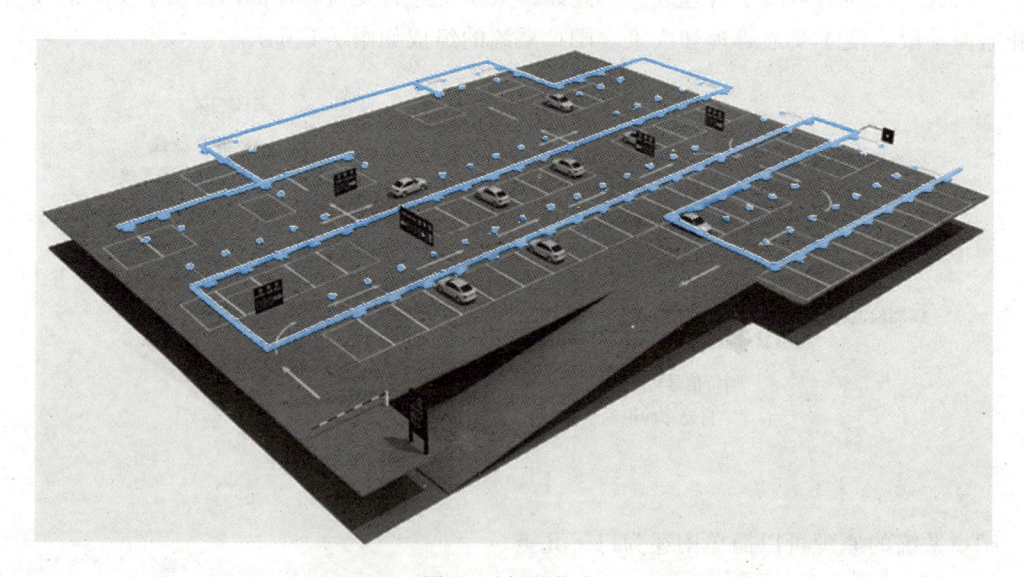

图 7-2 智慧停车

ETC智慧停车作为ETC技术的新应用场景,相较于传统停车具有以下优势。

1. 方便快捷

车主无须停车即可完成缴费,提高了通行效率。同时,驾驶人无须下车,减少了取卡、缴费、找零等环节,省时省力。由于采用电子支付方式,驾驶人无须携带现金也可以在停车场内自助打印停车小票,方便快捷。

2. 安全可靠

车辆通过 ETC 智慧停车系统时可以自动识别，避免了停车收费时可能出现的丢失车辆、错车等问题，保证了行车的安全和通畅。

3. 费用透明

ETC 智慧停车系统可以让车主随时查看账户余额、车辆通行记录等，消费情况一目了然，减少了额外费用，使得消费更加透明化，方便车主进行预算和管理。

4. 提高车位利用率

通过全场景覆盖和自动识别技术，ETC 智慧停车能够减少现场环境对识别率的影响，提高车位利用率。

5. 减少人工管理成本

由于实现了自动计费、自动扣费、自助开票等功能，大大降低了停车场管理的人工成本。

济南市作为 ETC 智慧停车试点城市，已经在 ETC 技术应用方面开展了多项工作。2018 年，济南开始 ETC 无感支付智慧停车场的建设工作，当年 5 月底，山东高速集团和山东机场集团联合召开济南机场"ETC 无感支付"智慧停车推介会，宣布山东省首个 ETC 无感支付停车场在济南国际机场 P1 停车场正式建成运营。这个项目的实施，实现了机场停车场的快速通行，减少了车辆拥堵现象，提高了停车服务效率。

2019 年 7 月，济南静态交通的舜耕智能停车场正式启用，该停车场支持安装了 ETC 系统车载器的车辆无感支付停车费。这一功能的推出，不仅提高了停车场的使用效率，也为公众提供了更加便捷的停车服务。

除此之外，济南市还在其他区域积极推广 ETC 技术的应用。例如，在 2019 年 8 月 20 日启用的山东国际会展中心地下停车场是目前济南最大的 ETC 无感支付智慧停车场。该停车场有 2417 个车位，这些车位通过 ETC 技术的运用，实现了快速、自动的车辆识别和收费，减少了人员的干预和车辆的等待时间，进一步提高了停车场的运行效率和公众的停车体验。

此外，济南市还积极拓展 ETC+多场景服务。在推动城市动静态交通均衡和协调发展、优化城市停车供需关系、助力城市交通拥堵治理和绿色通行等方面，济南市将 ETC 技术的应用不断拓展到更多的场景中。例如，"ETC+公共交通""ETC+智慧高速""ETC+共享单车"等项目的实施，为公众提供了更加多元化、便捷的出行选择。

总之，ETC 智慧停车服务为车主提供了一种新型、便捷的停车体验，提高了停车场的使用效率和管理水平。

7.4 未来发展趋势

7.4.1 难题挑战

ETC 技术虽然已经得到了广泛应用，但仍面临着一些难题和挑战，具体如下。

1. 识别率和准确性问题

ETC 系统依赖于车辆上的电子标签与收费站之间的无线通信进行车辆识别和扣费。然而，在实际应用中，由于多种因素如信号干扰、车辆金属结构对信号的屏蔽等，会导致识别率和准确性出现问题。这可能会引发错扣、漏扣等问题，影响用户体验和系统的正常运行。

2. 兼容性问题

不同的ETC系统可能存在兼容性问题。不同的ETC设备制造商可能会采用不同的技术标准和协议，导致不同设备之间的互操作性受到限制。这可能会导致用户在某些路段无法正常使用ETC服务，从而影响了ETC系统的普及和用户体验。

3. 安全性问题

ETC系统涉及用户的个人信息和银行账户安全。如果系统安全性不足，可能会导致用户信息泄露或资金被盗。因此，保障ETC系统的安全性是至关重要的。然而，由于网络攻击和安全漏洞的威胁，ETC系统的安全性面临着严峻的挑战。

4. 升级和维护问题

ETC系统需要定期进行升级和维护以修复漏洞、提高性能和满足用户需求。然而，由于涉及的设备和系统较多，升级和维护工作可能面临困难。这可能需要庞大的工作量和专业的技术支持，以确保系统的正常运行。

7.4.2 未来展望

ETC技术作为一种先进的路桥收费方式，已经在全球范围内得到广泛应用。虽然ETC技术已经相对成熟，但在未来的发展中，它仍然有着广阔的应用前景和潜力。

1. 提高ETC设备的渗透率

尽管目前ETC设备渗透率已经有所提高，但在一些国家和地区，ETC设备的渗透率仍然较低。因此，未来ETC技术的推广和应用需要继续加强，提高ETC设备渗透率和ETC技术的普及率。

2. 提升ETC设备的兼容性

不同ETC设备制造商采用的技术标准和协议可能存在差异，这会导致不同设备的互操作性受到限制。因此，未来ETC技术的发展需要注重提升ETC设备的兼容性，促进不同设备之间的互联互通，提高ETC系统的整体性能和服务水平。

3. 增强ETC系统的安全性

ETC系统涉及用户的个人信息和银行账户安全，因此系统的安全性至关重要。未来，需要继续加强ETC系统的安全性，采用更加先进的安全技术和加密算法，保护用户信息和资金的安全，增加用户对ETC系统的信任度。

4. 智能化发展

随着人工智能、物联网等技术的不断发展，ETC技术也可以与这些技术相结合，实现智能化发展。例如，可以利用人工智能技术对ETC系统进行数据分析、预测和管理，提高系统的运行效率和智能化水平；可以利用物联网技术实现ETC设备之间的互联互通和信息共享，提高系统的整体性能和服务水平。

综上所述，ETC 作为智能交通系统中的重要子系统，具有广泛阔的应用前景和潜力。虽然在其推广和应用过程中仍面临着诸多难题和挑战，但随着技术的不断进步和创新，ETC 技术的实用性和竞争力会进一步提升，将会在更多领域得到应用和推广，为用户提供更加便捷、安全和智能化的交通支付体验，实现更加高效和可持续的交通支付解决方案。

思考题

1. ETC 系统的定义是什么？
2. 请简要阐述 ETC 系统的组成。
3. 试举例说明国内知名 ETC 系统应用案例，并简要说明它们的特点。
4. 试简要论述 ETC 系统的基本工作原理。
5. ETC 系统常用核心关键技术有哪些？
6. 简述未来 ETC 系统发展面临的困难和挑战。

第8章 紧急救援系统

8.1 引言

我国地域广阔，各种紧急事件频发，不仅导致各种设施的损坏，而且对人们的生命和财产安全造成极大威胁。据相关资料显示，2022年全年各类生产安全事故致死亡人数达20963人；各种自然灾害共造成1.12亿人次受灾，直接经济损失为2386.5亿元，因灾直接经济损失过百亿元的有10个省份；道路交通事故共导致约14527人死亡，经济损失数千亿元。仅就交通事故而言，其危害性不仅反映在伤亡人数上，而且在经济上造成的损失也是巨大的。因此，对于紧急事件的特性、发生概率及应对策略的研究迫在眉睫。

随着经济的快速发展和城镇化进程的加快，我国的交通运输能力得到了极大提升，投资建设的力度也在不断加大，但与此同时，交通安全事故也在不断增加。我国的大中城市经常发生大面积、长时间的交通拥堵。由于城市道路交通拥堵发生的频率过密，使得道路交通状况非常脆弱，尤其是在出现紧急情况时，极易造成交通严重拥堵，甚至彻底瘫痪，除了极少数如公共卫生事件，其他绝大部分紧急事件都可能直接造成道路交通方面的影响。为了减小突发紧急事件对城市道路交通造成的影响，建立一个灵敏、高效的道路交通紧急事件应急系统是非常必要的。

道路交通紧急事件是指在特殊条件下使得道路交通系统无法正常运转或道路运行能力下降的事件，这些特殊条件是随机发生的，环境条件如雨、雾、雪或其他自然灾害等，道路条件如塌陷、滑坡等，交通条件如车祸、碰撞等。道路交通紧急事件的频繁发生可造成社会秩序的混乱，影响城市经济和社会的发展，探索如何根据道路交通网络自身的疏导能力，快速检测突发事件发生的时间及地点，以及准确地定位突发事件的影响程度，从而启动相应的应急预案，从容地应对突发紧急事件成为目前道路交通管理面临的一个重要挑战。

8.2 发展现状

8.2.1 事件检测研究现状

从20世纪60年代开始，事件检测研究才走进人们的视线，此后慢慢成熟起来。国内外许多专家学者对检测算法进行了系统性的研究和分析,形成了各种各样的技术和方法。统计预测、小波分析理论、模式识别、交通流模型、人工智能、卷积神经网络、深度学习等都是经常被采用的算法,每一种算法也都有各自的分支,分别对应不同的领域。交通异常事件检测算法虽然很多,但是大多是针对高速公路和快速路的。

20 世纪 60 年代,美国加利福尼亚运输部开发出一种模式识别 California 算法,应用于洛杉矶高速公路监控中心;Zhou 等人提出一种基于高速公路交通状态突变理论的 McMaster 算法;近年来,交通事件检测算法层出不穷,张兵等人采用特征变量选择和长短期记忆网络对高速公路交通事件进行检测;李翠等人提出了基于小波分析的快速路交通事件检测算法;施俊庆等人提出了基于卷积神经网络的城市道路交通事件检测算法;Ayham Zaitouny 等人提出了基于象限扫描的交通事件检测多传感器数据融合方法;Yang 等人提出了使用自动编码器模型的实时交通事故检测方法;杨东锋等人提出了一种基于交通流特征变化的交通事件检测与识别方法。

随着城市快速发展,城市几乎被监控摄像头全覆盖。对于城市路网而言,如何高效利用摄像头进行异常事件的检测尤为重要。针对以视频图像为基础的异常事件自动检测,国内外学者都对此进行了大量的研究。20 世纪 90 年代以来,美国利用新兴的智能识别技术,以图像处理为基础进行对异常事件的高速判别。JamalRaiy 等人利用实时的交通流信息,提出了自适应指数移动平均的方法进行交通异常事件预测;Stuffer 等人利用在线背景算法更新及高斯背景模型提取前景目标的特征,通过特征学习建立样本模型,最后通过匹配运算进行检测,提高了检测的准确性和鲁棒性。国内相关研究虽然晚于国外,但也取得了一定的研究成果。Xia 等人提出了基于车载摄像头的城市交通事件检测方法;Tao 等人基于毫米波雷达与摄像头融合,改进了交通事件检测方法;李家伟等人提出了一种基于视频感知的公路交通事件检测技术。

8.2.2 交通紧急事件应急体系研究现状

在国外,交通事件管理系统已经在美国被广泛使用。20 世纪 60 年代早期,底特律的交通工程师针对各种类型的交通事件发生的频率进行了调查并出版相应的报告;20 世纪 70 年代中期,美国加州交通局广泛报道了洛杉矶地区的高速公路应急管理最新进展;目前,美国的 ITS 技术取得了一定的进展,尤其是在交通流监控和通信及出行者信息发布媒介等事件管理的技术方面,进一步为自动化、智能化的交通事件管理系统打下了良好的基础。对于紧急事件下的交通管理和交通控制的研究集中在策略选择决策支持系统设计。Andreas Hegyi 基于交通仿真,通过模糊逻辑法,优化了突发事件下的交通管理和交通控制策略。澳大利亚悉尼市建立了兼具快速事件检测与响应能力的交通事件管理系统,该系统把高速公路网络同城市交通信号系统相结合;澳大利亚昆士兰州建立的交通事件管理系统具有半自动化事件检测能力;澳大利亚墨尔本建立了具有全自动事件检测能力的交通事件管理系统;许多欧洲国家已经建立了基于视频检测技术的事件检测及管理系统,如瑞典的高速公路管理系统(Motorway Control System,MCS)、德国的事件预警系统 COMPANION。

国内学者从基础理论的层面,不仅对道路交通突发事件影响进行了研究,还对具体控制的技术、策略、组织方案及软件开发等内容做了诸多研究。彭国雄等人提出了瓶颈段的通行能力小于上游交通需求时,各部分的时间可利用模型;姚丽亚等人基于城市路网交通事故发

生对车辆行驶的影响进行研究,认为事故发生点的上游交通需求将会大于事故发生点的通行能力,通过对事故路段行程时间计算,以此时间的长短来判断是否需要对车辆进行诱导绕行;刘正等人提出了一种基于区域危险等级差异性的疏散改进策略,建立了区域疏散交通组织优化模型;王晓飞等人分析了不同的灾变条件,提出了事故波面内的路网运营安全管理及应急处置办法;樊军等人在重大基础设施及其相关路网的基础上,对于不同的灾变情况,建立了不同条件下重大基础设施的运营安全对策策略库。

国内对应急系统的研究落后于国外,因此,我们需要积极借鉴国外相关系统的成功建设经验,建设能够在我国发挥作用的、持续的、稳定高效的事件应急管理系统。虽说我国现在已建成的相关系统可能相对国外的来说仍然不完善,但是在积极探索构建此系统的过程中,我国在一些重要的方面上取得了突破,并且有的也在实际应用中得到了验证,为以后系统的更新和完善奠定了一定的理论基础。

8.3 基本知识

8.3.1 紧急事件的概念

紧急事件又称突发事件,是指在实际生活中突然发生,且不以人的意志为转移,一般会对社会的正常运转产生影响或者危害,能够对道路交通产生影响,并且具有一定危险性的事件。紧急事件具有处理时间有限、事件信息不能完全了解、要求处理的主体要行动迅速等特点。

以突发事件本身的性质、特征为基础,结合实际情况,并依照相关法律法规,将事件进行不同分类,利于事件处理过程的管理,发现其中存在的根本问题,使得应急管理工作可以高效率地进行。紧急事件分类如图 8-1 所示。

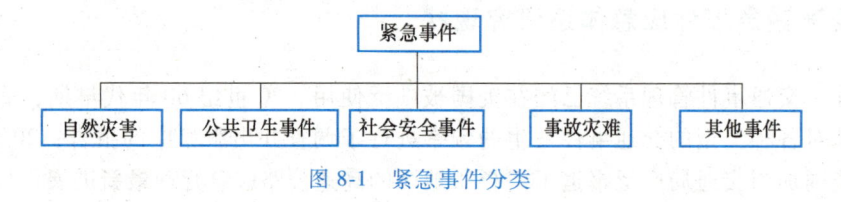

图 8-1 紧急事件分类

其中,自然灾害主要包括水旱灾害、气象灾害、地震灾害、地质灾害、海洋灾害、生物灾害和森林草原火灾等;公共卫生事件主要包括传染病疫情、群体性不明原因疾病、食品安全和职业危害、动物疫情,以及其他严重影响公众健康和生命安全的事件;社会安全事件主要包括恐怖袭击事件、经济安全事件和涉外突发事件等;事故灾难主要包括工矿商贸等企业的各类安全事故、交通事故、公共设施和设备事故、环境污染和生态破坏事件等。

8.3.2 紧急救援系统的概念

1. 定义

紧急救援系统是一个以人为主导,以科学的管理理论为指导,在科学的管理制度的基础上,利用计算机硬件、软件、网络通信设备对公路的运行状况进行全天候的监视控制,对突发事件进行快速的检测和判断,并迅速采取恰当的事件响应措施,以避免交通事故或二次事故的发生并保证事故发生后的及时救护与事故排除为目的，支持司乘人员、通行车辆、基层作业的集成化的人机联合系统。

紧急救援的总目标是在交通紧急事件发生前采取预防措施，降低交通紧急事件发生率和避免异常交通事件的发生；及时发现交通紧急事件并采取合适的应急救援措施，使人员伤亡和财产损失最小，并尽量降低紧急事件导致的交通延误等影响，在最短时间内使道路恢复到正常交通状态。

2. 紧急救援系统的目标

不同类型的交通管理需求对应的紧急救援系统的目标是不同的。例如，对于城市间高速公路，紧急救援系统的目标偏重于对事件参与者的救援；对于城市内高速公路快速路，紧急救援系统的目标则是尽快恢复交通，特别是在交通高峰期。简言之，紧急救援系统就是系统、明确地实施安全风险预控与管理过程，将运行管理与财务、人力资源系统综合起来，达到预期的安全目标。紧急救援系统的目标包括以下几个方面。

（1）改善交通安全

紧急救援系统的功能包括预警和应急两个方面，通过预警子系统，可以在交通事故还没有发生的情况下，就可以提前察觉到事故发生的可能性，并提前做好预防准备，从而有效地降低交通事件发生的次数。

（2）提高管理部门的工作效率

应用紧急救援系统的管理部门，在系统的有效协助下，可以减少监控交通安全所需要的大量人力、物力和财力，大幅节约了工作成本，有效地应用资源，提高管理部门的工作效率。

（3）高效地使用人员和设备

一个有效的紧急救援系统可以完成成百上千人和设备才能够完成的工作，管理部门因此可以有效地安排余下的员工和设备从事其他的工作，使部门人员和设备的使用更加高效。

（4）减少延误

不可预测的紧急事件会对交通造成延误、拥堵，甚至是无可挽回的损失。但是有紧急救援系统的帮助，管理部门就可以对预见到的交通紧急事件，提前采取应急预案，便可以在很大程度上减少交通紧急事件造成的交通延误。

（5）提高交通运输的机动性

事件当事人以及道路使用者在得知应急事件有可能发生后，会在紧急救援系统的指引下变换更有利的交通运输途径和通道，从而有效地提高交通运输的机动性。

（6）为驾驶人减少运行费用

紧急救援系统可以有效地指挥驾驶人规避可能发生的风险意外，所提供的行驶方案基本上是最优方案，为驾驶人减少运行费用。

（7）缩短事件清除时间

交通事件预警管理子系统的功能之一是预防交通紧急事件的发生，即使预警子系统的程序失灵或者其他原因造成了安全事件的不幸发生，由于提前有所准备，也会缩短紧急事件的清除时间。

8.3.3 紧急事件对交通的影响

1. 影响路网平均速度

紧急事件会对路网平均速度造成影响，路网平均车速可以综合反映公路路网的系统性能及服务质量，是由车辆系统、公路交通系统、管理系统综合作用的结果。它以每路段的交通量及该路段所处的道路等级，得出每路段的平均技术车速，此外，基于各路段里程的权数，从而可以得出整体路网的平均速度，具体公式为

$$v = \frac{\sum v_i L_i q_i}{\sum L_i q_i} \tag{8-1}$$

式中，v 为路网平均速度；v_i 为路网第 i 段平均车速；L_i 为路网第 i 段里程数；q_i 为路网第 i 段的交通量。

当紧急事件发生时会产生对交通的过量需求，影响公路网的交通量，进而影响路网平均车速。此外，紧急事件也会影响路网拥挤度以及道路通行能力。

2. 影响道路通行能力

交通事故会降低道路通行能力，当事发地的道路通行能力小于同时空上游的道路通行能力时，车辆便会在事发地聚集，形成拥堵，并不断向上游延伸。在事故处理完毕之后，通行能力得到恢复，道路拥挤堵塞逐渐消失。

交通事故检测算法是通过检测交通流参数的变化来计算的，在拥挤状况下，事故对路网交通的影响会通过参数的变化反映出来，计算公式为

$$t_C = t_Y + t_H \tag{8-2}$$

式中，t_C 为交通事故持续时间；t_Y 为交通事故延迟时间；t_H 为交通恢复所需时间。

公路突发紧急事件还会导致路网严重堵塞，使得道路通行能力降低并延误行使时间。如图 8-2 所示，纵轴表示通过某一特定道路截面的累计车数；横轴表示发生事故后的延续时间；直线 EC 表示可使需要通过某一特定道路截面的车辆数稳定增长的稳定交通量；折线 EBC 表示由于道路通行能力的下降，在事故解决后通行能力的提高过程。

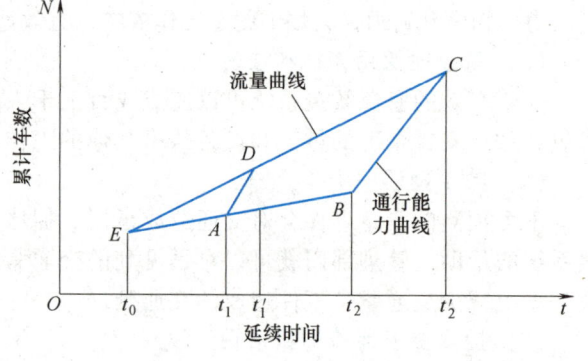

图 8-2 交通事故时间延误图

受阻塞影响，在事故发生后的一段时间内，该线上游或周边道路汇入主线的车辆到达事发地点时，很难以往常的时间准确到达目的地。此外，在交通事故状态持续时间较长的情况下，驾驶人往往会选择临近的道路绕行，此时，便会使得临近道路的交通量增加，从而延长行车时间，使得安全性降低。

8.4 系统组成及技术应用

8.4.1 系统组成

交通安全应急管理是交通安全管理工作的重要组成部分，可以明显提高交通安全性和运营效率。交通安全应急管理是一项系统性的工作，它涵盖的内容包括交通事件预警、交通事件检测、交通应急管理方案决策、交通应急管理方案实施、交通应急管理后评估、交通事件

信息归档等。每一个环节都关系到应急管理的效率和效果。

紧急救援系统包括2个子系统,即交通事件预警管理子系统和交通事件应急管理子系统。紧急救援系统组成如图8-3所示。整个系统基于一个共同的地理信息系统平台,可实现信息的统一组织和管理。

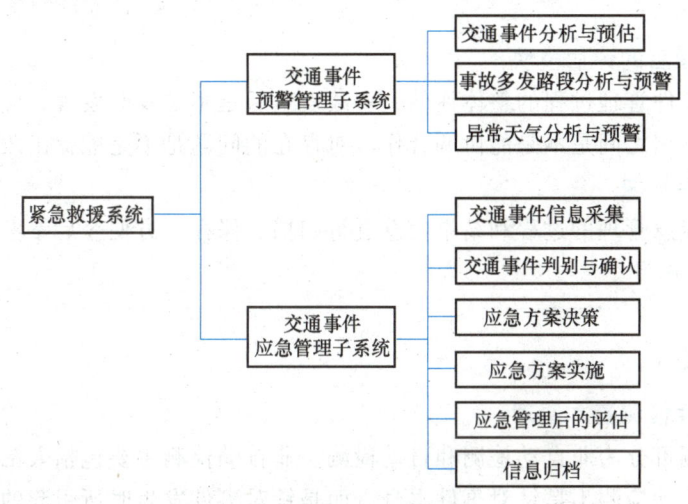

图 8-3 紧急救援系统组成

1. 交通事件预警管理子系统

交通事件预警管理子系统的主要功能包括对即时存在的交通状况和现实环境进行数据挖掘和信息采集、统计和分析,找出交通事故的分布特征及其形成的原因和影响因素,如恶劣气候时的交通安全管制、交通事故多发地段的风险因素等。预警系统要即时监测到这些风险因素,向交通安全管理部门发出预警,并及时采取预警方案,最大限度地防止事故发生。交通事件预警管理子系统有3个功能模块:交通事件分析与预估模块、事故多发路段分析与预警模块、异常天气分析与预警模块。

2. 交通事件应急管理子系统

交通事件应急管理子系统是通过交通实时信息的采集来获得交通事件的数据,通过这些信息来决定事故的应急救援方案,并协调相关部门实施应急救援方案,同时对救援的全过程进行监测和指挥协调,从而实现交通应急管理的科学规范化和即时高效化。交通事件应急管理子系统包括6个功能模块,分别为交通事件信息采集、交通事件判别与确认、应急方案决策、应急方案实施、应急管理后的评估和信息归档。

(1) 交通事件信息采集模块

利用现有的各种交通信息收集方式,包括110报警巡逻车、各种视频监测器、气象监测器等,动态即时地观测交通状况,并将数据进行储存。

(2) 交通事件判别与确认模块

对交通事件信息采集模块中采集到的实时数据利用人工判别或计算机自动识别等方法进行分析,筛选出交通事故的地理位置、事故类型和事故严重度等信息。

(3) 应急方案决策模块

在确定了交通事故的地理位置、事故类型和事故严重度等基本信息后,结合当时的客观情况，在应急管理预案系统中采用人机交互的方式筛选出最有效的应急方案，方案包括最佳的救援路径、参加救援的单位、事故发布的范围等信息。

（4）应急方案实施模块

实施应急方案决策模块中确定的方案，如事故的管理、救援交通的调度、现场的管制和疏通等。

（5）应急管理后的评估模块

对某次交通事件管理过程的整体评估，事故发生后是不是及时发现、应急是不是合理高效、相关的救援部门之间是不是能协调合作、对存在的问题是不是能提出改进的方法。

（6）信息归档模块

对交通事故应急管理的过程和结果信息进行归档、保存，方便今后参考查询。

8.4.2 技术应用

1. 交通事件检测

（1）交通事件检测基本原理

交通事件检测可分为非自动检测和自动检测。非自动检测主要包括人工主动报警、巡逻和监控系统等；自动检测不是针对事件本身，而是针对事件发生时所引起的道路交通流参数的变化进行检测。

交通事件反映在交通流参数上，主要有以下几方面。

1）交通量：是指单位时间内通过道路某一截面的实际车辆数，同一道路不同时间的交通量都不相同，并且分为日交通量、小时交通量等。

2）交通密度：是指一条车道数车辆的密集程度，又称车流密度，即

$$K = \frac{N}{L} \tag{8-3}$$

式中，K 为交通密度；N 为单车道路段内的车辆数；L 为道路长度。

由式（8-3）可知，当道路异常拥挤时，此时的交通密度接近于最大值。

3）速度：单位时间内车辆行驶的距离，又可分为多种形式，如平均、瞬时、最大车速；它是道路设计和交通规划的依据，由于它能很好地反映道路上车辆的行驶状态和可能产生的延误，因此是能很好地反映交通事件的依据。

4）空间占有率：空间占有率为在一瞬间测得已知路段上所有车辆占用的长度占路段长度的百分比；若之前就已经知道各类车的长度时，就可依据现场的统计材料计算空间占有率，即

$$R_s = \frac{\sum_{i=1}^{n} L_i}{L} \times 100\% \tag{8-4}$$

式中，R_s 为空间占用率；L_i 为第 i 辆车的长度；L 为观测路段总长度；n 为该路段内的车辆数。

交通事件自动检测针对的是以上这些交通流参数的变化。交通事件发生会导致这些参数的突变。如果这些变化超过了一定的数值，则认为有交通事件发生。

（2）交通事件检测技术

交通事件检测技术自诞生以来经历了从原始的依靠人工巡逻的方式到现在的全自动检测，相关的技术也可分为自动检测技术与非自动检测技术。交通事件检测技术分类如图8-4所示。

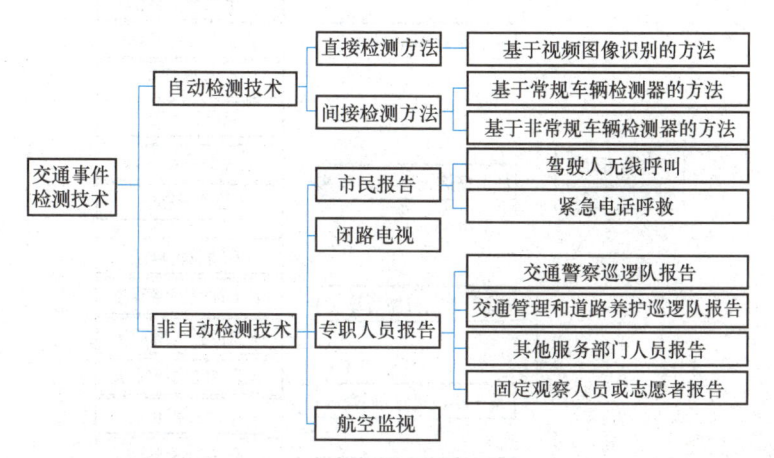

图 8-4 交通事件检测技术分类

相比非自动检测技术，自动检测技术只需投入少量的人力、物力，就能够随时检测交通事件，一次投入，长久使用。它是现在交通事件检测的热点研究领域。它又分为直接检测和间接检测两种方法。

直接检测方法是指使用视频图像处理技术来对交通事件进行检测的一种方法，使用这种方法能够直接看到交通事件发生的现场情况，准确判断是否发生了交通事件，该方法目前在高速公路上应用广泛。但是这种直接检测的方法也有一定的弊端，如漏报、误报率高，需要人工大量、频繁地处理这些漏报、误报事件。

从实际应用情况上来看，直接检测方法确实在检测耗时上小于间接检测方法，但是它对布设的密度要求高，运营成本大，而且易受环境等的影响。而间接检测方法成本低，且在不良环境条件下检测率高于直接检测方法，此外，由于现在越来越多的非视频检测器的普及利用，如检测线圈等，为间接检测方法提供很好的物质基础，因此相比直接检测方法，间接检测方法的应用范围更广。

（3）交通事件自动检测算法

目前应用的交通事件自动检测算法大部分为间接检测算法，因此本书只针对间接检测算法进行分析。交通事件间接检测算法分类如图8-5所示。

1）基于模式识别的算法：该类算法利用各类车检器所收集到的流量、密度、占有率等交通流参数，并将这些参数与过去时间状况下的典型值比较来检测事件，根据前后的差值是否超过某一给定的阈值来判断事件是否发生。加利福尼亚算法就是利用这个原理来判断事件类型的，从而达到检测的目的。加利福尼亚算法的主要优点是原理易于理解，误报率较低；它的缺点也很明显，它只使用了占有率这一个参数，完全没考虑流量的问题，对交通流参数的描述不够全面，影响算法的可靠性。

2）基于统计理论的算法：该类算法在历史检测数据的基础上运用统计方法对未来的交通状况做出预测，将预测值与实测值进行比较，若存在较大偏差，则说明可能有交通事件要

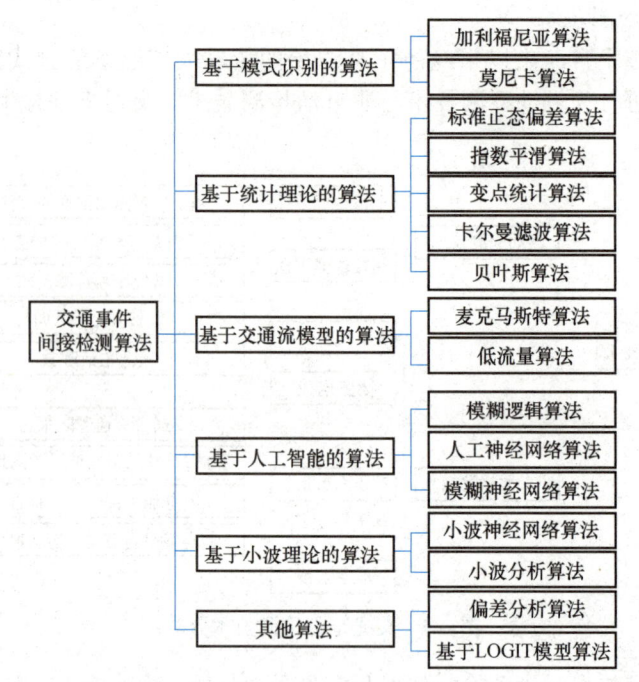

图 8-5　交通事件间接检测算法分类

发生。此算法的关键在于确定偏差的阈值以及做出预测。

3）基于交通流模型的算法：该类算法使用交通流理论来描述和预测事件条件下的交通行为，采用预测的交通参数与实测的交通参数进行比较来确定事件是否发生。最典型的是麦克马斯特（McMaster）算法，它是基于高速公路交通状态突变理论模型的一种事故理论算法，基于交通流从拥挤向畅通转化时，流量和占有率变化稳定，而速度则突然变化的假设，使用流量和占有率对交通状况进行划分，确定拥堵存在，进而确定拥堵的类型。与加利福尼亚算法相比，它有一些明显的优点，例如同时考虑了流量和占有率两个参数，以及周期性拥堵的存在，检测时间较短；缺点是使用此方法所需的临界曲线难以标定。

4）基于人工智能的算法：模糊逻辑算法将不精确和不确定性引入事件检测中，加入模糊边界，对不完全或不精确数据进行近似推理，从而得到事件发生的任何可能的概率；人工神经网络算法模拟人脑的思维过程，进行数据处理并得到结果；模糊神经网络算法不需要人工建立模型，而是让神经元网络从真实的交通流数据出发，自适应学习，自己归纳出规律。

5）基于小波理论的算法：小波分析在处理突变信号方面有着很好的表现，有很好的时频和局部特性。公路交通流除非发生交通事件，否则不会突然变化，该算法就是将交通流的突变信息经小波变换提取出来，根据自身的逻辑判断是否发生了交通事件。

各类算法在不同的条件下各有优劣，不能说某类算法完全优于另一类算法。根据美国相关机构公布的资料显示，在以前面介绍的评价指标来评价各类算法的优劣时，各算法一个共同的较大的缺陷是综合性能不高，相比较来说，具有自适应学习功能的神经网络算法综合性较好，但我们应该注意到它存在的缺陷，如移植性差、对训练数据的依赖性强、需要大量的样本分析、动态性能差。因此，在未来探索具有更高检测率、低误警率且具有良好可移植性的事件检测算法势在必行。

2. 紧急事件危害度计算与分级

（1）紧急事件分级指标体系与评价

当路网上有一处交通事件发生时，有许多因素会影响到对此事件的定级。

首先，按照事件发生的时间顺序，需要快速确认事件基本情况及事件基本情况延伸，以获得交通事件概况，如图8-6所示。

依据上述情况，决定事件处理和救援需要调动的职能部门，即决定需要采取的救援措施；与此同时，参照以往类似事件的处理时间，预估整体处置时间和救援机构到达现场的平均响应时间。交通事件评价流程如图8-7所示。

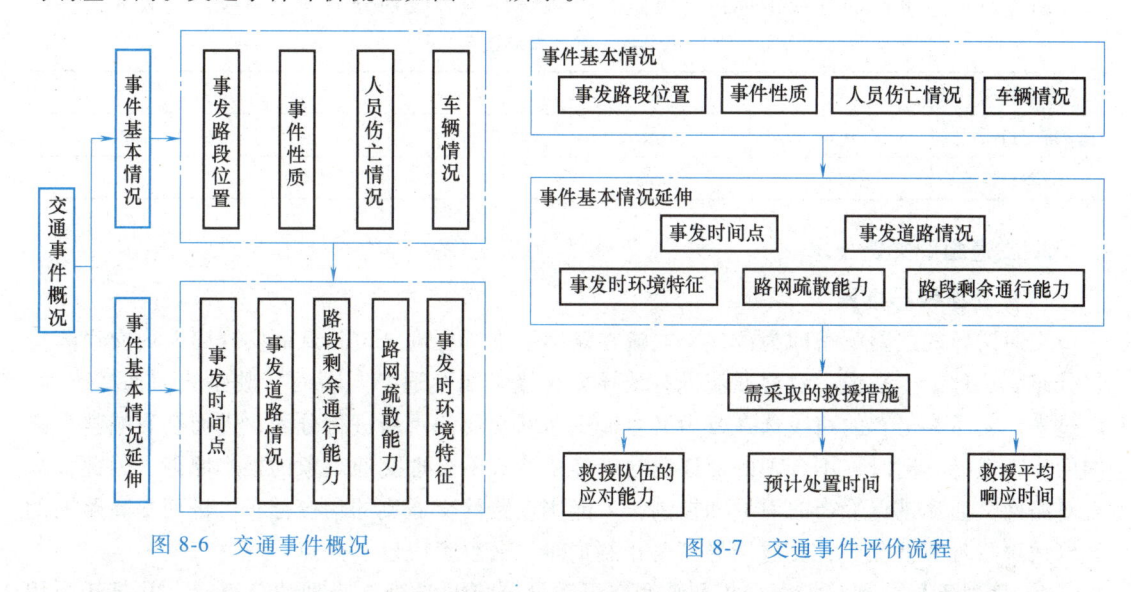

图8-6 交通事件概况

图8-7 交通事件评价流程

根据以上流程，关于路网事件影响的评价共提取出13个指标：事发路段位置、事件性质、人员伤亡情况、车辆情况、事发时间点、事发道路情况、路段剩余通行能力、路网疏散能力、事发时环境特征、需采取的救援措施、救援队伍的应对能力、预计处置时间和救援平均响应时间。为了更好地对各个指标进行后续的指标权重的计算，按照类似聚类分析的思想，形成如图8-8所示的路网事件影响三层评价指标体系。

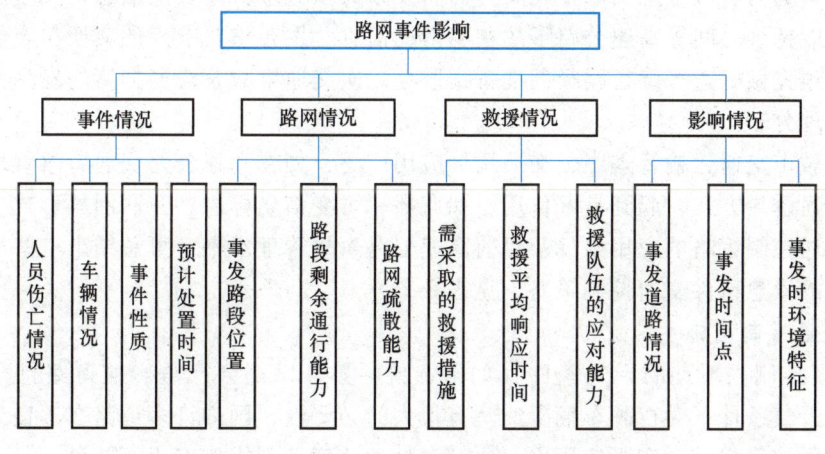

图8-8 路网事件影响三层评价指标体系

根据紧急事件事发地现场状况、造成的影响及应急过程中的具体情况，需要对上述各项指标进行评分，评分依据是各指标的量化标准，之后计算此次紧急事件的危害度。计算公式为

$$P = \sum_{i=1}^{n} C_i M_i \tag{8-5}$$

式中，C_i 为各项指标的评分；M_i 为各项指标的权重；P 为危害度。

（2）紧急事件响应级别

通过对紧急事件的各项指标进行测定，可将事件响应级别分为 5 个等级，见表 8-1。

表 8-1　事件响应级别

分级标准	Ⅴ	Ⅳ	Ⅲ	Ⅱ	Ⅰ
等级描述	轻微	一般	较大	重大	重特大
评价分值	[0,1)	[1,2)	[2,3)	[3,4)	[4,5]

3. 交通组织关键技术

（1）交通诱导措施

交通诱导的主要策略即为诱导交通流在路网上进行合理分流，从而实现路网内交通流均匀分布。从理论上来说，对交通流进行诱导会直接影响交通参与者对行驶路线的选择行为；反过来，交通参与者的路线选择行为又会造成路网交通流重新进行分配，进而会影响整个路网的运行性能。同时，不合理的交通诱导措施是造成不合理交通现象的根本原因，因此，只有对路网交通流进行恰当的引导和控制，才能实现路网交通流的均衡分布，进而提高路网的运营效率。现实情况中，交通诱导策略在制定时，必须考虑以下几点。

1）面对不同管理目标，分析和预测在可诱导分流的路线上合理的分流量，并灵活应用各种交通诱导场外设施将所预测出的交通分流量及时发布给道路使用者。

2）在了解事发道路交通状况及交通事故的严重程度等因素的基础上，预测需要进行交通诱导路段的一些交通拥挤指标，如事故持续时间和排队长度等指标。

3）为了更好地管控交通诱导分流量，防止发生"交通积聚"和"拥挤转移"现象，交通诱导所发布的内容应考虑到以下几个方面。发布关于可绕行路径的信息，发布事故占用车道情况、可能持续时间等高速公路事故基本情况信息，发布重要节点的交通状态信息以便于道路参与者预先做好选择绕行路径的准备，避免二次交通事故及交通拥堵的发生，实现路网交通流的合理分布。

在我国城市交通运输管理中，交通诱导应用广泛，如在高速公路交通事故管理中，就应用了一些交通诱导方式，起到良好作用，如广播、可变信息标志、互联网等形式。综合考虑以上各种交通控制策略的应用条件及目前高速公路事故管理水平，可总结出一些可在事故影响区所应用的紧急事件交通控制策略，见表 8-2。

（2）交通控制措施

1）速度控制。不良的天气条件（如雨、雪、雾等）都会严重影响道路行车安全。因此，在不良天气条件下对行驶车辆限速就有很大的必要性，国内许多道路在不良天气条件下也有严格的限速值规定。实际应用中，比较常见的速度控制措施有以下几种。

表 8-2 紧急事件交通控制策略

保护区	控制区	缓冲区
过渡区管制现场警戒	车距控制 利用对向车道通行 交通诱导 速度控制（特殊点段限速、分级限速）	绕行 封闭车道 交通诱导 匝道控制 主线调节控制 利用对向车道通行 速度控制（分级限速、可变限速）

① 全线限速。设计速度是确定全线限速值大小的具体依据。通常情况是在同一条道路上实施统一、确定的限速值，将限速值的标志设置在需要限速的交叉口和出入口等关键位置，这是目前国内采用的最为普遍的一种限速方式。

② 特殊点段局部限速。当线性指标相比于整条线路有明显变化，路段属于事故多发点段或是长大隧道，采用底限、极限技术指标的路段的情况下，多采用该限速方法，在实际应用中，通常作为全线限速的配合方法，也是采用较为广泛的一种方法。

③ 分时段限速。分时段限速方法应用的前提是将整条路或较长路段划分成若干的事故、交通量、线性等因素各不相同的小的路段单元，以此对每个路段采取不同的限速值。实际应用中，分时段限速应用的并不多。当同一条路采用不同的设计速度或技术等级时，才适用该限速方法。由于我国在修建公路时，常采用"同一条道路、同一设计速度、同一技术等级"的方式，当前限速值又是参照设计速度来确定的，基于这些客观因素，全线限速与特殊点段局部限速相结合的限速方法更符合实际应用，而分时段限速的应用则较少。

④ 可变限速控制。可变速度控制主要是通过改变主线上车流密度来影响交通流的速度，而在高速公路上设置一些可变限速的交通标志来限制车速，进而实现交通流稳定、均匀，进而达到提高道路通行能力的目的。高速公路路段上，一旦发生交通事故，为避免发生二次事故，则需要对事故点上游路段车辆的速度及车辆间距进行控制。目前，分级限速、分时段限速和局部路段限速是高速公路事故发生后最常采用的限速措施。

2）主线控制。主线控制方式包括可变限速控制、车道关闭、主线调节控制、利用对向车道通行等。

① 可变限速控制。在满足高速公路路段交通流参数关系、主线交通流安全运行的要求的前提下，在交通、气候、基于道路等条件下，确定出与道路允许最大交通量匹配的最佳占有率和最佳速度，从而实现对高速公路主线交通流的速度控制。交通广播、驾驶人信息系统和可变信息系统是实现高速公路主线可变限速控制的常用方式。

② 车道关闭。在交通事故发生后，禁止任何车辆驶入高速公路的主线车道，从而控制对主线交通流。一般情形下，车道关闭适用于隧道控制、改善入口匝道的汇合运行、转移交通量 3 种情况。

③ 主线调节控制。依据下游道路的通行能力和主线交通需求，限速控制高速公路控制路段的交通流，以达到事发路段保持或者恢复期望的服务水平的目的。

④ 利用对向车道通行。利用对向车道通行主要用于改变高速公路主线不同方向上的通行能力，从而在交通流高峰期或交通事故发生时，满足某一方向的交通需求。

3）信号控制。信号控制是对交通流进行调节、警告和诱导，从时间上将相冲突的交通

流予以分离，使其在不同时间通过，使交通流质量得到改善，充分利用其运输能力来提高行车的舒适性、快速性及安全性。不仅如此，信号控制在维护交通秩序、指挥、组织和控制交通流的流速、流量、流向方面发挥着显著的影响力，使得车流有序通过路口，达到提高路口的通过能力和效率的目的。

① 单个交叉口的交通控制。单个交叉口的交通控制也称为单点信号控制，具体是指交通控制信号与临近的交叉口无任何联系，只是单独地按照单个交叉口的具体交通状况运行。

② 干道交叉口的信号协调控制。干道交叉口的信号协调控制俗称"线控制"，车辆在通过诸多交叉口，往往会遇到红灯，此时设计一种信号配时方案，通过一定方式使交叉口相互协调，联结相邻的各个交叉口交通信号，使之按照配时方案运行。基于此，干道交叉口的信号协调控制又被称为"绿波"信号控制。

③ 区域交通信号控制系统。区域交通信号控制系统的协调控制对象是区域中所有的交通信号，交通控制中心对控制区内各个受控制的交通信号集中控制。针对范围较大的区域，可采用分区、分级控制。信号控制按控制方法的不同可分为：定时控制、车辆感应式控制、自适应控制。

a. 定时控制。定时控制具体是指在一定时间内，按照交通量在交叉口的运行情况，预先确定所需要控制的绿信比、相位、周期等参数，以便人为设置信号控制方案。通常，定周期控制和变周期控制是定时控制的两种常用方式。

b. 车辆感应式控制。与自适应控制一样，感应式信号控制机同样应用在车辆感应式控制中，车辆的信息是通过检测器获得的，以便将特定相位的绿灯间隔时长延长，但是并不固定绿信比和周期，只是根据交叉口具体的交通量需求的参数，来实时变换信号灯色。

c. 自适应控制。自适应控制系统是在交叉口埋设或者悬挂车辆的检测器，根据其获得的实时数据与信息，产生最佳性能的绿灯配时方案并实施，这与车辆感应式控制方式相似，能够在一段时间内使通过车辆数达到最大限度。

4）匝道控制。目前，在高速公路的交通控制方式中，匝道控制是一种较为有效的方式。按照对匝道交通管控的位置进行分类，匝道控制分为入口匝道交通控制和出口匝道交通控制两种类型。

与对高速公路出口匝道进行控制相比，对高速公路入口匝道进行交通控制操作性更强，使用较多。高速公路主线上的交通流是入口匝道交通控制的控制对象，高速公路匝道入口的交通量为系统输入时的交通控制量。控制系统会根据计算得出位于高速公路匝道上游的交通需求量，然后得出位于匝道下游的道路交通量，将两者相减，得出两者的容量差，以此最终确定入口匝道的最佳交通量。用这种方式进行交通管控，能够有效地保证高速公路内部的交通量需求始终处于自身的容量之下，从而最终保证高速公路主路流量所处的状态是最佳的。但是，这不可避免地会使一部分原本计划进入高速公路的车辆在匝道上等候或者选择其他的绕行路线。典型匝道控制算法如图8-9所示。

高速公路一旦发生交通事故，既会影响到局部路段，又会波及周边路网。基于此，针对匝道部分，为实现良好的控制效果，需要将对事发路段的单点控制纳入考虑因素，还要考虑周边路网的多点协调控制以及通道控制。这就要求高速公路有较高的智能化水平，必须有先进的设备协助来达到目标。

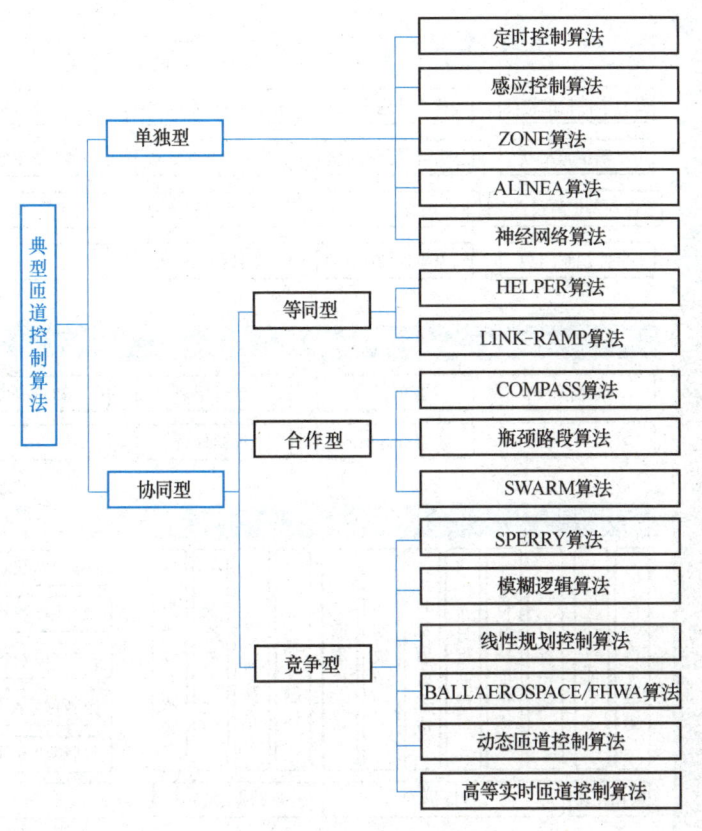

```
                          ┌─ 定时控制算法
                          ├─ 感应控制算法
                ┌─ 单独型 ─┼─ ZONE算法
                │         ├─ ALINEA算法
                │         └─ 神经网络算法
                │
                │         ┌─ 等同型 ─┬─ HELPER算法
典型匝道控制算法 ┤                   └─ LINK-RAMP算法
                │         │         ┌─ COMPASS算法
                └─ 协同型 ─┼─ 合作型 ─┼─ 瓶颈路段算法
                          │         └─ SWARM算法
                          │         ┌─ SPERRY算法
                          │         ├─ 模糊逻辑算法
                          └─ 竞争型 ─┼─ 线性规划控制算法
                                    ├─ BALLAEROSPACE/FHWA算法
                                    ├─ 动态匝道控制算法
                                    └─ 高等实时匝道控制算法
```

图 8-9 典型匝道控制算法

8.5 案例介绍

8.5.1 广州润万视频识别系统

1. 系统介绍

基于人工智能的视频事件识别系统采用了人工神经网络、卡尔曼滤波、多目标跟踪等技术路线的视频图像识别技术，结合高精度 AI 算法，使每支摄像头均变身为监控员，不需人工干预，即可自动识别高速公路的异常状况，并向监控中心发出报警，同时推送实时视频。通过该系统的辅助支持，监控员只需关注系统的告警信息，便可了解处理高速公路的实时路况及突发状况，视频识别系统架构如图 8-10 所示。

2. 产品功能

1）事件监测：支持突发事件监测，包括车辆拥堵、车辆违停、车辆逆行、车辆压线、行人上路、交通事故、物品抛洒、烟火事件、非机动车上路、禁区占用等，检测准确率达 95% 以上。

2）车流监测：支持交通车流量监测、平均车速监测，检测准确率达 95% 以上。

3）气象监测：支持异常气象情况监测，包括晴天、雨天、雪天、阴天、雾天等，检测

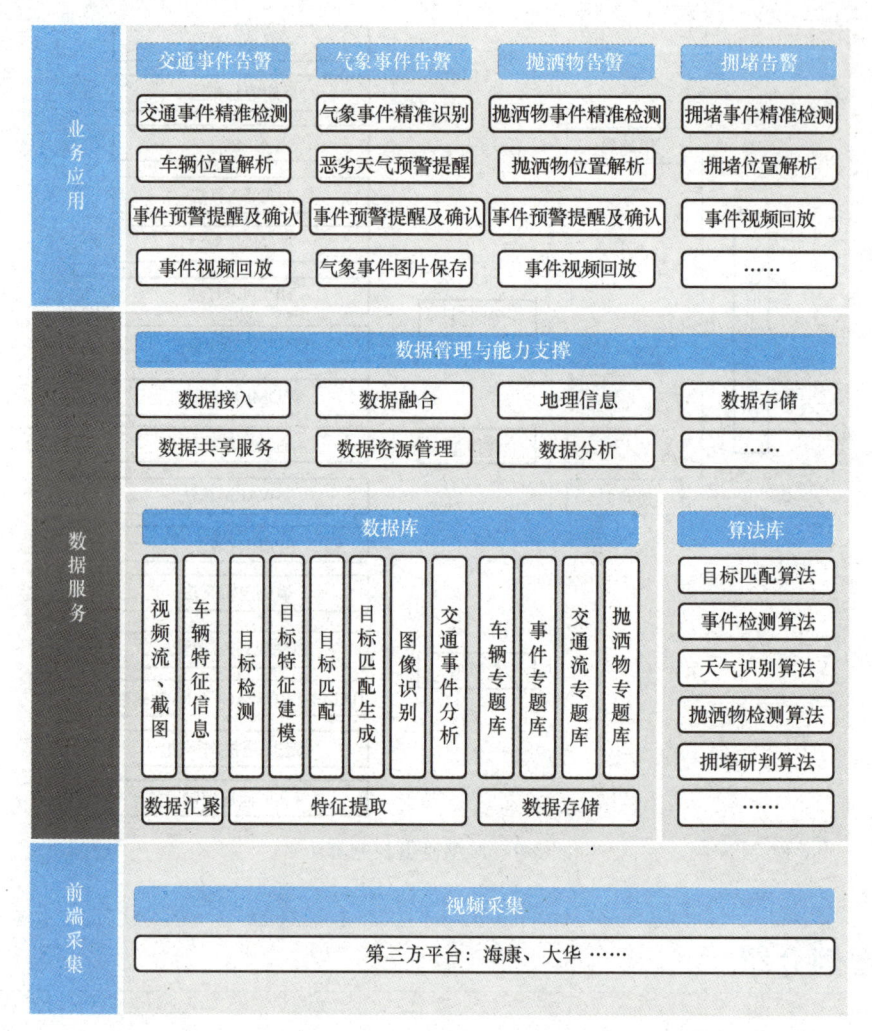

图 8-10　视频识别系统架构

准确率达 90% 以上。

4）数据管理：支持对检测数据进行统一管理，随时对历史数据进行查看、处理，支持对历史事件进行归纳分类和报表导出。

5）数据呈现：支持数据统计分析的可视化呈现。

8.5.2　北京市交通运行监测调度中心

北京市交通运行监测调度中心是北京市综合交通运输协调体系的重要组成部分，可帮助实现全市综合交通运输的统筹、协调和联动。北京市交通行业视频监控平台接入北京市交通行业视频 28 万余路，实现 7 天×24h 不间断运行监测，为构建人、车、路环境的综合运输协调体系提供有力支撑。

该平台能够实现 IPC/NVR/DVR、视频接入主机、视频汇聚网关等视频设备的统一接入、管理和访问；支持多种标准视频设备的接入（如 GB/T 28181—2022、ONVIF）；支持国内外数 10 种厂商的视频设备的接入（如海康、大华、宇视、三星、AXIS）；支持分布式部署和动态扩容,轻松实现大规模视频监控系统的搭建;支持中心集中录像和云存储录像;支持前端录像查询、回放;具备强大的报警引擎,支持智能视频分析、开关量等多种报警源;支持任意报警信息联动任意服务器或客户端联动动作;支持用户、部门、角色管理;支持系统日志管理,为用户提供完整的视频联网平台功能(看、录、联、管)。北京市交通行业视频监控平台支持多级平台互联协议,遵循国家标准《公共安全视频监控联网系统信息传输、交换、控制技术要求》(GB/T 28181—2022),通过平台互联模式,支持视频边界对接,可轻松搭建北京市交通委员会直属单位、交通行业相关企业等多级视频联网系统,实现全域覆盖、全网共享的立体化交通监控平台。

8.5.3 喜讯科技交通视频事件检测系统

1. 产品简介

针对国内交通现状,喜讯科技研发出的交通视频事件检测系统,能够获取道路通行状况实时数据,及时进行指挥调度,有效地处理交通事件,进行违法取证,对交通流进行诱导,提高路网的交通运行能力,为驾驶人员、行人提供安全快捷的出行环境。事件检测服务器依托 GPU 多引擎硬件平台,内嵌深度学习算法软件,系统支持全天候 24h×365 天工作能力,设备具有高度的可靠性和优良的性能,在很大程度上能及时发现道路上的异常事件并规避二次事故的发生。视频事件检测系统架构如图 8-11 所示。

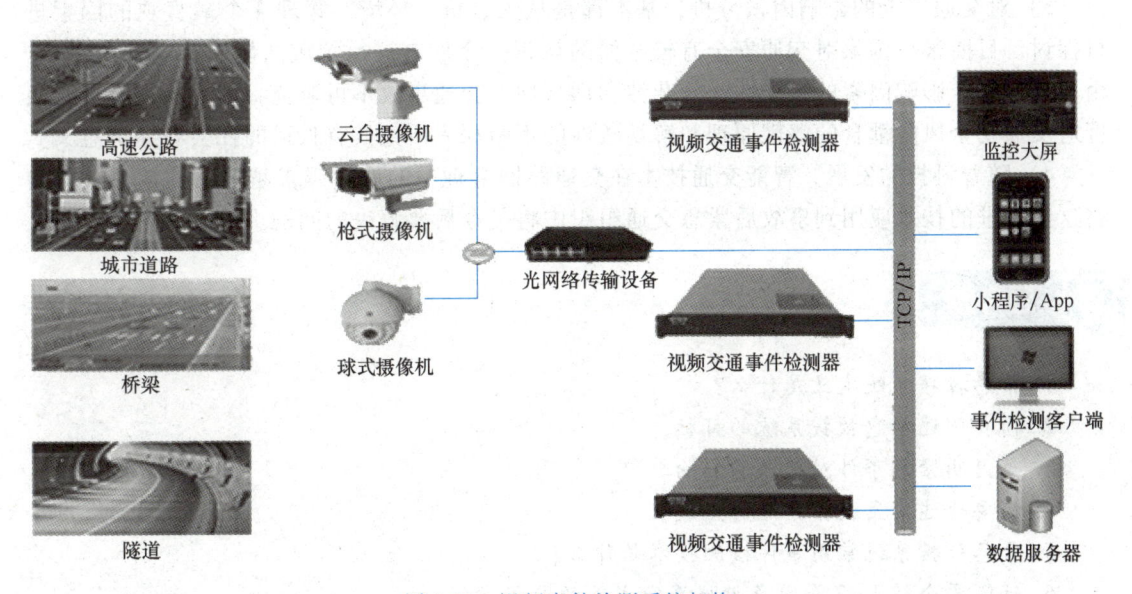

图 8-11 视频事件检测系统架构

2. 系统功能

1)系统可以用于高速公路、城市道路、桥梁和隧道等多种场景。

2)可以接入多路各种品牌的云台摄像机、枪式摄像机或球式摄像机。

3)通过网络传输设备接入视频事件检测器,每台视频事件检测器视型号不同,可接入 8 路、16 路、32 路、40 路等不同路数的视频。

4)系统根据应用场景提供 PC 端、移动端和监控大屏端。

8.6 未来发展趋势

交通路网是突发事件情形下受灾人员借助机动车转移的承载设施，在疏散过程中涉及疏散车辆、救援车辆和社会车辆。由于突发事件应急对交通具有依赖性，可能会引发拥堵、交通延误、排放增加和二次事故等严重问题。建立交通事件应急系统可以在很大程度上缓解交通延误、燃料浪费、排放和经济损失等问题，还可以降低发生二次事故的可能性。目前，针对交通紧急事件已经进行了多种技术的研究，如紧急事件检测与识别、交通区域组织优化、应急救援技术、应急反应状态模型研究等，但对交通紧急事件的研究仍具有很多挑战，具体如下。

1) 在突发事件情形下区域交通组织过程中，获取的突发事件信息通常是不完全的，例如灾情信息、突发事件影响的范围、人员行为信息等。如何在不完全信息情况下，调整突发事件情形下的区域交通组织优化方案，使优化方案能够适应外部环境变化仍需进一步研究。

2) 交通信号控制措施可以降低受灾人员的疏散危险，但是这种效果并不显著。可能的原因是为寻求整体疏散危险最低，未考虑受灾人员的个体差异，且疏散路网的交叉口与交叉口之间距离较短，便于车辆快速绕行，难以抵消信号控制造成的延误。需要进一步分析受灾人员个体差异性、路网结构（例如交叉口之间的距离、转向）对交叉口流向管控的影响。

3) 对交通安全的影响因素分析，基本都是从人、机、环境、管理4个最直观的因素进行探讨。目前很少国家对交通安全有较全面的认识，今后在这一领域的研究空间非常广阔。由于交通安全影响因素的多样性、复杂性和耦合性，交通事故不可避免，因此从风险祸合角度对交通安全风险耦合的解耦原理和解祸条件的不断深入研究具有长远的社会和经济意义。

4) 随着科技的发展，智能交通技术在交通路网管理中的应用越来越广泛和深入，如何将这些先进的技术应用到事故后紧急交通组织中将是今后要解决的问题。

思考题

1. 紧急救援系统定义是什么？
2. 简要阐述紧急救援系统的目标。
3. 试说明紧急事件对交通的影响。
4. 简要论述紧急救援系统的组成。
5. 紧急救援系统常用事件检测技术是什么？
6. 试简要介绍1~2个紧急救援系统成熟的应用案例。
7. 简要阐述紧急救援系统发展面临的困难和挑战。

第9章　无人驾驶车辆跟驰控制系统

9.1　引言

单个车辆在交通系统中不是孤立的,它在运行期间必然与其周围事物（如其他车辆、道路、信号灯、交通设施等）发生交互作用,这种交互产生的作用有规律地施加于运动车辆,就是一种控制作用。在同一条车道上运行的车辆之间产生交互作用,就会形成跟驰控制系统,它是由至少两辆车组成的微观交通流运行系统,跟随车与前导车之间的车头间距是关键的控制参数,系统通过反馈控制作用使车头间距保持在安全距离内,从而确保交通流安全高效运行。

9.2　发展现状

交通流理论是运用数学和力学定律研究道路交通流规律的理论,它萌芽于20世纪30年代,起初采用概率论分析交通流量和车速的关系。从20世纪40年代起,交通流理论在运筹学和计算技术等学科发展的基础上获得新的进展,概率论方法、流体力学方法和动力学方法都应用于交通流的研究。几十年来,很多具有不同背景的物理学家和其他学者都致力于交通流理论的研究,提出了许多有意义的观点。从几十年来的研究成果看,交通流理论主要分成三大类型：微观交通流理论模型、宏观交通流理论模型和中观交通流理论模型。其中,微观交通流理论模型主要有两种,分别是车辆跟驰模型和元胞自动机模型,它们主要描述单个车辆在相互作用下的个体行为,分析每个车辆的速度、位移及加速度。

车辆跟驰理论最初是由 Pipes 提出来的,他只用一个加速度方程来描述道路上一辆车跟随另一辆车的运动行为。该方程是一个微分方程,从力学观点讲,跟驰模型是一个质点系动力学系统模型。假设车队中的每辆车须与前车保持一定的距离以免碰撞,后车加速和减速都取决于前车,建立前车与后车的相互关系,这样,每辆车的运动通过一个微分方程来描述,通过求解方程可以确定车流的演化过程。车辆跟驰模型的快速发展开始于1995年,Bando教授提出最优速度模型,该模型避免了经典模型中加速度是由前后两车的速度差确定带来的问题,提出车辆跟随过程中的加速度是由最优速度和当前车的速度差确定的,且最优速度是

两车之间车头间距的函数。在该模型之后，模型不断改进，研究人员先后提出广义力模型、全速度差模型、广义最优速度模型、全广义最优速度模型、混合最优速度模型等。

跟驰系统控制理论由山东大学朱文兴教授团队率先提出，他将经典控制理论方法、现代控制理论方法及离散控制理论方法先后应用到交通流建模与稳定性分析中，发表了一系列的科研论文，最终形成了一套交通流跟驰控制理论体系。

9.3 跟驰控制系统建模

以最优速度模型为基础，将最优速度函数按照泰勒级数展开，推导出了车辆跟驰模型与控制系统的关联点，通过拉普拉斯变换将最优速度模型转换为控制系统传递函数，画出结构框图。系统中引入多种经典补偿器（包括速度反馈、比例微分、串联补偿等装置）来进行交通跟驰系统稳定性和非线性分析。研究表明，引入经典补偿器后，交通流系统性能得到有效改善。

9.3.1 控制模型

假设交通流跟驰系统中有 N 辆车，所有的车辆分布在一条单行道上，平均密度 $\rho = \dfrac{1}{h}$，其中 h 表示车辆平均车头间距。图 9-1 表示了第 n 辆车跟随第 $n+1$ 辆车的跟驰系统。

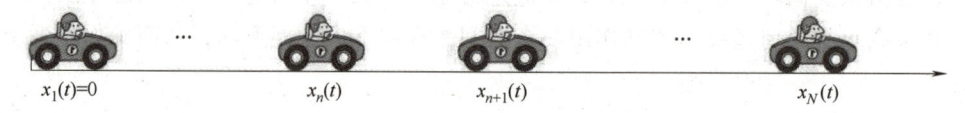

图 9-1 跟驰系统示意图

根据 Bando 提出的最优速度模型，跟驰系统中跟随车的加速度为

$$\ddot{x}_n(t) = a[F(\Delta x_n(t)) - \dot{x}_n(t)] \tag{9-1}$$

式中，a 为驾驶人的灵敏度系数；$\ddot{x}_n(t)$ 和 $\dot{x}_n(t)$ 分别为在 t 时刻第 n 辆车的加速度和速度；$\Delta x_n(t) = x_{n+1}(t) - x_n(t)$ 为在 t 时刻第 n 辆车与第 $n+1$ 辆车的车头间距；$F(\Delta x_n(t))$ 为在 t 时刻第 n 辆车的最优速度函数，它的表达式为

$$F(\Delta x_n(t)) = \dfrac{v_{\max}}{2}[\tanh(0.13(\Delta x_n(t) - l_n) - 1.57) + \tanh(0.13 l_n + 1.57)] \tag{9-2}$$

式中，$v_{\max}$ 为车辆的最大速度；l_n 为车辆的长度。

对最优速度模型进行线性化处理，假设交通流系统中所有的车辆以恒定的车头间距 h 前进，则交通流系统有如下稳定状态。

$$[v_n^*(t) \quad \Delta x_n^*(t)]^T = [F(h) \quad h]^T \tag{9-3}$$

式中，$v_n^*(t)$ 和 $\Delta x_n^*(t)$ 分别为在 t 时刻第 n 辆车在稳定状态的速度变量和车头间距变量。

对最优速度函数，即式（9-2）进行泰勒展开，则

$$F(\Delta x_n(t)) = F(h) + F'(h)(\Delta x_n(t) - h) + \dfrac{1}{2}F''(h)(\Delta x_n(t) - h)^2 + \cdots \tag{9-4}$$

忽略泰勒展开式中二阶以及二阶以上的项，可以得到新的最优速度函数，则

$$F(\Delta x_n(t)) = F(h) + F'(h)(\Delta x_n(t) - h) \tag{9-5}$$

将式（9-5）代入最优速度模型中，则

$$\ddot{\tilde{x}}_n(t) = a[F'(h)(\Delta \tilde{x}_n(t)) - \dot{\tilde{x}}_n(t)] \tag{9-6}$$

式中，$\Delta \tilde{x}_n(t) = \Delta x_n(t) - h$；$\dot{\tilde{x}}_n(t) = \dot{x}_n(t) - F(h)$。

因为 $\Delta \tilde{x}_n(t) = \tilde{x}_{n+1}(t) - \tilde{x}_n(t)$，式（9-6）可以写为

$$\ddot{\tilde{x}}_n(t) = a[F'(h)(\tilde{x}_{n+1}(t) - \tilde{x}_n(t)) - \dot{\tilde{x}}_n(t)] \tag{9-7}$$

接下来，将 $\tilde{x}_n(t)$ 项和 $\tilde{x}_{n+1}(t)$ 项分别移到等号的左右两侧，便可以得到系统微分方程的标准形式，即

$$\dot{\tilde{v}}_n(t) + a\tilde{v}_n(t) + aF'(h)\tilde{x}_n(t) = aF'(h)\tilde{x}_{n+1}(t) \tag{9-8}$$

将上式进行拉普拉斯变换，可得

$$(s^2 + as + aF'(h))V_n(s) = aF'(h)V_{n+1}(s) \tag{9-9}$$

式中，V_{n+1} 和 V_n 分别为 v_{n+1} 和 v_n 的拉普拉斯变换形式。

在方程两边交叉相除，可以得到如下有理表达式。

$$\frac{V_n(s)}{V_{n+1}(s)} = \frac{aF'(h)}{s^2 + as + aF'(h)} \tag{9-10}$$

所以，得到跟驰系统的传递函数 $\Phi(s)$

$$\Phi(s) = \frac{aF'(h)}{s^2 + as + aF'(h)} \tag{9-11}$$

根据单位反馈控制系统的原理，画出跟驰系统反馈框图，如图 9-2 所示，同时得到系统的开环传递函数，如式（9-12）所示。

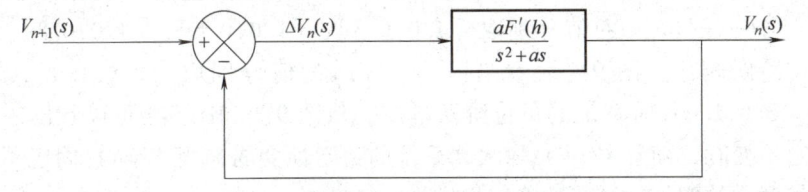

图 9-2 基于最优速度模型的跟驰系统反馈框图

$$G(s) = \frac{aF'(h)}{s^2 + as} \tag{9-12}$$

传递函数 $\Phi(s)$ 的特征多项式 $d(s)$ 为

$$d(s) = s^2 + as + aF'(h) \tag{9-13}$$

9.3.2 稳定性分析

根据经典控制理论可知，如果特征多项式 $d(s)$ 的根都位于相平面的左半部分，且 $\|\Phi^*(j\omega)\|_\infty < 1$，则交通流系统是稳定的。具体的分析过程如下：

首先，根据经典控制理论中的稳定性条件，如果特征多项式 $d(s)$ 满足如下不等式，则控制系统稳定，即

$$\begin{cases} a>0 \\ aF'(h)>0 \end{cases} \quad (9\text{-}14)$$

这里的 $a>0$,$aF'(h)>0$,所以上面的不等式肯定是成立的。

其次，根据小增益定理，考虑 $\|\Phi^*(j\omega)\|_\infty <1$，即

$$\|\Phi^*(j\omega)\|_\infty = \sup_{\omega\in[0,+\infty)}|\Phi^*(j\omega)|<1$$

得

$$\sup_{\omega\in[0,+\infty)}\sqrt{\frac{a^2F'(h)^2}{(aF'(h)-\omega^2)^2+a^2\omega^2}}<1 \quad (9\text{-}15)$$

从上面的不等式得出

$$\inf_{\omega\in[0,+\infty)}\sqrt{\omega^4-2aF'(h)\omega^2+a^2\omega^2}>0 \quad (9\text{-}16)$$

进而

$$-2aF'(h)+a^2>0 \quad (9\text{-}17)$$

即

$$F'(h)<\frac{a}{2} \quad (9\text{-}18)$$

综上所述，得到交通流系统的稳定性条件为

$$\begin{cases} a>0 \\ 0<F'(h)<\dfrac{a}{2} \end{cases} \quad (9\text{-}19)$$

9.3.3 时域和频域分析

系统的稳定性可以通过施加单位阶跃信号，观测其时域响应曲线来判断稳定状态变化。图 9-3 表示了当 $[a,F'(h)]$ 的值分别取 $[1.0,0.3]$，$[1.0,0.5]$，$[1.0,0.8]$，$[1.0,1.0]$ 时系统的单位阶跃响应，图 9-4 表示当 $[a,F'(h)]$ 的值分别取 $[0.8,1.0]$，$[1.2,1.0]$，$[2.0,1.0]$，$[3.0,1.0]$ 时系统的单位阶跃响应。从图 9-3 和图 9-4 可以看出，当驾驶人的灵敏度 a 固定不变时，随着 $F'(h)$ 增大，系统的稳定性变弱；当 $F'(h)$ 固定不变时，随着驾驶人的灵敏度 a 的增加，系统的稳定性增强。

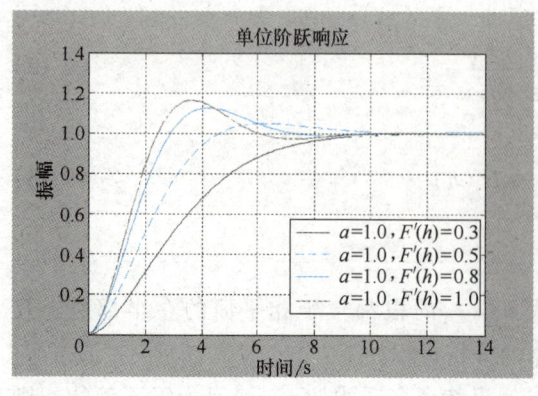

图 9-3 不同的 $[a,F'(h)]$ 值所对应的跟驰系统单位阶跃响应一

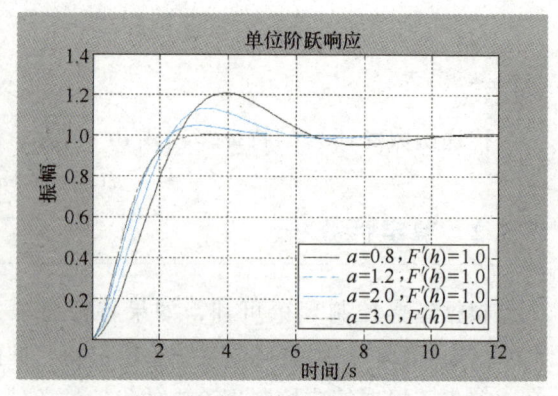

图 9-4 不同的 $[a,F'(h)]$ 值所对应的跟驰系统单位阶跃响应二

9.4 速度反馈控制策略

9.4.1 速度反馈模型

将输出量的速度信号反馈到系统的输入端，并与误差信号比较，可以增大系统的有效阻尼比，改善系统的动态性能。从经典的反馈控制理论可以看出，如果在系统中引入速度反馈补偿项，系统的性能会得到明显的改善。因此，在跟驰控制系统中使用速度反馈控制策略，速度反馈框图如图 9-5 所示，得到改进系统的开环传递函数 $G^*(s)$ 和闭环传递函数 $\Phi^*(s)$，为了简单起见，令 $F'(h)=\Omega$，则

$$G^*(s)=\frac{a\Omega}{s(s+a+a\Omega k_f)} \tag{9-20}$$

$$\Phi^*(s)=\frac{a\Omega}{s^2+(a+a\Omega k_f)s+a\Omega} \tag{9-21}$$

式中，k_f 为速度反馈的反馈系数。

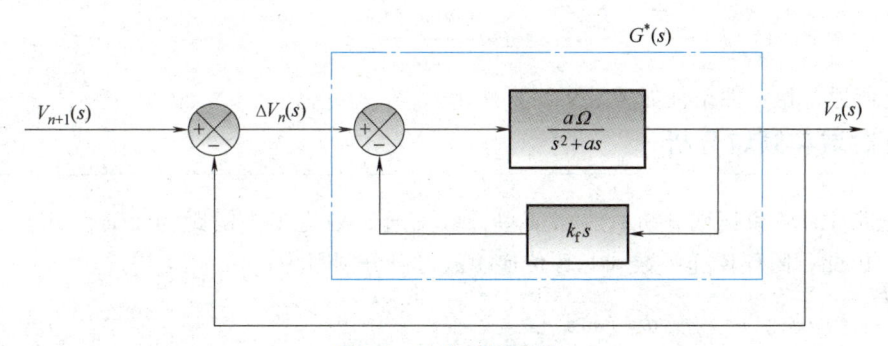

图 9-5 速度反馈框图

9.4.2 稳定性分析

同样，对改进后的模型进行稳定性分析。根据前面的稳定性分析原理，如果传递函数的特征多项式的根都位于相平面的左半部分，且 $\|\Phi^*(j\omega)\|_\infty<1$，则交通流系统是稳定的。先给出稳定性条件，再给出证明过程。为了简单起见，令 $k_f=\dfrac{\lambda_f}{a\Omega}$，则传递函数可以改写为

$$\Phi^*(s)=\frac{a\Omega}{s^2+(a+\lambda_f)s+a\Omega} \tag{9-22}$$

如果满足下列条件，则交通流系统稳定，即

$$\begin{cases} a>0 \\ 0<\Omega<\dfrac{(a+\lambda_f)^2}{2a} \end{cases} \tag{9-23}$$

式中，λ_f 是为了简化公式引入的系数。

首先，根据控制理论的劳斯稳定性判据，如果特征多项式 $d(s)=s^2+(a+\lambda_f)s+a\Omega$ 满足下列不等式，则系统稳定，即

$$\begin{cases} a\Omega>0 \\ a+\lambda_f>0 \end{cases} \tag{9-24}$$

因为，$a>0$，$\Omega>0$，$\lambda_f>0$ 一定成立，所以上述不等式成立。

其次，根据小增益定理，考虑 $\|\Phi^*(j\omega)\|_\infty <1$，即

$$\|\Phi^*(j\omega)\|_\infty = \sup_{\omega\in[0,+\infty)} |\Phi^*(j\omega)| < 1$$

得

$$\sup_{\omega\in[0,+\infty)} \sqrt{\frac{a^2\Omega^2}{(a\Omega-\omega^2)^2+(a+\lambda_f)^2\omega^2}} < 1 \tag{9-25}$$

从上面的不等式可以得出

$$\inf_{\omega\in[0,+\infty)} \sqrt{\omega^4+(a+\lambda_f)^2\omega^2-2a\Omega\omega^2} > 0 \tag{9-26}$$

进而

$$(a+\lambda_f)^2 - 2a\Omega > 0 \tag{9-27}$$

即

$$\Omega < \frac{(a+\lambda_f)^2}{2a} \tag{9-28}$$

综上所述，稳定性条件如式（9-23）所示。

9.4.3 时域和频域分析

首先进行时域和频域分析。为了简单，取交通流平均车头间距为 17m，灵敏度系数为 0.85s^{-1}。因此，闭环传递函数和开环传递函数可以分别写为

$$\Phi^*(s) = \frac{0.85}{s^2+0.85(1+1.028k_f)s+0.85} \tag{9-29}$$

$$G^*(s) = \frac{0.85}{s^2+0.85(1+1.028k_f)s} \tag{9-30}$$

取不同的速度反馈系数 k_f，可以得到系统的单位阶跃响应和伯德图，如图 9-6 和图 9-7

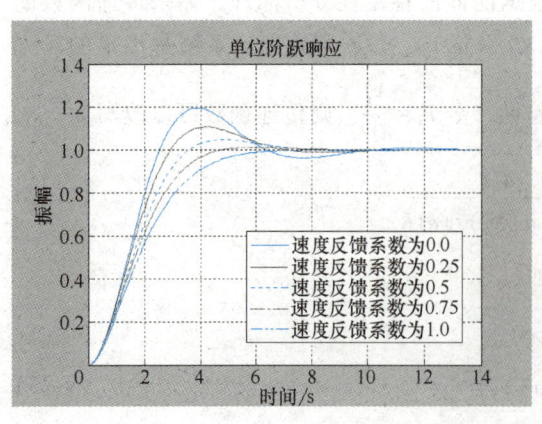

图 9-6 运用速度反馈控制策略改进交通流系统的单位阶跃响应

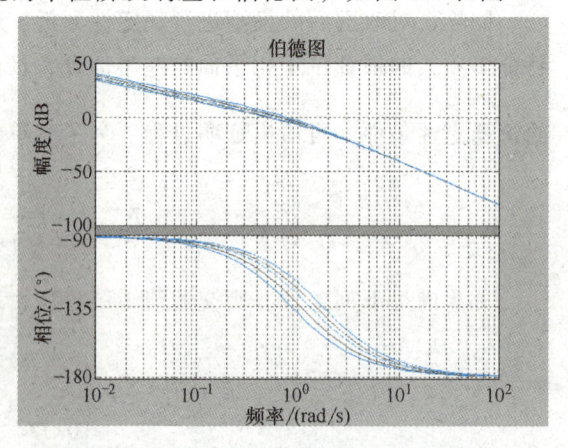

图 9-7 运用速度反馈控制策略改进交通流系统的伯德图（线型示例同图 9-6 所示）

所示。图 9-6 为改进交通流系统的单位阶跃响应,从图中可以发现系统的超调量随着速度反馈系数的增大而减小,这说明随着速度反馈系数的增大系统变得更加稳定。图 9-7 为改进交通流系统的伯德图,从图中可以看到,速度反馈系数 0.0、0.25、0.5、0.75、1.0 分别对应系统的相位裕度分别为 48.6、57.8、65、70.5、74.6,随着速度反馈系数的增大,相位裕度也逐渐增大,根据控制理论中频域分析的基本原理,相位裕度越大,稳定性越强。因此,得出结论:交通流跟驰控制系统的稳定性随着速度反馈系数的增大而逐渐增强。

9.4.4 仿真分析

本小节通过数值仿真试验来验证速度反馈控制策略对交通流的影响。选择式(9-2)作为最优速度函数,将式(9-21)进行拉普拉斯反变换,可以得到改进后的最优速度模型,即

$$\ddot{x}_n(t) = a(F(\Delta x_n(t)) - \dot{x}_n(t)) - \lambda_f(\dot{x}_n(t) - F(h)) \tag{9-31}$$

假设总共有 $N=100$ 辆车均匀分布在长 $L=1700$m 的道路上,没有超车和变道情况,设第 N 辆车为头车,则在周期性边界条件下,第 $N+1$ 辆车为第一辆车。平均车头间距为 $L/N=17$m。仿真持续时间为 199000 个时间步长,每个时间步长为 0.1s。在仿真开始时,将一个小扰动 $\Delta=0.5$ 加入交通流系统中,则

$$x[50][0] = x[49][0] + L/N - \Delta, \quad x[51][0] = x[50][0] + L/N + \Delta \tag{9-32}$$

仿真结果如图 9-8 和图 9-9 所示,图 9-8 表示在 19000s 时的车头间距密度波时空变换,图 9-9 表示在 19000s 时的速度密度波时空变换。从图中可以看出,随着速度反馈系数的不断增大,密度波的振幅不断减小,说明交通流越稳定。仿真结果与稳定性分析结果一致。

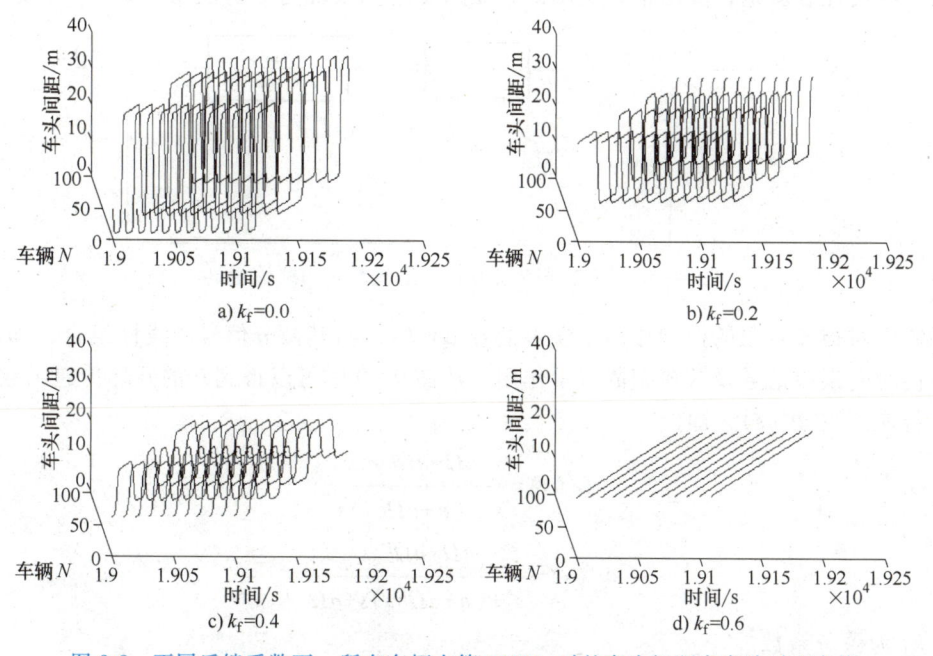

图 9-8 不同反馈系数下,所有车辆在第 19000s 时的车头间距密度波时空变换

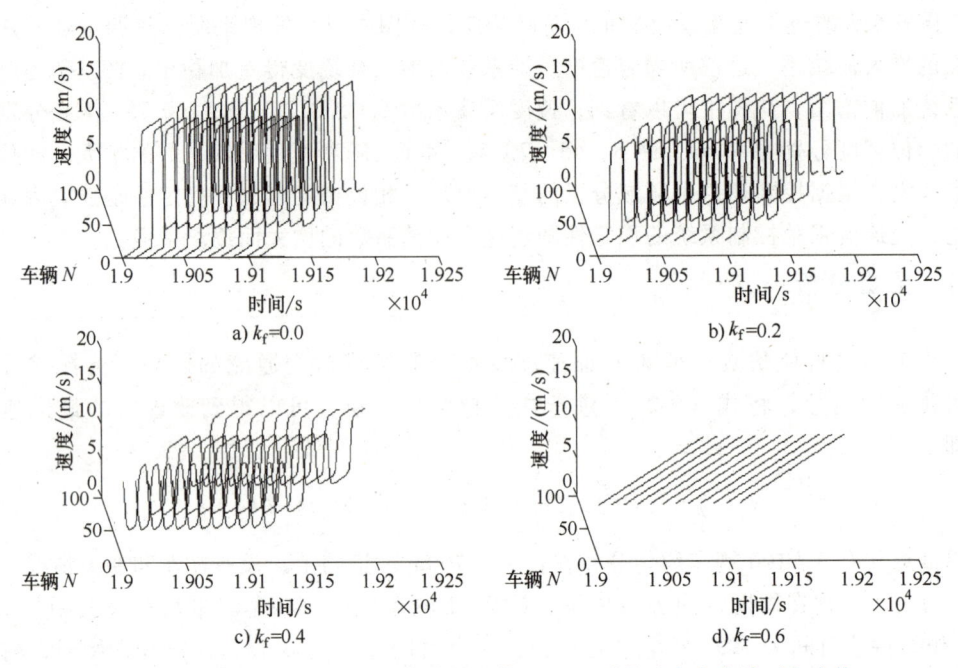

图 9-9　不同反馈系数下，所有车辆在第 19000s 时的速度密度波时空变换

9.5　比例微分控制策略

9.5.1　比例微分模型

根据经典控制理论，画出带有比例微分项的交通流系统的结构框图，如图 9-10 所示。

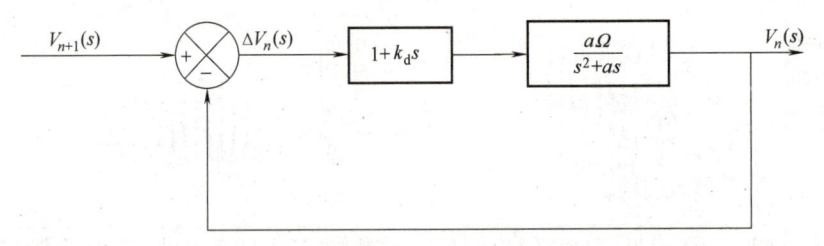

图 9-10　带有比例微分项的交通流系统的结构框图

系统中对被控对象的控制作用是误差信号 $\Delta V_n(s)$ 与其微分信号的线性组合，即系统的输出量同时受误差信号及其速率的双重作用。从图 9-10 中可以得到新的开环传递函数 $G'(s)$ 和闭环传递函数 $\Phi'(s)$，即

$$G'(s) = \frac{a\Omega + a\Omega k_d s}{s^2 + (a + a\Omega k_d)s} \tag{9-33}$$

$$\Phi'(s) = \frac{a\Omega + a\Omega k_d s}{s^2 + (a + a\Omega k_d)s + a\Omega} \tag{9-34}$$

式中，k_d 为微分系数。

为了简单起见，令 $k_d = \dfrac{\lambda_d}{a\Omega}$，则传递函数可以写为

$$G'(s) = \dfrac{a\Omega + \lambda_d s}{s^2 + (a+\lambda_d)s} \tag{9-35}$$

$$\Phi'(s) = \dfrac{a\Omega + \lambda_d s}{s^2 + (a+\lambda_d)s + a\Omega} \tag{9-36}$$

式中，λ_d 是为了简化公式引入的系数。

9.5.2 稳定性分析

同样，对改进后的系统进行稳定性分析，与速度反馈控制策略相同，先提出稳定性条件，再给出证明过程。系统的稳定性条件为

$$\begin{cases} a>0 \\ 0<\Omega<\dfrac{a}{2}+\lambda_d \end{cases} \tag{9-37}$$

首先，根据控制理论中的劳斯稳定性判据，特征多项式 $d(s) = s^2 + (a+\lambda_d)s + a\Omega$ 的系数需要满足如下不等式，即

$$\begin{cases} a\Omega>0 \\ a+\lambda_d>0 \end{cases} \tag{9-38}$$

因为 $a>0$，$\Omega>0$，$\lambda_d>0$ 一定成立，因此上述不等式成立。

其次，根据小增益定理 $\|\Phi'(j\omega)\|_\infty < 1$，即

$$\|\Phi'(j\omega)\|_\infty = \sup_{\omega \in [0,+\infty)} |\Phi'(j\omega)| < 1$$

得

$$\sup_{\omega \in [0,+\infty)} \sqrt{\dfrac{a^2\Omega^2 + \lambda_d^2 \omega^2}{(a\Omega-\omega^2)^2 + (a+\lambda_d)^2 \omega^2}} < 1$$

进而

$$\inf_{\omega \in [0,+\infty)} \sqrt{\omega^4 - 2a\Omega\omega^2 + a^2\omega^2 + 2a\lambda_d\omega^2} > 0$$

则

$$a^2 - 2a\Omega + 2a\lambda_d > 0 \tag{9-39}$$

即

$$\Omega < \dfrac{a}{2} + \lambda_d \tag{9-40}$$

所以，综上所述，改进后系统的稳定性条件如式（9-37）所示。

9.5.3 时域和频域分析

首先进行时域和频域分析，取交通流平均车头间距为 17m，灵敏度系数为 0.85s^{-1}，因此，闭环传递函数和开环传递函数可以分别写为

$$\Phi'(s)=\frac{0.85+\lambda_{d}s}{s^{2}+(0.85+\lambda_{d})s+0.85} \tag{9-41}$$

$$G'(s)=\frac{0.85+\lambda_{d}s}{s^{2}+(0.85+\lambda_{d})s} \tag{9-42}$$

取不同的微分系数 λ_d，得到系统的单位阶跃响应和伯德图，如图 9-11 和图 9-12 所示，图 9-11 为改进交通流系统的单位阶跃响应，从图中可以发现系统的超调量随着微分系数的增大而减小，这说明随着微分系数的增大系统变得更加稳定。图 9-12 为改进交通流系统的伯德图，从图中看到，微分系数 0.1、0.2、0.3、0.5 分别对应系统的相位裕度分别为 57.8、66.0、73.2、85.4，随着微分系数的增大，相位裕度也逐渐增大，根据控制理论中频域分析的基本原理，相位裕度越大，稳定性越强。因此，得出结论：系统稳定性随着微分系数的增大而逐渐增强。

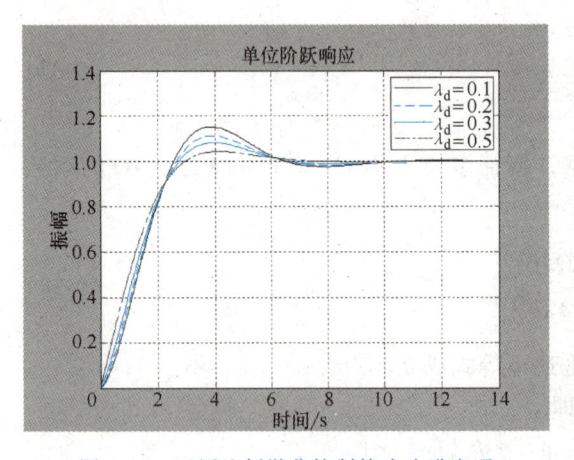

图 9-11 运用比例微分控制策略改进交通流系统的单位阶跃响应

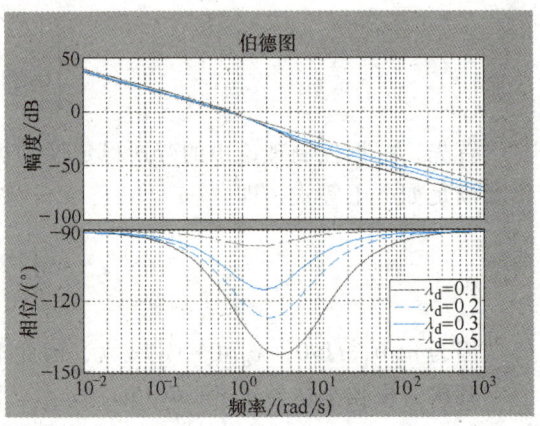

图 9-12 运用比例微分控制策略改进交通流系统的伯德图

9.5.4 仿真分析

本小节通过数值仿真试验验证比例微分控制策略对交通流的影响。选择式（9-2）作为最优速度函数，将式（9-36）进行拉普拉斯反变换，可以得到改进后的最优速度模型，即

$$\dddot{x}_{n}(t)=a(F(\Delta x_{n}(t))-\dot{x}_{n}(t))+\lambda_{d}\Delta v_{n}(t) \tag{9-43}$$

设置与速度反馈控制策略相同的仿真条件，即在周期性边界条件下，假设总共有 $N=100$ 辆车均匀分布在长 $L=1700\text{m}$ 的道路上，第 $N+1$ 辆车为第一辆车，平均车头间距为 $L/N=17\text{m}$。仿真结果如图 9-13 和图 9-14 所示，图 9-13 表示在 19000s 时的车头间距密度波时空变换，图 9-14 表示在 19000s 时的速度密度波时空变换，从图中可以看出，随着微分系数的不断增大，密度波的振幅不断减小，说明交通流越稳定，仿真结果与稳定性分析结果一致。

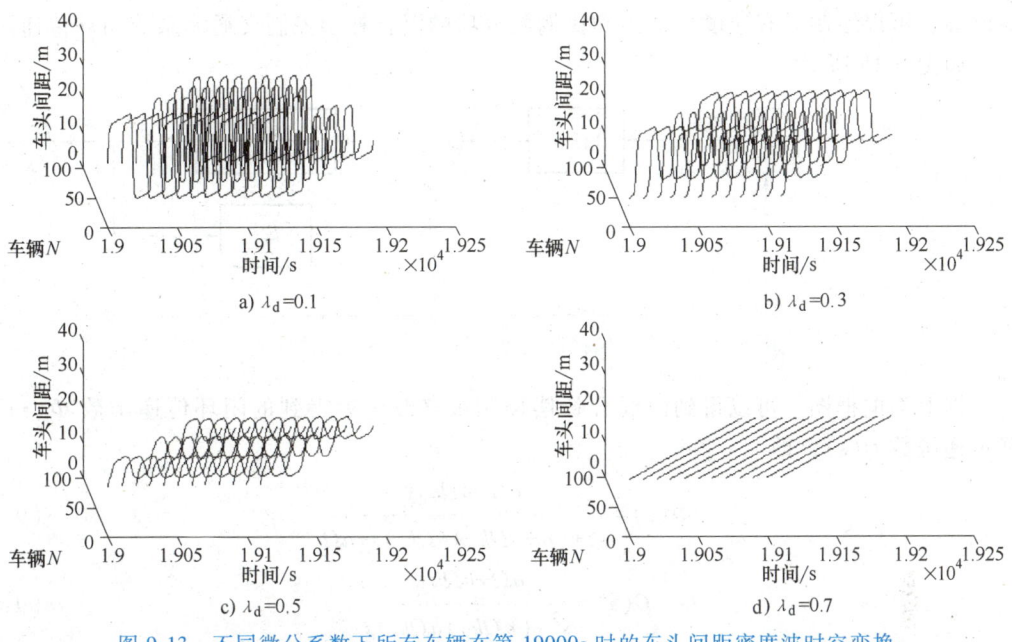

图 9-13 不同微分系数下所有车辆在第 19000s 时的车头间距密度波时空变换

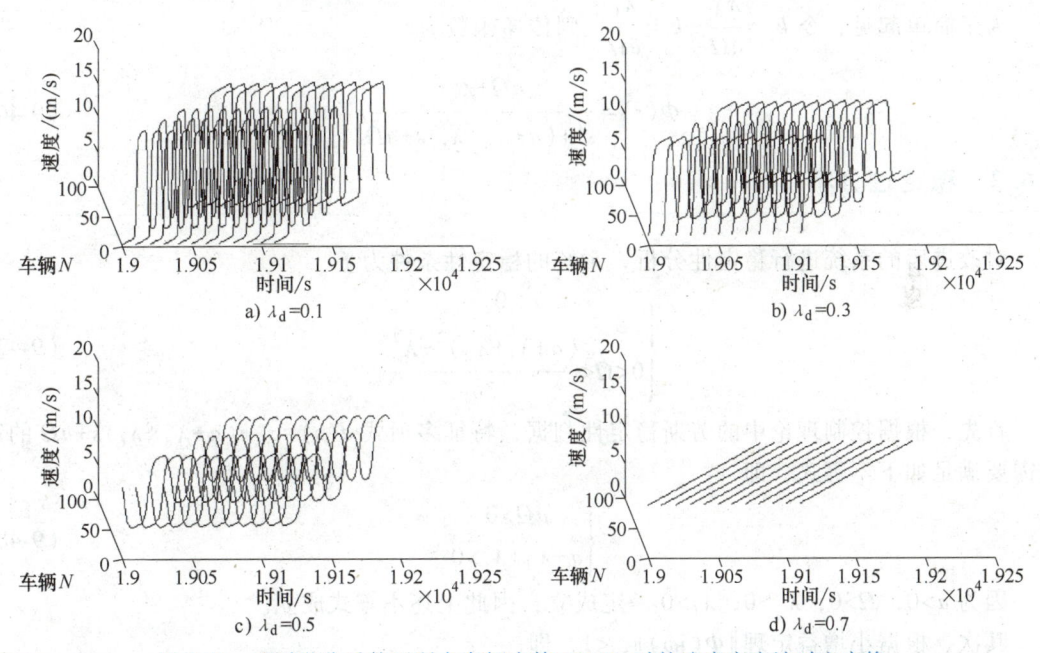

图 9-14 不同微分系数下所有车辆在第 19000s 时的速度密度波时空变换

9.6 混合补偿控制策略

9.6.1 混合补偿模型

根据经典的反馈控制理论,如果在系统中引入速度反馈和串级补偿项,系统性能将得到明显改善。可以绘制具有速度反馈项和比例微分项的混合补偿控制交通流系统闭环传递函数框图，如图 9-15 所示。

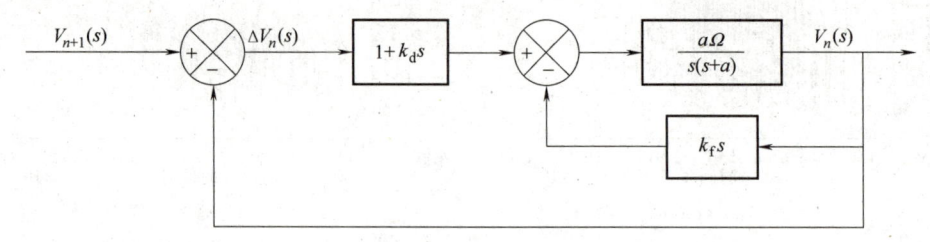

图 9-15　混合补偿控制交通流系统闭环传递函数框图

根据上面的框图，可以得到由混合补偿控制策略改进后得到的闭环传递函数 $\Phi(s)$ 和开环传递函数 $G(s)$，即

$$\Phi(s) = \frac{a\Omega + a\Omega k_\mathrm{d} s}{s^2 + (a + a\Omega k_\mathrm{d} + a\Omega k_\mathrm{f})s + a\Omega} \tag{9-44}$$

$$G(s) = \frac{a\Omega + a\Omega k_\mathrm{d} s}{s^2 + (a\Omega k_\mathrm{d} + a\Omega k_\mathrm{f})s} \tag{9-45}$$

为了简单起见，令 $k_\mathrm{d} = \dfrac{\lambda_\mathrm{d}}{a\Omega}$，$k_\mathrm{f} = \dfrac{\lambda_\mathrm{f}}{a\Omega}$，则传递函数为

$$\Phi(s) = \frac{a\Omega + \lambda_\mathrm{d} s}{s^2 + (a + \lambda_\mathrm{d} + \lambda_\mathrm{f})s + a\Omega} \tag{9-46}$$

9.6.2　稳定性分析

对改进后的系统进行稳定性分析，系统的稳定性条件为

$$\begin{cases} a > 0 \\ 0 < \Omega < \dfrac{(a + \lambda_\mathrm{f} + \lambda_\mathrm{d})^2 - \lambda_\mathrm{d}^2}{2a} \end{cases} \tag{9-47}$$

首先，根据控制理论中的劳斯稳定性判据，特征多项式 $d(s) = s^2 + (a + \lambda_\mathrm{d} + \lambda_\mathrm{f})s + a\Omega$ 的系数需要满足如下不等式，即

$$\begin{cases} a\Omega > 0 \\ a + \lambda_\mathrm{d} + \lambda_\mathrm{f} > 0 \end{cases} \tag{9-48}$$

因为 $a > 0$，$\Omega > 0$，$\lambda_\mathrm{d} > 0$，$\lambda_\mathrm{f} > 0$ 一定成立，因此上述不等式成立。

其次，根据小增益定理 $\|\Phi(\mathrm{j}\omega)\|_\infty < 1$，即

$$\|\Phi(\mathrm{j}\omega)\|_\infty = \sup_{\omega \in [0, +\infty)} |\Phi(\mathrm{j}\omega)| < 1$$

得

$$\sup_{\omega \in [0, +\infty)} \sqrt{\frac{a^2\Omega^2 + \lambda_\mathrm{d}^2 \omega^2}{(a\Omega - \omega^2)^2 + (a + \lambda_\mathrm{d} + \lambda_\mathrm{f})^2 \omega^2}} < 1$$

进而

$$\inf_{\omega \in [0, +\infty)} \sqrt{\omega^4 - 2a\Omega\omega^2 + (a + \lambda_\mathrm{d} + \lambda_\mathrm{f})^2 \omega^2 - \lambda_\mathrm{d}^2 \omega^2} > 0$$

则

$$(a + \lambda_\mathrm{d} + \lambda_\mathrm{f})^2 - 2a\Omega - \lambda_\mathrm{d}^2 > 0 \tag{9-49}$$

即

$$\Omega < \frac{(a+\lambda_d+\lambda_f)^2-\lambda_d^2}{2a} \tag{9-50}$$

所以，综上所述，改进后系统的稳定性条件如式（9-47）所示。

9.6.3 时域和频域分析

取交通流平均车头间距为 17m，灵敏度系数为 $0.85\mathrm{s}^{-1}$，因此，闭环传递函数和开环传递函数可以分别写为

$$\Phi(s)=\frac{0.85+\lambda_d s}{s^2+(0.85+\lambda_d+\lambda_f)s+0.85} \tag{9-51}$$

$$G(s)=\frac{0.85+\lambda_d s}{s^2+(0.85+\lambda_d+\lambda_f)s} \tag{9-52}$$

取不同的系数 λ_d、λ_f，可以得到系统的单位阶跃响应和伯德图，如图 9-16 和图 9-17 所示。图 9-16 为改进交通流系统的单位阶跃响应，从图中可以发现系统的超调量随着混合补偿系数的增大而减小，说明随着混合补偿系数的增大系统变得更加稳定。图 9-17 为改进交通流系统的伯德图，从图中可以看到，混合系数（$\lambda_d=\lambda_f$）为 0.1、0.2、0.3、0.4 分别对应系统的相位裕度分别为 61.6、72.0、80.1、86.3，随着混合系数的增大，相位裕度也逐渐增大，根据控制理论中频域分析的基本原理，相位裕度越大，稳定性越强。因此，得出结论：系统的稳定性随着混合系数的增大而逐渐增强。

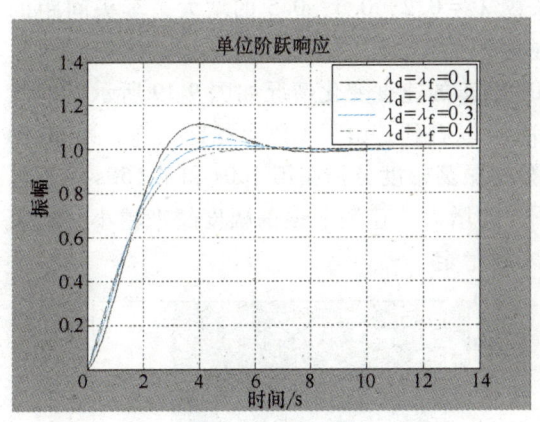

图 9-16 运用混合补偿控制策略改进交通流系统的单位阶跃响应

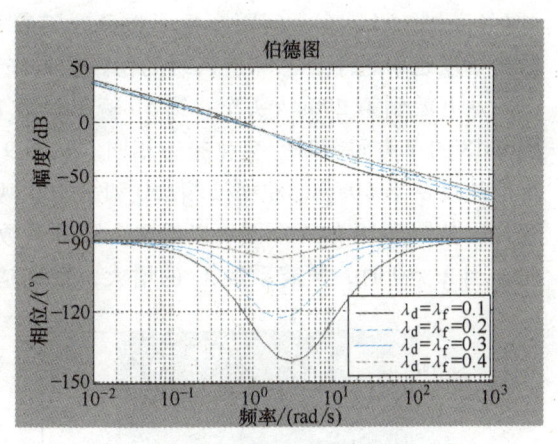

图 9-17 运用混合补偿控制策略改进交通流系统的伯德图

9.6.4 仿真分析

通过数值仿真试验来验证混合补偿控制策略对交通流的影响。选择式（9-2）作为最优速度函数，将式（9-46）进行拉普拉斯反变换，得到改进后的最优速度模型，即

$$\ddot{x}_n(t)=a(F(\Delta x_n(t))-\dot{x}_n(t))+\lambda_d \Delta v_n(t)-\lambda_f(v_n(t)-F(h)) \tag{9-53}$$

在混合补偿控制策略里，重新设置一个开放边界条件下的仿真试验来综合比较速度反

馈、比例微分和混合补偿 3 种控制策略的控制效果。

初始模拟设置为 $N=100$ 辆汽车在无限长的道路上行驶而不超车。第 100 辆车领先，第 99 到第 1 辆车依次跟进。模拟时间步长为 $\Delta t=0.01\mathrm{s}$，灵敏度 $a=1\mathrm{s}^{-1}$。车辆的初始恒定速度是 $v_0=0.94\mathrm{m/s}$。最优速度函数为

$$F(\Delta x_n)=\tanh(\Delta x_n-2)+\tanh(2) \tag{9-54}$$

仿真将在两种情况下进行。第一种是头车以恒定速度 v_0 的较小的速度偏差运行，其他车辆连续跟随足够长的时间。第二种是头车在开始时以恒定速度 v_0 运行，然后减速到两次低速，然后正常行驶足够长的时间。这两种模拟是在 3 种情况下进行的，它们对应于具有 3 种值的混合补偿系数：

$$\begin{cases} \lambda_f=0.1,0.2,0.3,0.5, \lambda_d=0 \\ \lambda_f=0, \lambda_d=0.1,0.2,0.3,0.5; \\ \lambda_f=\lambda_d=0.1,0.15,0.2,0.3 \end{cases} \tag{9-55}$$

1. 仿真 1

设置头车的速度为 $v_0(t)=v_0+\delta\sin(\omega t)$，其中 $\delta=0.05$，$\omega=0.05$。仿真时长为 300s，足以使系统达到稳定状态。

(1) 仿真 1.1

采用速度反馈控制策略，在 $\lambda_d=0$，$\lambda_f=0.1$，0.2，0.3，0.5 条件下进行仿真试验。图 9-18 为跟随车与头车的车头间距的时空变化情况。从图 9-18 的 4 种模式中可以发现，由于头车的速度偏差 $\delta\sin(\omega t)$，跟随车与头车的车头间距产生了振荡，当 $\lambda_f=0.1$ 时，由于 $\|\Phi'(j\omega)\|_\infty>1$，车头间距产生了振荡，随着系数 $\lambda_f=0.2$，0.3，0.5 的增大，车头间距的振荡幅度越来越小，意味着系统的稳定性越来越好。

从开始到第 200s，头车、第 50 辆车和第 100 辆车的速度变化情况如图 9-19 所示，这与图 9-18 的车头间距时空变化趋势相同。从图 9-19 可以看到，由于不满足稳定条件，第 50 辆车的速度从第 50s 开始振荡。第 50 和第 100 辆车的振荡幅度分别在第 100s 和第 150s 后不再变化。从图 9-19 的 4 个图可以看出，随着系数 λ_f 的增大，速度的振荡幅度越来越小。这表明，当 $\lambda_d=0$ 时，随着系数 λ_f 的增大，系统越来越稳定。

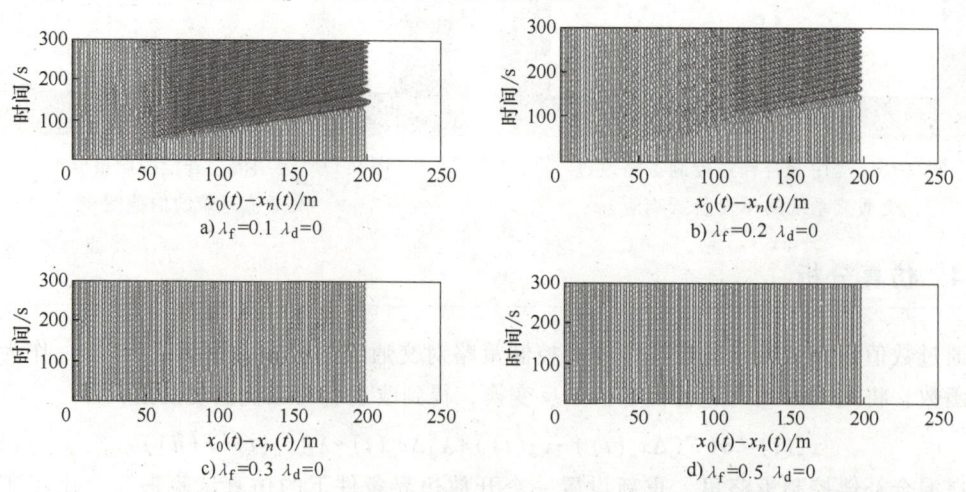

图 9-18 跟随车与头车的车头间距的时空变化情况

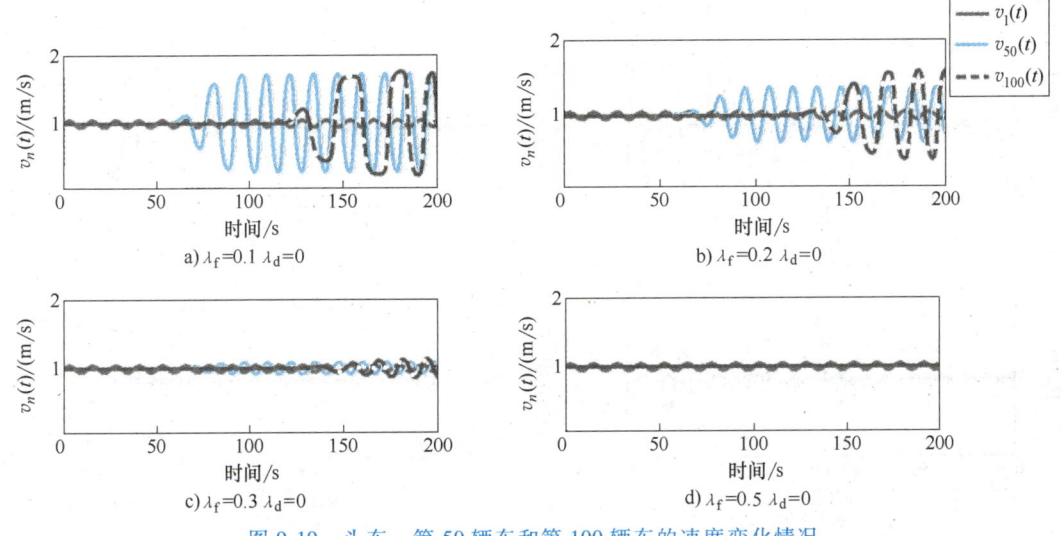

图 9-19 头车、第 50 辆车和第 100 辆车的速度变化情况

（2）仿真 1.2

采用比例微分控制策略，在 $\lambda_d = 0.1, 0.2, 0.3, 0.5$，$\lambda_f = 0$ 条件下进行仿真试验。图 9-20 为跟随车与头车的车头间距的时空变化情况。同样，当 $\lambda_f = 0$ 时，随着系数 λ_d 的增大，跟随车与车头间距的振荡幅度与仿真 1.1 有相同的变化趋势，即振荡幅度随着系数的增大而减小。图 9-21 为从开始到第 200s，头车、第 50 辆车和第 100 辆车的速度变化情况。同样，当 $\lambda_f = 0$ 时，随着系数 λ_d 的增大，速度的振荡幅度越来越小。所以，可以得出结论，当 $\lambda_f = 0$ 时，随着系数 λ_d 的增大，系统的稳定性越来越好。

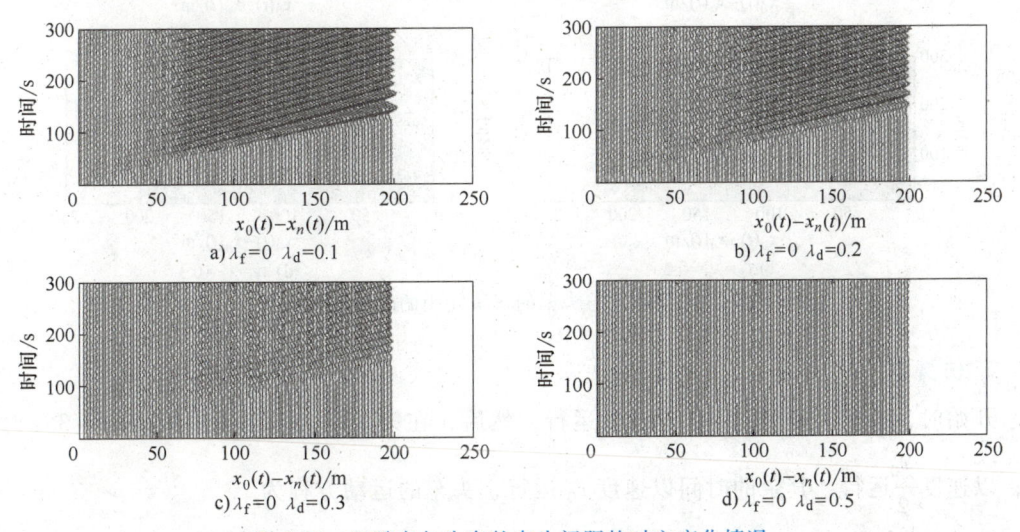

图 9-20 跟随车与头车的车头间距的时空变化情况

（3）仿真 1.3

采用混合补偿控制策略，在 $\lambda_d = \lambda_f = 0.1, 0.15, 0.2, 0.3$ 条件下进行仿真试验。与上面两种仿真相同，当两个系数 λ_d、λ_f 同时取值 0.1、0.15、0.2、0.3 时，车头间距的 4 种模式的变化情况如图 9-22 所示，3 辆车的速度的 4 种模式变化情况如图 9-23 所示。同样，

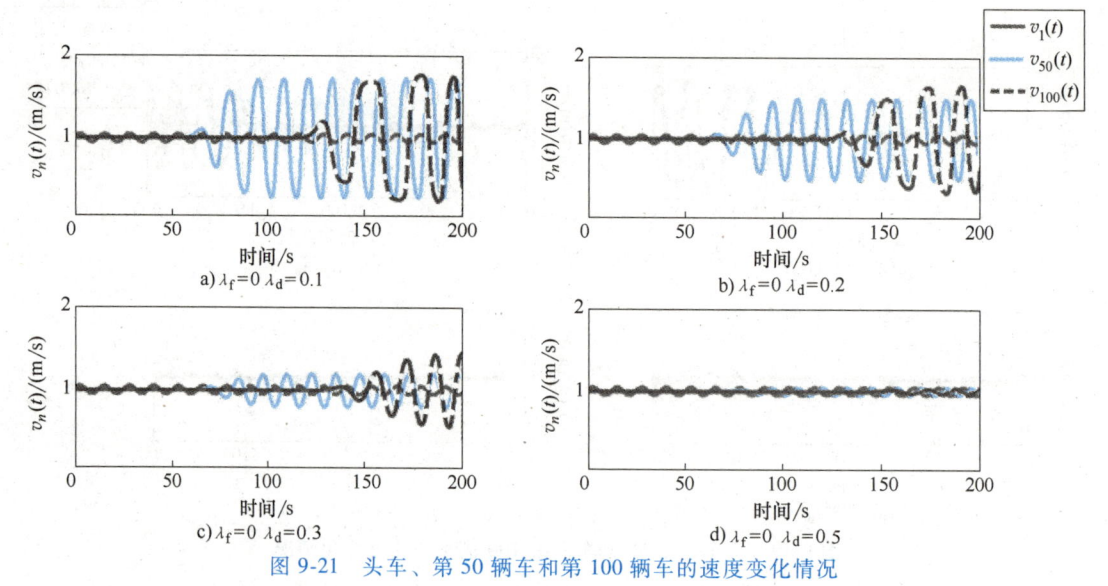

图 9-21 头车、第 50 辆车和第 100 辆车的速度变化情况

可以得出结论，随着系数 λ_d、λ_f 的增大，系统稳定性增强，并且，两种控制策略同时作用的控制效果比单一控制策略的效果更好。

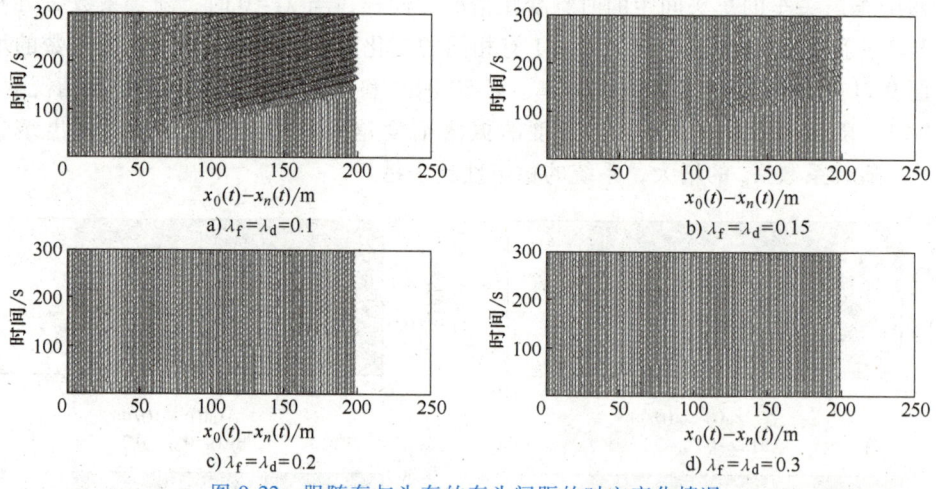

图 9-22 跟随车与头车的车头间距的时空变化情况

2. 仿真 2

开始时，头车以速度 $v_0 = 0.94\text{m/s}$ 运行，然后，在第 10~15s 时间内和第 30~35s 时间内，以速度 $\dfrac{v_0}{2}$ 运行，其余的时间以速度 v_0 运行，头车的运动方程为

$$v_0(t) = \begin{cases} \dfrac{v_0}{2}, & 10 \leqslant t \leqslant 15 \\ \dfrac{v_0}{2}, & 30 \leqslant t \leqslant 35 \\ v_0, & \text{其他时间} \end{cases} \tag{9-56}$$

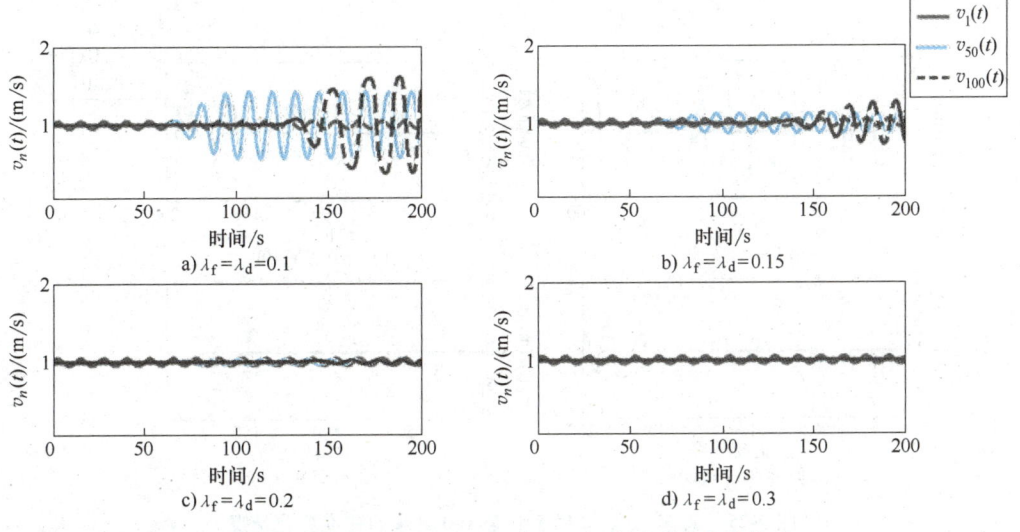

图 9-23 头车、第 50 辆车和第 100 辆车的速度变化情况

其他车辆依次跟随。仿真时间为 300s，足以使车辆达到稳定的运动状态。

（1）仿真 2.1

采用速度反馈控制策略，在 $\lambda_d = 0$，$\lambda_f = 0.1$，0.2，0.3，0.5 的条件下进行仿真试验。图 9-24 显示了从开始到 300s 的跟随车与头车的车头间距的时空变化情况。很容易发现，当 $\lambda_d = 0$ 时，随着 λ_f 的增加，车头间距的振荡幅度减小。此外，图 9-25 显示了头车、第 50 辆车和第 100 辆车的速度变化情况。显然，随着 λ_f 的增大，后面车辆的速度振荡幅度也减小。因此，与仿真 1.1 一样，本仿真验证了当 $\lambda_d = 0$ 时，随着 λ_f 的增大，车辆跟驰系统的稳定性增强。

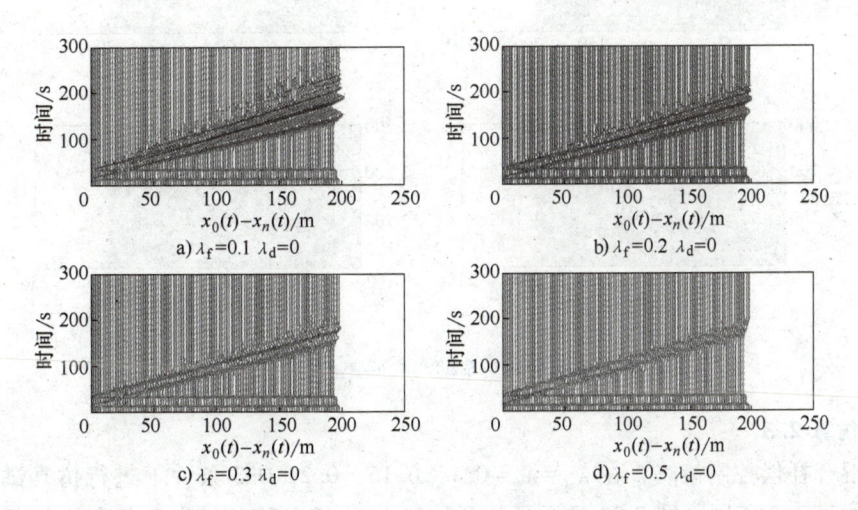

图 9-24 跟随车与头车的车头间距的时空变化情况

（2）仿真 2.2

采用比例微分控制策略，在 $\lambda_d = 0.1$，0.2，0.3，0.5，$\lambda_f = 0$ 的条件下进行仿真试验。

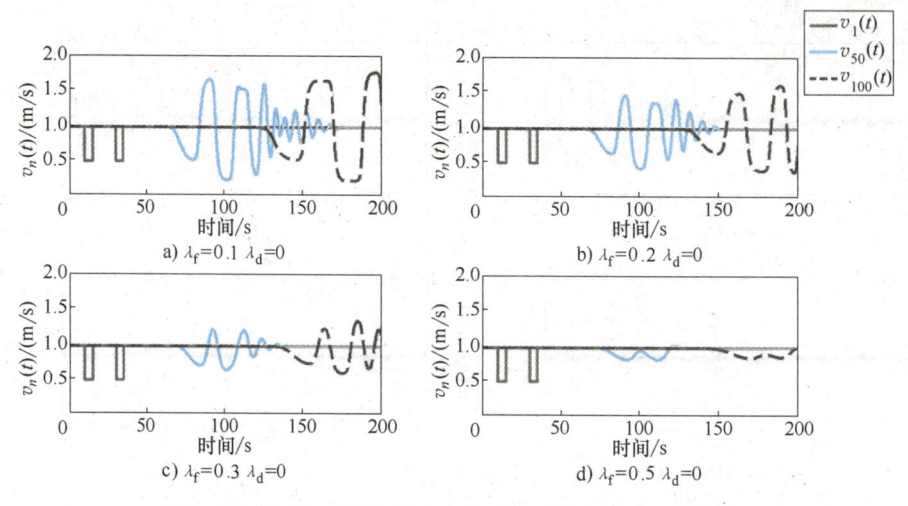

图 9-25 头车、第 50 辆车和第 100 辆车的速度变化情况

与仿真 2.1 一样，图 9-26 显示了从开始到 300s 的跟随车与头车的车头间距的时空变化情况。从该图可以看出，当 $\lambda_f = 0$ 时，随着 λ_d 的增加，车头间距的振荡幅度减小。同样，图 9-27 显示了头车、第 50 辆车和第 100 辆车的速度变化情况，随着 λ_d 的增加，3 辆车速度的振荡幅度减小。显然，跟驰车辆的速度振荡幅度随 λ_d 的增大而减小，因此当 $\lambda_f = 0$ 时，交通流系统稳定性随着 λ_d 的增大而增强。

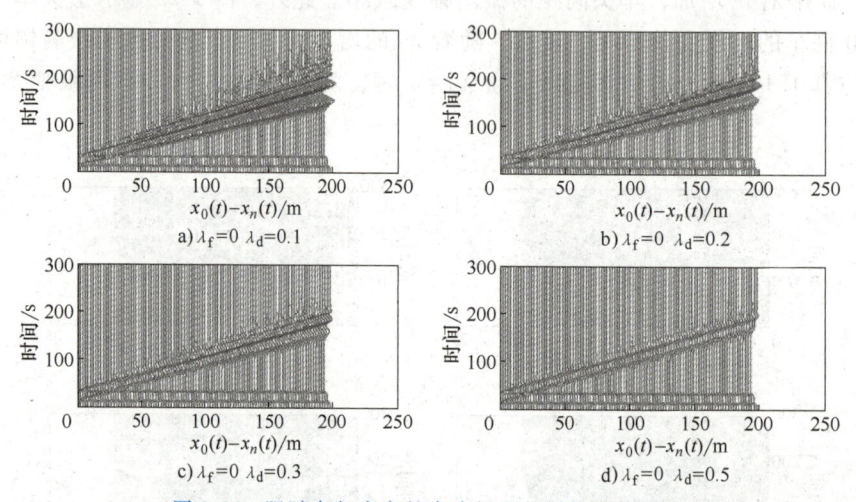

图 9-26 跟随车与头车的车头间距的时空变化情况

（3）仿真 2.3

采用混合补偿控制策略，在 $\lambda_d = \lambda_f = 0.1，0.15，0.2，0.3$ 条件下进行仿真试验。与仿真 2.1 和仿真 2.2 相同，图 9-28 显示了从开始到 300s 的跟随车与头车的车头间距的时空变化情况。从图中可以看出，当 λ_d 和 λ_f 同时增大时，车头间距的振荡幅度减小。图 9-29 给出了头车、第 50 辆车和第 100 辆车的速度变化情况。显然，随着 λ_d 和 λ_f 的增加，后面车辆的速度振荡幅度减小。因此，随着 λ_d 和 λ_f 的增大，跟驰系统的稳定性增强。

图 9-27　头车、第 50 辆车和第 100 辆车的速度变化情况

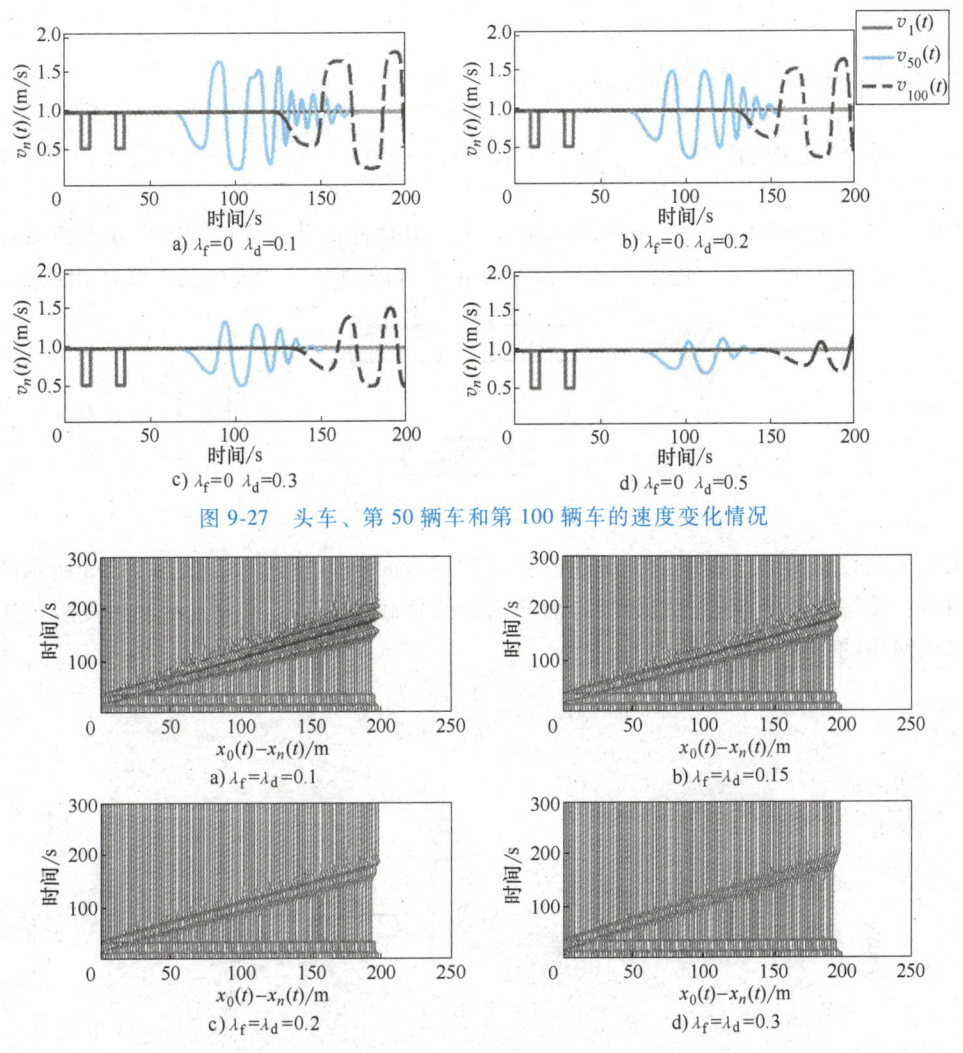

图 9-28　跟随车与头车的车头间距的时空变化情况

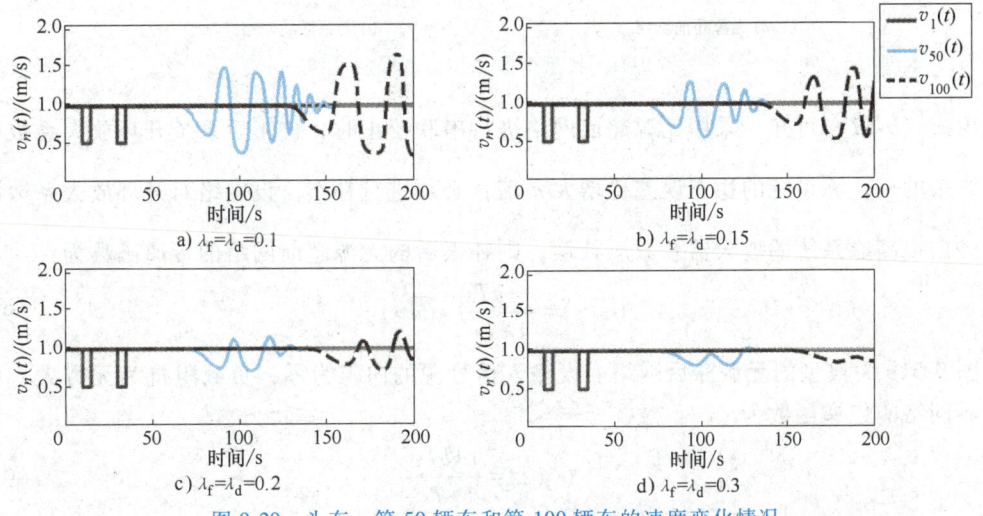

图 9-29　头车、第 50 辆车和第 100 辆车的速度变化情况

9.7 串联补偿控制策略

9.7.1 串联校正设计

校正装置在系统中的连接方式称为校正方式,串联校正是指校正装置串联在原系统的前向通道中,如图 9-30 所示。通常,为了减小校正装置的功率,一般将其串联在相加点之后。

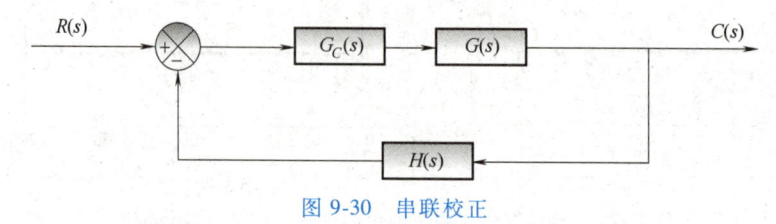

图 9-30 串联校正

采用无源校正网络,典型的无源超前和滞后网络如图 9-31 所示。如图 9-31a 所示的无源超前网络,设输入信号源的内阻为零,而输出端的负载抗阻为无穷大,则利用复阻抗法,可以写出该网络的传递函数,即

$$G_C(s) = \frac{1}{a} \cdot \frac{1+aTs}{1+Ts} \tag{9-57}$$

式中,$a = \dfrac{R_1+R_2}{R_2} > 1$;$T = \dfrac{R_1 R_2}{R_1+R_2} C$。

a) 无源超前网络   b) 无源滞后网络

图 9-31 典型的无源超前和滞后网络

由式(9-57)可知,采用无源超前网络进行串联校正时,校正后系统开环放大系数要下降到原来的 $\dfrac{1}{a}$,原系统的稳态误差要增大 a 倍,必须进行补偿。设网络对开环放大系数的衰减已经由提高原系统的放大器系数所补偿,则补偿后的无源超前网络的传递函数为

$$G_C(s) = \frac{1+aTs}{1+Ts} \quad (a>1) \tag{9-58}$$

图 9-31b 为典型的无源滞后网络。设输入信号源的内阻为零,负载阻抗为无穷大,则无源滞后网络的传递函数为

$$G_C(s) = \frac{1+bTs}{1+Ts} \tag{9-59}$$

式中，$b = \dfrac{R_2}{R_1+R_2} < 1$；$T = (R_1+R_2)C$。

在本书 9.1 节中，得到了交通流跟驰系统的负反馈控制结构框图。为了提高系统的稳定性，在车辆跟驰系统中设计了一个串联补偿器，如图 9-32 所示，串联补偿器的数学表达式 $G_C(s)$ 如式（9-60）所示。其中，$b>0$，$b \neq 1$，$T>0$。当 $b>1$ 时，即为串联超前校正；当 $0<b<1$ 时，即为串联滞后校正。

$$G_C(s) = \frac{1+bTs}{1+Ts} \tag{9-60}$$

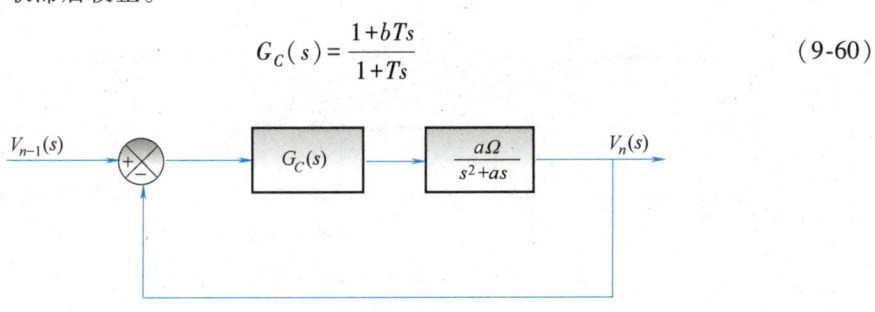

图 9-32 带有串联补偿器的跟驰控制系统结构框图

9.7.2 时域和频域分析

1. 频域分析

当 $b>1$ 时，为串联超前校正。选择校正系数为 $b>1$，$b = 2.0,4.0,6.0,8.0$，则根据校正系数与时间常数的关系，得出对应的时间常数为 $T = 0.23,0.14,0.1,0.081$。串联超前校正频域响应的伯德图如图 9-33 所示，当 $b=1.0$ 时，即为没有加入校正装置。从图中可以看到，随着超前校正系数增大，相位裕度从 19 增大到 61。由于相位超前补偿，相位裕度被放大。从频域的角度来看，在相位超前补偿策略下，相位裕度增大，系统的稳定性增强。

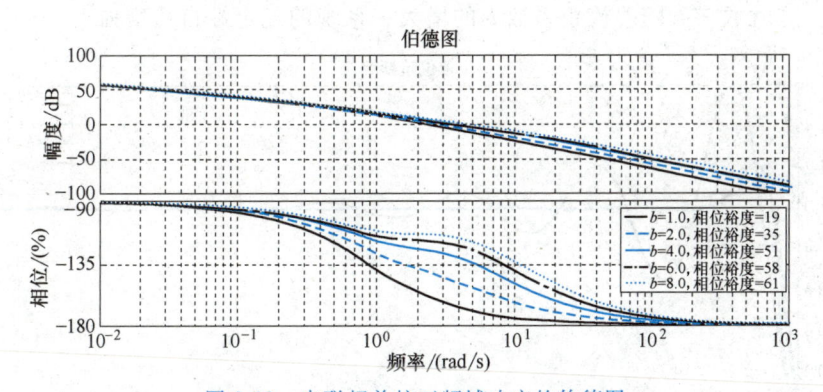

图 9-33 串联超前校正频域响应的伯德图

当 $0<b<1$ 时，为串联滞后校正。选择校正系数为 $0<b<1$，$b = 0.2,0.4,0.6,0.8$，则根据校正系数与时间常数的关系，得出对应的时间常数为 $T = 31.6,15.8,10.6,7.9$。串联滞后校正频域响应的伯德图如图 9-34 所示，图中校正系数 $b = 1.0,0.2,0.4,0.6,0.8$ 对应的频域响应的相位裕度分别为 19，36，33，27，21，当 $b=1.0$ 时，即为没有加入校正装置，引入滞后补偿后，相位裕度增大，系统稳定性增强。引入滞后补偿后，由于相位滞后补

偿参数 b 减小，相位裕度也从 21 增大到 36。在相位滞后补偿策略下，随着参数 b 的减小，系统的稳定性增强。

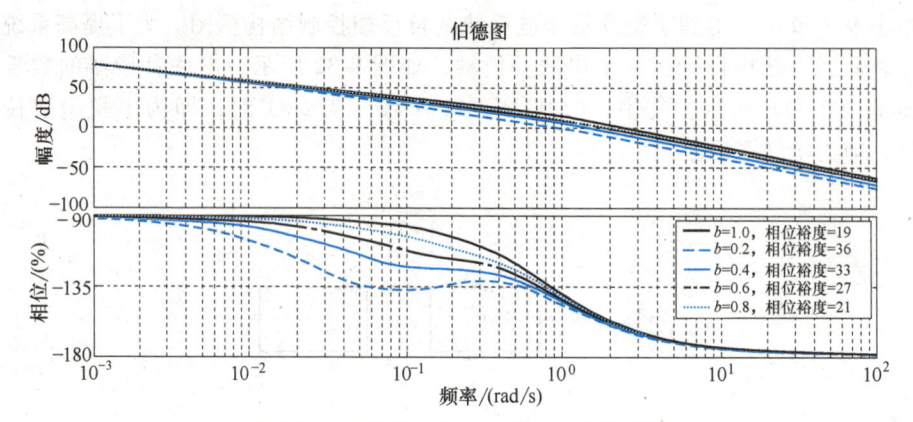

图 9-34　串联滞后校正频域响应的伯德图

2. 时域分析

阶跃输入是时域控制系统中常用的标准测试输入信号之一。为简单起见，设交通流系统的平均车头间距为 17m，灵敏度为 $0.85s^{-1}$。因此，系统的闭环传递函数可以写为

$$\Phi^*(s) = \frac{0.85 \times \left(\dfrac{1+bTs}{1+Ts}\right)}{(s^2+0.85s)+0.85 \times \left(\dfrac{1+bTs}{1+Ts}\right)} \tag{9-61}$$

对于相位超前补偿法，补偿参数的值取为 $b=2.0, 4.0, 6.0, 8.0$ 和 $T=0.23, 0.14, 0.1, 0.081$。单位阶跃响应如图 9-35 所示，可以观察到超调量随着校正系数 b 从 1.0 增加到 8.0 后减小，这就意味着随着校正系数 b 的增大，系统的稳定性自然增强。

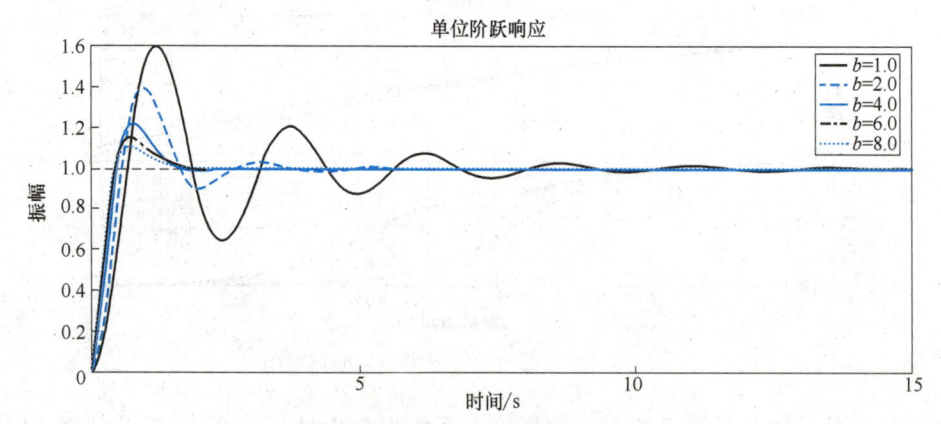

图 9-35　当 $b>1$ 时，相位超前补偿系统单位阶跃响应

对于相位滞后补偿法，参数取 $b=0.2, 0.4, 0.6, 0.8$ 和 $T=31.6, 15.8, 10.6, 7.9$。图 9-36 显示了单位阶跃响应，可以观察到，超调量随校正系数 b 从 1.0 减小到 0.2 后减小。同样说明了随着校正系数 b 的减小，系统的稳定性逐渐增强。

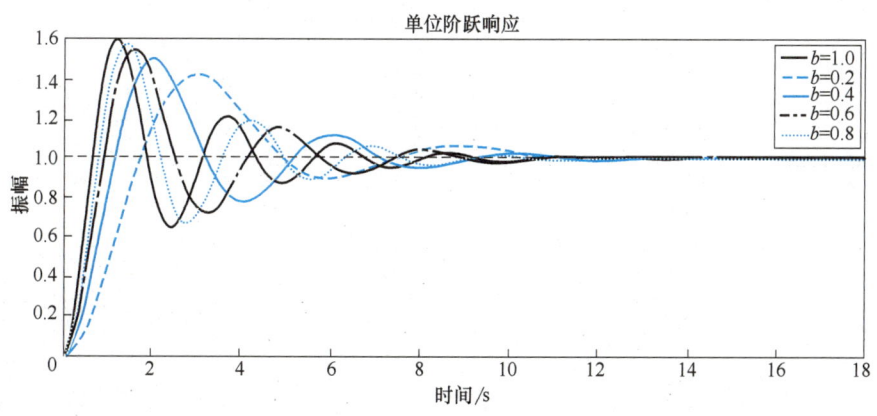

图 9-36　当 0<b<1 时，相位滞后补偿系统单位阶跃响应

从这两幅图中发现，图 9-35 中的超调量比图 9-36 中的小。因此，得出如下结论：本小节中相位超前补偿优于相位滞后补偿。

9.7.3　周期性边界条件仿真分析

设置仿真条件如下：道路长度为 L，车辆总数为 $N=100$，第 1 辆车至第 98 辆车的位置设为 $x_i(0)=(i-1)\left(\dfrac{L}{100}\right)$，$i=1,\cdots,98$，而车队中的扰动设置为第 99 辆车和第 100 辆车的位置偏移 $0.5\mathrm{m}$，即 $x_{99}(0)=x_{98}(0)+\left(\dfrac{L}{100}\right)-0.5\mathrm{m}$ 以及 $x_{100}(0)=x_{99}(0)+\left(\dfrac{L}{100}\right)+0.5\mathrm{m}$。在周期性边界条件下（第 100 辆车跟随第 1 辆车行驶），每辆车都跟随其前面一辆车行驶，没有变道和超车情况发生。车辆初始速度设为 $v_i(0)=V\left(\dfrac{L}{100}\right)$，时间步长取 $\Delta t=0.1\mathrm{s}$，灵敏度为 $a=0.85\mathrm{s}^{-1}$。在不稳定条件下，对带不同参数补偿器的车辆跟驰系统进行数值仿真。

在不稳定区域中，取相位超前补偿器的参数 $b=2.0,4.0,6.0,8.0$。道路长为 1700m。每次仿真的持续时间为 20000s，保证了运行车辆达到稳态。车头间距和速度数据取自 $t=19000\mathrm{s}$ 至 $t=19110\mathrm{s}$，时间间隔为 10s，共 12 组。仿真结果如图 9-37~图 9-41 所示。

图 9-37a~d 和图 9-38a~d 显示了 $t=19000\mathrm{s}$ 时的车头间距变化和速度变化剖面，各分图分别对应参数 $b=2.0,4.0,6.0,8.0$。从这些图可以观察到，随着参数 b 从 2.0 增加到 8.0，振幅变得越来越小。结果表明，相位超前补偿能有效地抑制交通阻塞，并且增大补偿参数 b 能增强系统的稳定性。仿真结果与理论分析一致。

图 9-39a~d 和图 9-40a~d 显示了 $t=19000\mathrm{s}$ 之后车头间距密度波和速度密度波的时空变化，各分图分别对应补偿参数 $b=2.0,4.0,6.0,8.0$。可以观察到随着补偿系数的增大，密度波趋于平缓，验证了随着补偿参数 b 的增加，稳定性增强的变化趋势，并且此结果与理论结果是一致的。此外，从图中还可以发现密度波的传播方向是向后的。

图 9-41 显示了 $t=19000\mathrm{s}$ 时刻磁滞回线变化情况。很容易发现，随着参数 b 从 2.0 增加到 8.0，环路面积减小，进一步验证了仿真稳定性的变化趋势与分析结果是一致的。

数值模拟结果与理论结果基本一致，验证了在周期性边界条件下，串联补偿器对抑制交通阻塞具有重要作用。

图 9-37　所有车辆在 $t=19000$s 时车头间距变化剖面

图 9-38　所有车辆在 $t=19000$s 时速度变化剖面

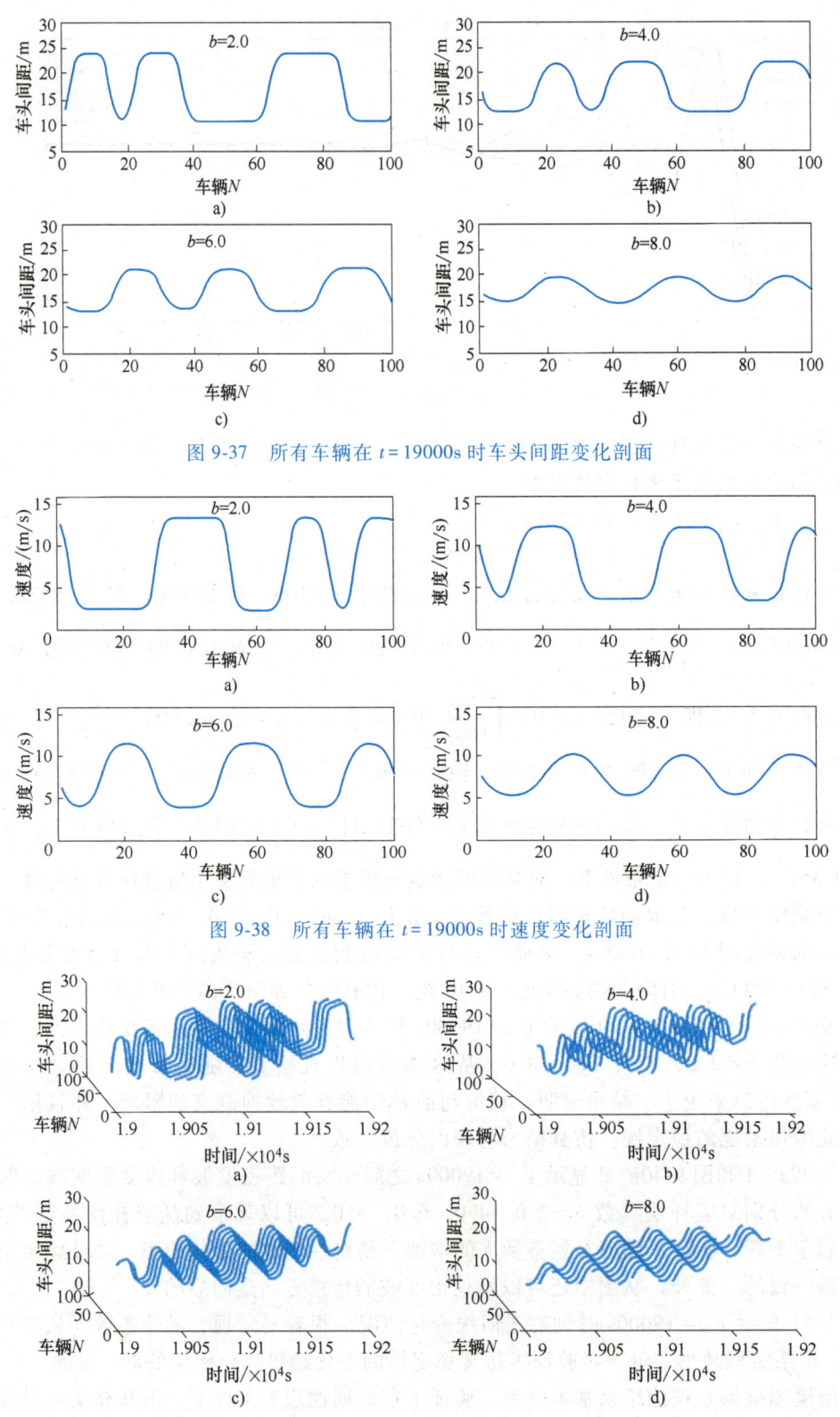

图 9-39　所有车辆在 $t=19000$s 之后车头间距密度波时空变化

图 9-40 所有车辆在 $t=19000s$ 之后速度密度波时空变化

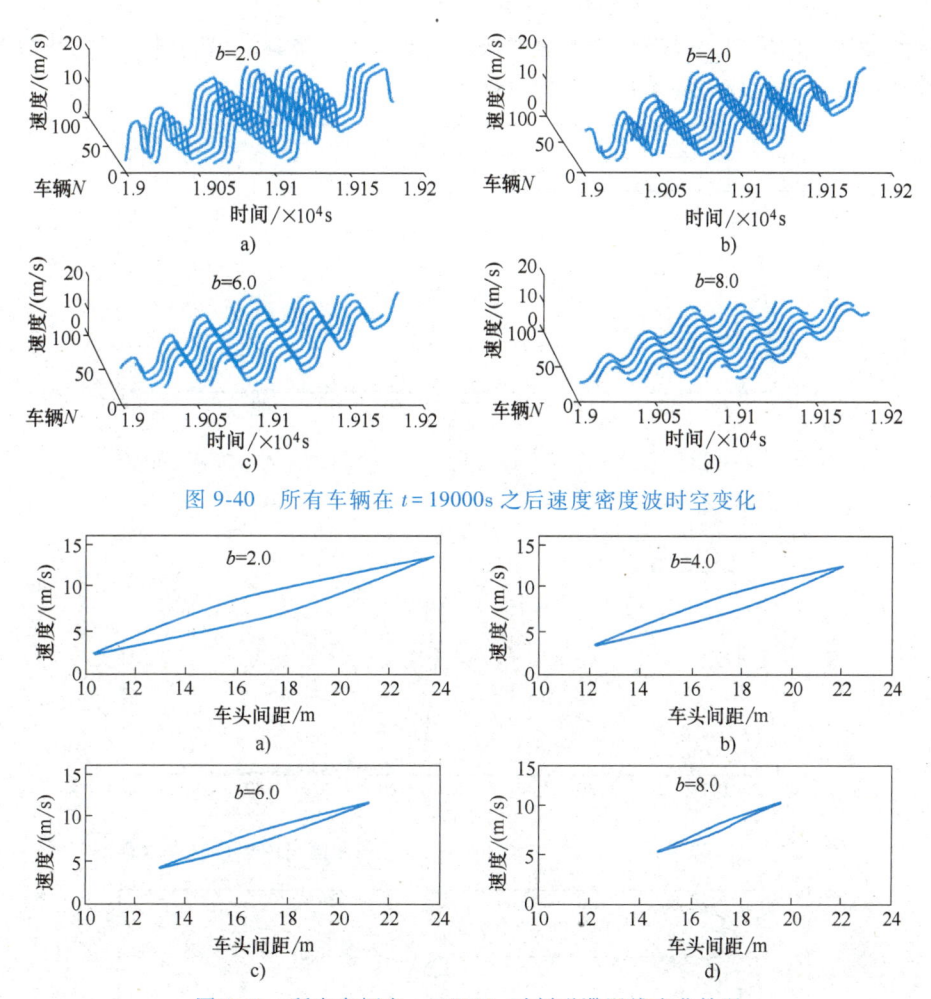

图 9-41 所有车辆在 $t=19000s$ 时刻磁滞回线变化情况

9.7.4 开放性边界仿真分析

仿真试验如下。系统中只有 4 辆车，第 1 辆车是头车，其他 3 辆车紧随其后。第 1 辆车按照下列规则在无限长的道路上行驶。

第一阶段，当信号灯变为绿色之前，头车在起点不会移动。在信号灯变为绿色后，头车以 $3m/s^2$ 的加速度运行，直至速度为 12m/s。

第二阶段，在第 50s 之前，头车以 12m/s 的速度持续运行。

第三阶段，在第 50s 时，头车以 $-3m/s^2$ 的负加速度减速，直至速度为零。

分别在补偿参数 $b=1.0,2.0,4.0,8.0$ 时进行仿真，从开始到 100s 取结果，并将结果绘制在图中，如图 9-42~图 9-45 所示。从图中可以看到补偿参数 $b=1.0,2.0,4.0,8.0$ 分别对应的前车以及跟随的后车的运动轨迹。实线表示领先车辆的轨迹，虚线、点画线、双点画线分别表示第 2 辆、第 3 辆和第 4 辆车辆的轨迹。每个图中都有一个带有值 (x,y) 的数据提示，x 表示仿真时间，y 表示跟随车辆的速度。这些数据提示显示，在 4 次模拟中第 4 辆车的速度分别在 13s、10s、10s 和 10s 时达到最大值，分别为 15.22m/s、14.33m/s、14.20m/s、13.85m/s，对应于参数 $b=1.0,2.0,4.0,8.0$。从这些数据提示可以很容易地

看出，随着参数 b 的增加，跟随车辆的速度振荡幅度减小。仿真结果表明，增大补偿参数可以提高交通流系统在开放边界条件下的稳定性。

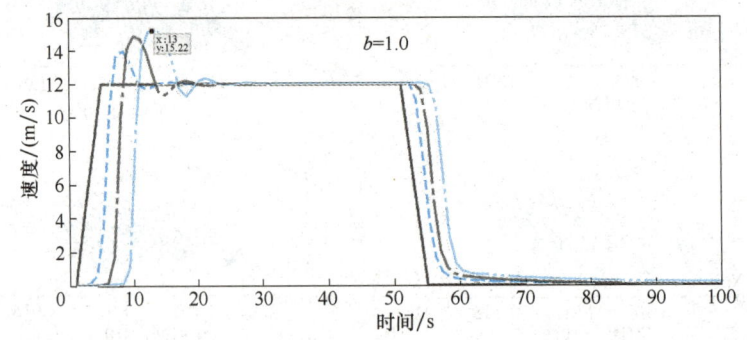

图 9-42　开放边界条件下，在 $b=1.0$ 时，头车及跟随车的运行轨迹示意图

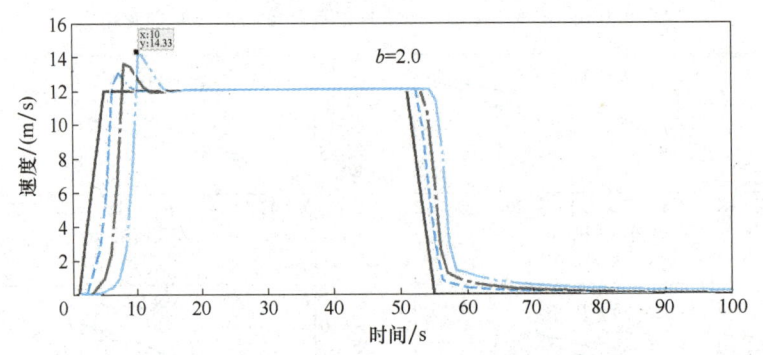

图 9-43　开放边界条件下，在 $b=2.0$ 时，头车及跟随车的运行轨迹示意图

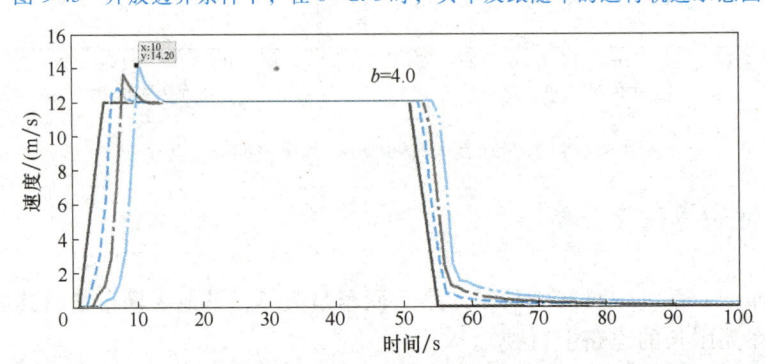

图 9-44　开放边界条件下，在 $b=4.0$ 时，头车及跟随车的运行轨迹示意图

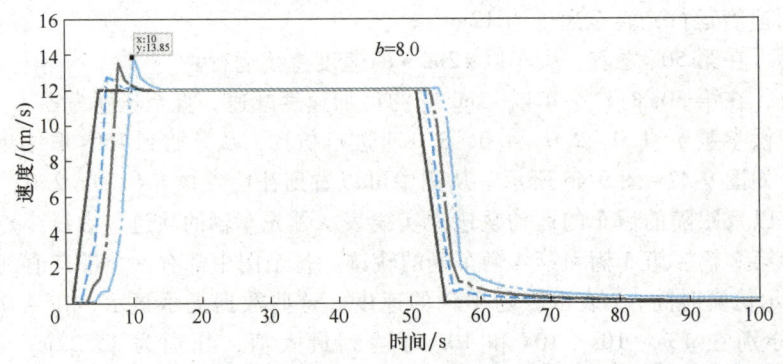

图 9-45　开放边界条件下，在 $b=8.0$ 时，头车及跟随车的运行轨迹示意图

9.8 挑战与展望

现今，汽车保有量日益增长导致城市不堪重负，交通拥堵频发，人们出行效率明显降低，车辆能源燃料消耗及尾气排放量明显增加，不仅影响了居民的生活质量，而且对环境造成了巨大的污染和破坏。近年来，自动驾驶技术逐渐成熟，众所周知，自动驾驶汽车能够自动感知周围环境，无须人工干预或只需要部分干预实现自主驾驶。研究表明，如果在先进自动驾驶技术支撑下，车辆以相同的速度和预先设定好的车辆安全间距自主行成队列行驶，能够显著提升交通安全和运行效率，缓解交通拥堵，减少能源消耗和尾气排放等，进而大大提升交通安全和出行效率，改善生活环境。因此，在实际的交通系统中，自动驾驶汽车的跟驰控制系统将成为智能交通系统的热点之一。

然而，自动驾驶汽车跟驰控制系统的发展也有许多挑战，例如领头车运动状态对系统运行的影响，队列系统在外部和内部干扰影响下的运行问题，车载通信的延迟和丢包问题等，这需要科研人员和工程师开发更加先进的控制器和执行器等，提升系统运行的鲁棒性，使跟驰控制系统能早日大规模落地，真正为提升人们生活质量发挥作用。

思考题

1. 跟驰控制系统定义是什么？
2. 简要列举跟驰控制系统中常见的几种控制策略。
3. 试说明跟驰控制系统使用的输入测试信号是什么，并画出简图。
4. 请简要阐述跟驰控制系统的未来发展与应用前景。

第10章　城市交通子区控制系统

10.1　引言

　　大多数城市采用各种先进的交通控制策略，有效改善了城市交叉口、主干线和区域的交通状况，提升了城市交通的流动性。从技术角度来讲，单点交叉口和主干线的交通信号控制策略相对比较成熟。因此，本章重点介绍面向大范围交通子区的边界反馈控制策略，该策略通过对边界交叉口进出车辆数量进行优化控制，使交通子区内的交通流量保持在平衡点，从宏观层面确保交通区域内交通流运行处于最佳状态，避免发生交通拥堵，减少道路交通延误。边界反馈控制策略是一种先进的交通控制策略，能够提升城市交通管理水平，改善人们日常出行体验，提高出行效率。

10.2　发展现状

　　从20世纪60年代始，国外的学者就展开了对城市路网特性的相关研究。Smeed从路网角度探讨城市交通流运行规律，提出了用来说明驶入城市路网的交通流与城市路网区域总面积关系的数学模型。Thomson基于伦敦的一组交通流数据，证明了路网内车辆的平均速度和平均密度在交通流处于低密度的条件下近似为线性关系。Godfrey于1969年首次提出了宏观基本图（Macroscopic Fundamental Diagram，MFD）的物理模型，证明了MFD中3个参数之间的关系。Geroliminis等人通过对肯尼亚内罗毕城市路网区域交通仿真数据的分析，证明了路网车辆平均密度与平均流量之间存在着MFD曲线。2008年，Geroliminis等人通过分析日本横滨的路网数据提供了MFD存在性的理论证明，为子区宏观路网调控提供了理论依据。Daganzo等人研究了多个不同形式城市路网区域的交通数据，发现了MFD在不同的路网中均存在，但是MFD的形状在部分路网中有明显的离散现象，并阐述这种现象是由于路网中交通拥堵造成的。

　　此后，学者通过对路网区域特性的大量研究，得到了MFD存在的统一性结论，这使得国内外学者对基于MFD的理论更加关注，特别是针对MFD获取方法展开了一系列的深入研究。Zockaie等人提出了一种考虑数据收集的有限资源、网络流量的异质性和OD矩阵不对

称的线性估计方法，并进一步提出通过资源分配问题，找到固定检测点的最佳位置和最佳采样轨迹来估计 MFD。Knoop 等人考虑了 MFD 加载的滞后性，提出了广义宏观基本图，将平均流量同平均密度和密度空间的不均匀性联系起来。Laval 等人提出一种利用概率方法估算非均匀宏观基本图的理论，发现网络中的 MFD 主要取决于两个无量纲参数。

针对 MFD 的影响因素，国内外专家学者主要从道路状况、管控措施、交通状况和选择行为 4 个方面进行研究。Buisson 等人通过不同路网区域的交通数据对比，证明了交通路网的形态会影响路网 MFD。Cassidy 等人证明了路网只有满足"同质性"时，才会存在完整清晰、高拟合度的 MFD，并进一步验证了不合格数据对 MFD 的影响。Geroliminis 等人提出路径选择行为会影响车流分布，从而改变 MFD 的形状，在一定程度上影响了路网效率。Gayah 等人研究了路网的局部自适应交通信号对路网稳定性和 MFD 形状的影响。结果表明，在路网适度拥挤时，局部自适应交通信号提升了路网的稳定性；在路网严重拥挤时，自适应信号对路网稳定性或者 MFD 形状几乎没有影响。Alonso 等人通过采集西班牙桑坦德中心区域路网的交通数据，研究了交叉口信号控制对 MFD 的影响。

Walinchus 于 1971 年首次提出了交通控制子区的概念，并在划分城市交通路网时提出了静态划分和动态划分两种方式。TRANSYT 和 SCOOT 是采用静态划分子区的经典控制系统，TRANSYT 系统基于路网内信号灯的周期时长进行划分，SCOOT 则是在控制前预先设定好控制子区。经典的 SCATS 系统是采用动态划分子区的方式。Merchant 等人通过研究表明当两相邻交叉口路段上的交通流量与道路长度的比值大于 0.5 时，两交叉口处于同一个控制子区。

传统的单点交叉口和主干线道路的协调控制，难以在过饱和场景时解决区域性拥堵问题。子区边界控制是解决区域性拥堵问题最为有效的方法之一，该方法的主要的控制思想是通过调控子区边界交叉口处的车辆进出比例，提升路网的运行效率。目前，国内外学者针对子区边界控制展开了大量研究。Geroliminis 等人采用预测模型实现交通子区边界控制，但是在实际运用中受预测模型精确度干扰，控制策略的效果受到一定影响。Haddad 等人基于 MFD 理论，设计了一种 R-PI 控制器用于单子区的边界控制，提升了路网的运行效益。Haddad 等人考虑路网交通的不确定性和可用信息的限制性，提出了一种协调分布式控制方法，中心受控区域的控制方法取决于子区内的局部信息以及高级协调控制器转发给分布式边界控制器的信号信息。Keyvan-Ekbatani 等人在子区边界和上游交叉口间设置"反馈阀门"控制器来控制进入保护子区的车辆，进而实现控制目标。Ramezani 等人提出了一种针对单子区的分级控制思想来提高路网的性能。Hajiahmadi 等人设计了两种控制器，包括边界控制器和时序计划控制器，实现了拥堵区域交通流的转移。Aalipour 等人提出了基于 MFD 的最优边界控制器，并在证明最优控制器存在性的同时，提供了求解最优控制策略的数值方法。Mohajerpoor 等人将出行需求波动的实时鲁棒性纳入边界控制策略中，提出了一种基于网络信息反馈的鲁棒性边界控制，并利用仿真试验验证了该策略的有效性。Bichiou 等人提出了一种基于滑模控制理论的边界控制方法，该方法与传统的比例积分控制方法相比有多个优点，并利用仿真试验验证该控制器在路网内降低了车辆的延误时间，有效地分散了拥堵。Elouni 等人将分散式的交通控制器与最先进的自适应交通信号控制器进行了比较，结果表明，尽管分散式交通信号控制器不是为了解决边界控制问题而设计的，但它能成功防止受控路网内部的拥堵。

我国在交通子区边界控制策略的研究始于20世纪末，目前已取得了较为丰硕的研究成果。Ji 等人利用路网内某个特定时间段的拥堵特征来划分城市路网，并将计算机技术与交通知识相结合，采用图像分割技术进行子区划分。Xia 等人在广泛采用的 Hadoop 分布式计算机平台上，提出了一种并行的三相 K-Means 算法来解决路网子区划分问题，在算法中修改了 K-Means 算法中的距离度量和初始化策略。Shen 等人提出了一种基于层次结构的模糊计算方法来估计路网内交叉口间关联度，并提出了一种基于关联度的城市主干道控制区域划分方法。Zheng 等人根据道路交通的拓扑结构和交通流特性，以交叉口间的关联度为权重构建路网的拓扑结构，并以模块化最大为目标设计了同步控制划分方法。Dong 等人提出了一种由3种算法组成的城市交通模型，首先利用 MFD 理论仿真建模给出了加权交通流和密度的提取算法，设计了关键链路识别算法，通过聚类分析，利用阈值算法实现子区划分。Tian、马旭辉采用 Newman 算法并结合路网交叉口的关联度值进行动态子区划分。徐建闽等人提出了一种根据路网内路段拥堵情况的动态子区分割模型，首先针对路网内交叉口之间的关联度搭建路网动态模型，进而结合图谱模型和路段的拥堵情况进行动态子区划分。丁恒等人考虑了拥堵子区边界车辆受阻的情况，构建了快速降低拥堵区域饱和度的最优化模型。刘澜等人根据子区边界交叉口路段的车辆存储能力，动态调整路网的子区边界，进而降低路网的拥堵程度。李铁舜等人通过分析交通状态，识别出拥堵交通子区的关键性交叉口，并以关键性交叉口为中心展开多层的边界控制策略。赵靖等人以相邻交通子区的整体运行效益作为控制目标，基于 MFD 理论提出了一种交通子区博弈控制手段，通过仿真验证了策略的有效性。闫飞等人采用了迭代学习控制策略来调整边界交叉口信号灯的绿信比，从而缓解子区边界交叉口的交通拥堵。张逊逊等人设计了运用于路网中多个子区协调控制的控制器，很大程度上提升了整个路网的效益。朱良元等人在 MFD 理论的基础上，建立了交通子区内行程时间最短和行程完成量最大的目标决策，有效缓解拥堵风险。Zhu 等人设计了一种离散的边界反馈控制器，基于控制器优化边界交叉口车辆进出子区的比例，改善了子区内交通运行状况。Guo 提出一种基于 MFD 模型和边界条件的城市拥堵子区的边界控制方法，根据边界路段的存储空间动态地调整子区边界。

    国内外学者在交通子区边界控制领域不断推陈出新，持续加大研究和探索力度，取得了相当多的优秀科研成果，推动了智能交通系统向纵深发展。

10.3　城市路网子区划分

10.3.1　交通控制子区概述

1. 交通控制子区的基本概念

    交通系统是一个庞大而复杂的系统，如果对整个系统采用整体控制策略，会因为系统过于复杂而难以实施，因此，引入交通控制子区的概念，将关联性比较强的多个路口划分到同一个交通控制子区中，在交通控制子区内部采用相同的控制策略，既降低了系统的复杂性，又便于协调控制。

    交通控制子区的定义如下：为了提高城市道路的利用效率及降低城市交通管理的复杂

性，将城市路网按照路网之间的交通相似度，划分为若干相邻路段或交叉口的集合，这些集合并不是一成不变的，它会随着路网交通流量、交通管制等的变化而发生大小或者数量上的变化，这些集合就称之为交通控制子区。

交通控制子区具有以下性质。

(1) 同质性

同一交通控制子区具有相同或相似的交通特性，如车流密度、信号灯周期等，这也是对交通控制子区进行划分的重要依据。

(2) 关联性

在物理上，同一交通控制子区内的路段和交叉口都是在空间上相互关联的，不存在孤立的路段或路口，也不存在隔断的两个路口在同一子区的情况。从交通特性上来说，同一交通控制子区内的路口之间的相互影响较大，当其中一个路口发生变化时，子区内其他路口都会受到相关的影响。

(3) 可变性

已划分好的交通控制子区不是一成不变的，由于交通事故或发生其他交通管制导致交通流量发生变化时，交通控制子区也会发生相应的变化，表现为交通控制子区范围的改变和子区内信号灯周期的变化等，这些变化都是针对突发情况的应急处理措施。

(4) 稳定性

稳定性是指划分好的交通控制子区在道路与周围环境没有重大变化时，一般是维持不变的，即使由于交通事故和交通管制而发生变化，当处理措施取消时，交通控制子区应能恢复至原来的形态。控制策略的制定需要交通控制子区保持稳定，因为新的控制策略需要一定的时间去适应交通控制子区，也需要一定的时间去检验控制策略自身的合理性。

2. 交通控制子区划分的影响因素

交通控制子区的划分受到道路等级、城市功能区域等静态因素的影响，同时受到交通信息、关键路径等动态因素的影响。因此，交通控制子区的划分是静态因素和动态因素共同影响的结果。图10-1直观地表现了交通控制子区划分的影响因素，下面对影响因素进行分析。

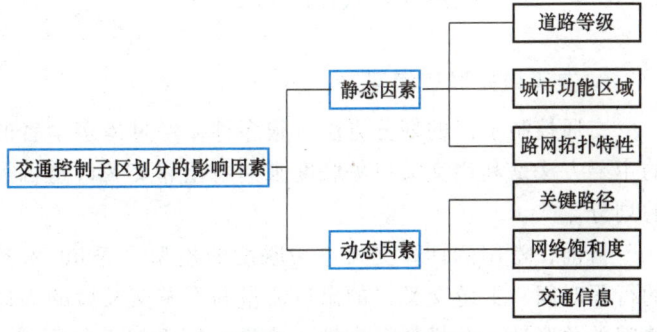

图 10-1 交通控制子区划分的影响因素

(1) 道路等级

城市道路分为高速干道、主干路、次干路和支路等。在城市中的高速干道中，为了方便车辆快速通行，一般不设红绿灯，主要以立交桥、高架桥等为主；主干路、次干路和支路等一般都设有信号灯，交通状况受信号灯的影响，主干路和次干路承担的交通流量较大，在进行交通控制子区的划分时要充分考虑道路等级，避免同一子区中有过多不同等级的道路。

(2) 城市功能区域

城市功能区域的划分除了传统的工业区、住宅区、商业区之外，还包括新兴的高新技术开发区和中央商务区。不同的区域所吸引的功能交通流也不同，如高新技术开发区中多为上

班族带来的交通流,这种交通流表现在时间上就是出现上下班时间段的交通高峰,表现在空间上是交通流向高新技术开发区的汇集和消散。因此,在交通控制子区的划分中也应考虑城市的整体格局和城市功能区域的划分。

(3) 路网拓扑特性

定义城市交通路网 $G=(V, E, H)$,其中 $V=(V_1, V_2, \cdots, V_n)$ 为 G 的点集,代表城市交通道路中的各个道路交叉口;$E_{ij} \subseteq V \times V$,表示路网中连接点 V_i 和点 V_j 的弧段,代表连接各个路口之间的道路;H_{ij} 为 E_{ij} 的权重,表示道路的行驶费用,忽略其他因素影响,此处可用来表示道路长度。划分到同一子区的两个交叉口 V_i 和 V_j 之间必须存在一条连接的通路 E_{ij},否则不能划分到一个子区中。

(4) 关键路径

关键路径主要是指承担主要交通流的主干路和次干路,在划分交通控制子区时,应尽量考虑将这些关键路径划分到同一个交通控制子区中,否则容易增加道路上车辆的延误等。

(5) 网络饱和度

网络饱和度主要针对的是动态交通流的特性,如果某一区域内交通流长时间处于饱和状态,那么就应该扩张该子区,使周边道路承担相应的分流能力,将子区的交通密度维持在一个合理阈值范围内。

(6) 交通信息

交通信息是指交通管理者和出行者之间的信息交互。交通管理者实时掌握道路状况,并且将道路状况实时地传达给出行者,使出行者也能了解道路状况。这种信息的交互在发生交通事故导致交通溢流的情况下是非常有必要的。在交通溢流状态下,出行者实时掌握道路状况,从而选择合理的路径,减少交通溢流带来的影响,一方面提高了出行者的出行效率,另一方面避免了交通溢流的加剧。而在此之前,应划分好交通控制子区,确定哪个范围内的车辆需要进行路径的诱导,这也是交通信息对交通控制子区划分的重要作用。

10.3.2 交通控制子区划分方法

1. 交叉口关联度模型

交通控制子区的划分方法有很多种,经过诸多学者的研究和改进,目前对路网进行划分的主要方法是利用交叉口关联度来判断相邻交叉口是否需要协调控制,再进行交通控制子区的划分。

目前,常用的计算交叉口关联度的模型是 Whitson 模型。Whitson 将两交叉口之间路段的行程时间、上游交叉口的出口流量和下游交叉口的入口流量作为独立变量,来计算交叉口之间的关联性。此模型后来被《交通控制系统手册》采纳。计算公式为

$$I = \frac{0.5}{1+t} \left[\frac{x q_{max}}{\sum_{i=1}^{x} q_i} - 1 \right] \tag{10-1}$$

式中,I 为交叉口关联度;t 为车辆在两个交叉路口之间的行程时间(min);x 为来自上游车流的分支数;q_{max} 为 q_i 分支中的最大流量(辆/h);$\sum_{i=1}^{x} q_i$ 为到达下游出口的交通流量总和(辆/h)。

国内学者高云峰在 Whitson 模型的基础上进行了改进，他考虑了下游交叉口的车辆排队长度对交叉口关联度的影响，将 Whitson 模型中相邻交叉口之间的行程时间替换为车辆从上游交叉口到下游交叉口排队队尾（当下游交叉口有车辆排队时）或入口道停车线（当下游交叉口没有车辆排队时）的平均行程时间。计算公式为

$$I = \frac{1}{n-1}\left(\frac{q_{max}}{\sum_{i=1}^{x} q_i} - 1\right)\frac{1}{1+t} \tag{10-2}$$

$$t = \frac{L-l}{\overline{V}} \tag{10-3}$$

式中，n 为上游交叉口的交通流分支数量；q_i 为从上游交叉口流向下游交叉口的第 i 支交通流的流量（辆/h）；q_{max} 为 q_i 分支中的最大流量（辆/h）；t 为车辆从上游交叉口到下游交叉口排队队尾或停车线的平均行驶时间（min）；L 为交叉口之间的路段长度（km）；l 为下游交叉口入口处的平均排队长度（km）；$\overline{V}$ 为交叉口之间车辆的平均速度（km/h）。

在本章中，选择经典的 Whitson 模型来计算相邻交叉口之间的关联度，并将 Whitson 模型做了轻微改动。为了方便确定关联度阈值，用 K 表示上游交叉口驶出的最大交通流量 q_{max} 与下游交叉口的入口流量之和 $\sum_{i=1}^{x} q_i$ 的比值。改动后的公式为

$$I = \frac{0.5}{1+t}[xK-1] \tag{10-4}$$

$$K = \frac{q_{max}}{\sum_{i=1}^{x} q_i} \tag{10-5}$$

图 10-2 表示两个相邻交叉口之间的双向路段。对于两个相邻交叉口之间的双向道路，如果其中一个方向需要进行协调控制，则另一个方向也需要进行协调控制。也就是说，在双向路段中，如果相邻交叉口的关联度在任何方向上超过阈值，则意味着两个相邻交叉口相关联并且可以划分为相同的交通控制子区。

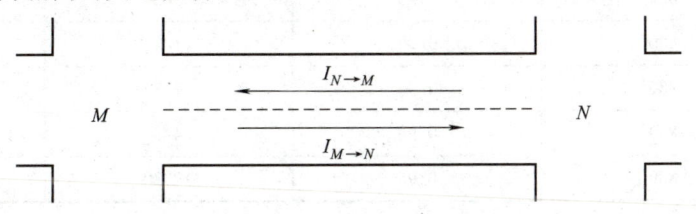

图 10-2 相邻交叉口的双向路段

交叉口 M 到交叉口 N 的关联度为 $I_{M \rightarrow N}$，交叉口 N 到交叉口 M 的关联度为 $I_{N \rightarrow M}$，则交叉口 M 与交叉口 N 的路段关联度 I_{MN} 或 I_{NM} 为

$$I_{MN} = I_{NM} = \max\{I_{M \rightarrow N}, I_{N \rightarrow M}\} \tag{10-6}$$

2. 关联度阈值分析

确定好相邻交叉口的关联度模型后，需要确定关联度阈值。本小节中的关联度阈值选取

过程如下。

通过测量济南部分路段实际长度后发现，路段长度范围大致为500~800m，满足《统一交通控制设施手册》提到的关于路段长度的限制条件。以十字交叉路口为例，从上游交叉口出来的交通流分支数量是3（左转、右转和直行），道路长度 L 范围为 $[500m, 800m]$，车辆平均速度为 $[35km/h, 50km/h]$，则通过该路段的时间 t 约为 $[0.6min, 1.37min]$。当上游交叉口驶出的3支车流的流量相等时，最大车流量分支在交通流量总和中的占比 K 最小，即1/3；当上游交叉口驶出的3支车流中其中两条为零，则最大车流量分支在交通流量总和中的占比 K 最大，即1，因此，上游交叉口驶出的车流中最大车流量在交通流量总和的占比 K 的取值范围为 $[1/3, 1]$。对交叉口关联度 I 与最大车流量分支占比 K 和交叉口间道路行驶时间 t 的分布情况进行分析，并对多种情况进行试验，得到不同情况下关联度计算结果统计，见表10-1。

表 10-1　不同情况下关联度计算结果统计

序号	道路长度 L/m	通过时间 t/min	最大流量分支占比 K	关联度 I
1	500	0.6	1/3	0
2	500	0.6	1/2	0.16
3	500	0.6	3/5	0.25
4	500	0.6	3/4	0.39
5	600	0.72	1/3	0
6	600	0.72	1/2	0.15
7	600	0.72	31/50	0.25
8	600	0.72	4/5	0.4
9	700	0.84	1/3	0
10	700	0.84	1/2	0.14
11	700	0.84	16/25	0.25
12	700	0.84	4/5	0.38
13	800	0.96	1/3	0
14	800	0.96	1/2	0.13
15	800	0.96	2/3	0.26
16	800	0.96	4/5	0.36
17	800	0.96	17/20	0.4

通过关联度分布图和试验数据可以发现：随着路段长度的增加，车辆通行时间也增加，并且关联度降低；随着最大分支流量占比的增加，关联度增加。美国《交通控制系统手册》中给出的关联度阈值为0.4，但从试验结果发现，只有当最大分支流量占比在特别高的情况下，关联度才能超过0.4，因此以0.4作为关联度的阈值并不适用国内城市路网。

关联度阈值并非固定值，与交通路网结构、控制区域面积等因素有关。关联度阈值设定过大，会导致无法形成完整的交通控制子区；关联度阈值设定过小，会导致交通控制子区面

积过大，无法体现边界控制策略的控制效果。通过多次试验数据结果可以发现，当关联度阈值设定为 0.25 时更加适合本次试验路网。以长度为 800m 的路段为例，当平均行驶速度为 50km/h 时，通过该路段的时间 t 约为 0.96 min，当上游车流分支中的最大流量在下游出口交通流量总和中的占比 K 为 2/3 时，将相应数据代入式（10-4），可以得到关联度 $I_0 = \frac{0.5}{1+0.96} \times \left(3 \times \frac{2}{3} - 1\right) \approx 0.26$，超过了阈值 0.25，则认为这两个交叉口关联。当交叉口关联度 I 小于 0.25 时，认为两个交叉口不相关，并且不能划分到相同的交通控制子区。因此，选取 0.25 作为划分交通控制子区的关联度阈值。

10.3.3 交通控制子区划分案例分析

对划分交通控制子区时阈值为 0.4、0.3 和 0.25 这 3 种情况下的划分结果进行了比对，子区划分结果如图 10-3～图 10-5 所示。从图中可以看出，当划分子区阈值为 0.4 时，只有少数交叉口关联度满足条件，划分为相同的交通控制子区，但由于交通控制子区规模太小，边界控制策略的运行效果无法反映；当划分子区阈值为 0.3 时，仍然无法得到一个比较合适的交通控制子区。当划分子区阈值为 0.25 时，可以形成合适的交通控制子区。

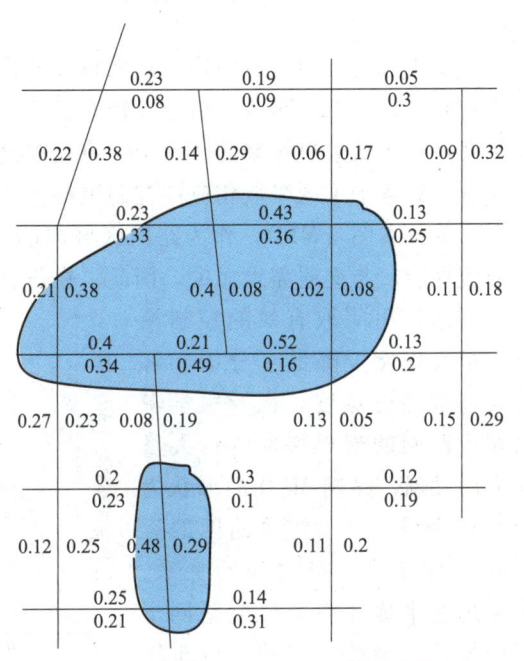

图 10-3 阈值为 0.4 时的子区划分结果

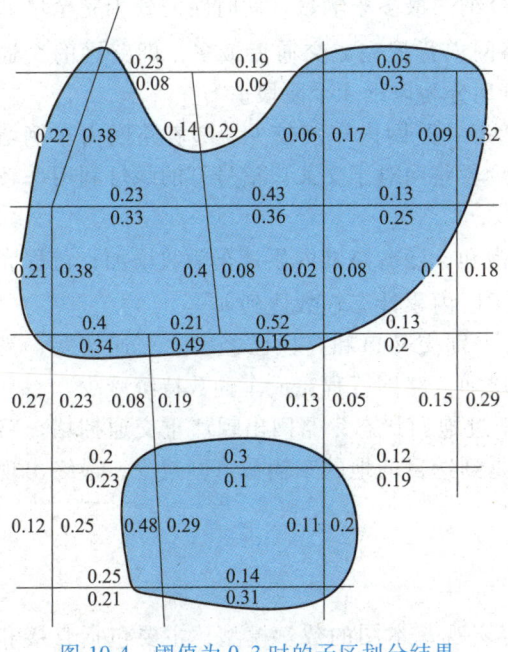

图 10-4 阈值为 0.3 时的子区划分结果

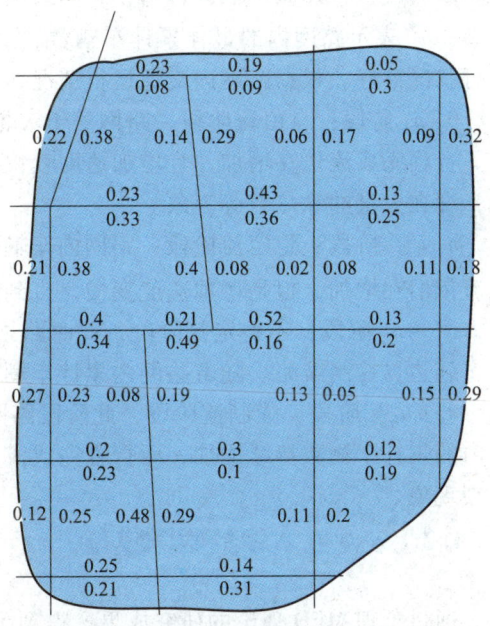

图 10-5 阈值为 0.25 时的子区划分结果

10.4 城市路网宏观基本图的拟合分析

10.4.1 宏观基本图的基本特征

为解决城市交通拥堵问题，越来越多的管理和控制方法被运用到城市交通管理中，如绿波带控制、设计潮汐车道、借道左转模式等。自从宏观基本图理论得到证实之后，许多专家和学者投入区域边界控制的研究中，将大规模的城市路网按照一定的标准划分成多个交通控制子区，对各个子区采取相应的控制策略，从而提高整体路网的运行效率。

宏观基本图（MFD）作为路网区域内的固有属性，从宏观的角度来反映控制区域内的交通流性能，与交通需求无关。因此，在仿真建模过程中，无须知道详细的 OD（交通起讫点）需求即可采取有效的控制策略，很大程度上降低了分析和解决交通拥堵的难度。在专家学者对城市路网的宏观特性进行大量研究后发现，路网 MFD 的形状为单峰抛物线，可以描述路网的运行效益与交通流量之间的关系，即采用它来描述整个研究路网子区内累计车辆数与行程完成车辆数之间的关系，如图 10-6 所示。

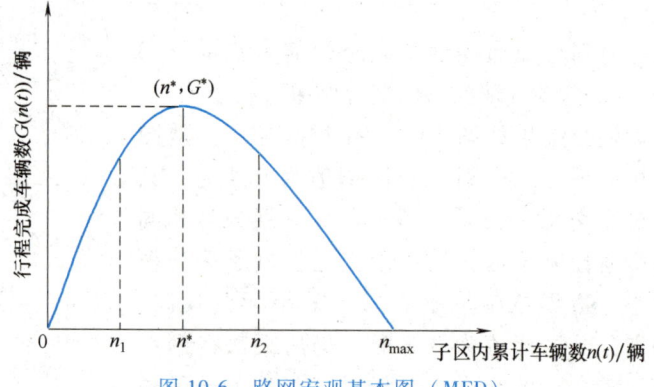

图 10-6 路网宏观基本图（MFD）

图 10-6 中，MFD 的横坐标 $n(t)$ 表示 t 时刻路网子区内累计车辆数；纵坐标 $G(n(t))$ 表示路网内行程完成车辆数；n_{max} 表示路网内可容纳的最多车辆数，此时路网处于完全堵塞状态；n^* 表示路网内的最佳累计车辆数，此时路网内行程完成交通流最多，即路网的交通运行状况最好。根据路网内交通运行情况，将 MFD 分为以下 4 个阶段。

$0 \sim n_1$ 阶段：自由流阶段，路网处于欠饱和状态，路网内车辆较少。随着路网内车辆增加，行程完成流也在增加，且增加速度较快。此阶段路网对于交叉口信号灯的绿灯利用率较低，存在大量的绿灯空等现象。

$n_1 \sim n^*$ 阶段：稳定流阶段，路网内车辆接近饱和，随着路网内累计车辆数增加，行程完成流依旧在增加，但是增加速度变慢，直到路网子区内累计车辆数达到 n^*。

$n^* \sim n_2$ 阶段：不稳定流阶段，此时路网内有个别交叉口和路段已经发生交通堵塞，需要实施边界控制策略。随着路网内累计车辆数的增加，路网行程完成车辆数持续减少。

$n_2 \sim n_{max}$ 阶段：强制流阶段，此阶段路网处于过饱和状态，路网出现严重交通拥堵，路网内的累计车辆数持续增加，而行程完成流也就是到达目的地的车辆数急剧减少，最终出现死锁现象。

10.4.2 宏观基本图的数学模型

通过整理 MFD 理论的研究成果，得到了标定宏观基本图的数学模型，主要包括直接和间接两种方式，第一种为理论推导数学模型，第二种为仿真数据拟合模型。

第一种理论推导数学模型是由 Daganzo 等人通过对旧金山路网交通数据的分析研究，推导出以路网道路长度加权的交通流量与路网内交通密度之间的数学模型，具体的计算公式为

$$\begin{cases} N = \sum_i k_i l_i \\ q^w = \left(\sum_i q_i l_i \right) / \sum_i l_i \\ k^w = \left(\sum_i k_i l_i \right) / \sum_i l_i \\ o^w = q^w s = \left(\sum_i o_i l_i \right) / \sum_i l_i \end{cases} \quad (10\text{-}7)$$

式中，N 为路网内的累计车辆数；i 为路网内道路编号；q^w、k^w、o^w 分别为路网内加权时间占有率、加权车流量、加权密度；q_i、k_i、o_i 分别为 i 号道路时间占有率、车流量、密度；s 为车辆的平均长度；l_i 为路网内道路编号为 i 的路段长度。

此外，不考虑道路长度加权的数学模型中，具体参数计算为

$$\begin{cases} q = \sum_i q_i / M \\ k = \sum_i k_i / M \\ v = \sum_i q^w / k^w \end{cases} \quad (10\text{-}8)$$

式中，q、k、v 分别为路网内平均流量、平均密度和平均速度，M 为路网内道路数或者分析检测断面数。

第二种仿真数据拟合模型是通过间接实测或者仿真数据进行函数拟合的。随着对 MFD 特性研究的持续深入，Geroliminis 等人研究发现 MFD 可用单峰的三次抛物线近似，即区域内累计车辆数与行程完成车辆数之间的关系用三次函数表示，具体的数学表达式为

$$G(n(t)) = d_1 n^3(t) + d_2 n^2(t) + d_3 n(t) + d_4 \quad (10\text{-}9)$$

式中，$G(n(t))$ 为路网内行程完成车辆数；$n(t)$ 为路网内的累计车辆数；d_1、d_2、d_3、d_4 为函数的拟合参数。

第一种理论推导数学模型较难直观地展现路网的交通运行状况，而第二种仿真数据拟合模型更能全面直观地描述路网内的交通运行状况。所以，本章选取第二种仿真数据拟合模型来描述路网内的交通运行状况。

10.4.3 宏观基本图拟合的案例分析

1. 仿真参数设置

本小节利用仿真数据来获取交通控制子区宏观基本图。仿真数据通过 VISSIM 交通仿真软件获取，仿真路段按照山东省济南市部分地图同比例设置。检测器位置示意图如图 10-7 所示。

路网范围东西方向：经十路—文化东路—和平路—解放路—山大南路；南北方向：历山路—山师东路—山大路—燕子山路。道路网络中共有 32 条路段，21 个交叉口，包括 12 个

图 10-7 检测器位置示意图

边界交叉口，路段总长度约 22km。每条进入交通控制子区的路段上都设有检测器，共 18 个（如图中的标记处），用于统计进出交通控制子区的车辆数。为了避免检测器的位置对统计数据产生影响，这里将检测器放置在了交叉口进口道的停车线处，从而减少测量误差。

2. 宏观基本图的模型标定

仿真时长共计 4h，边界处交叉口的进口道的交通需求量每隔半小时变化一次，逐次增加，用来模拟高峰期时车辆的变化状态，检测器每隔 120s 统计一次数据，包括进入子区车辆数和离开子区车辆数，然后，通过叠加得到此时交通控制子区中的累计车辆数。检测器统计数据见表 10-2 和表 10-3。

表 10-2 第 1 时间段检测器统计数据

时间/s	进入车辆数/辆	离开车辆数/辆	车辆总数/辆	时间/s	进入车辆数/辆	离开车辆数/辆	车辆总数/辆
120	46	8	38	840	153	132	220
240	140	48	130	960	141	138	223
360	138	104	164	1080	141	152	212
480	124	99	189	1200	150	129	233
600	136	133	192	1320	154	120	267
720	137	130	199	1440	137	134	270

（续）

时间/s	进入车辆数/辆	离开车辆数/辆	车辆总数/辆	时间/s	进入车辆数/辆	离开车辆数/辆	车辆总数/辆
1560	142	150	262	4440	394	382	818
1680	142	155	249	4560	431	415	834
1800	152	165	236	4680	414	427	821
1920	181	167	250	4800	445	434	832
2040	294	188	356	4920	431	403	860
2160	270	200	426	5040	453	420	893
2280	255	239	442	5160	430	457	866
2400	253	275	420	5280	435	435	866
2520	263	228	455	5400	412	394	884
2640	308	270	493	5520	470	422	932
2760	311	282	522	5640	539	477	994
2880	276	300	498	5760	560	491	1063
3000	269	282	485	5880	565	524	1104
3120	282	266	501	6000	545	464	1185
3240	261	265	497	6120	565	545	1205
3360	295	285	507	6240	617	557	1265
3480	310	272	545	6360	571	544	1292
3600	283	284	544	6480	518	529	1281
3720	325	292	577	6600	574	512	1343
3840	409	356	630	6720	555	523	1375
3960	450	357	723	6840	511	508	1378
4080	440	372	791	6960	533	481	1430
4200	431	431	791	7080	531	587	1374
4320	428	413	806	7200	523	481	1416

表 10-3　第 2 时间段检测器统计数据

时间/s	进入车辆数/辆	离开车辆数/辆	车辆总数/辆	时间/s	进入车辆数/辆	离开车辆数/辆	车辆总数/辆
7320	595	450	1561	8160	528	517	2159
7440	646	467	1740	8280	553	477	2235
7560	627	583	1784	8400	611	449	2397
7680	622	496	1910	8520	581	452	2526
7800	658	542	2026	8640	550	470	2606
7920	623	552	2097	8760	572	417	2761
8040	583	532	2148	8880	582	423	2920

(续)

时间/s	进入车辆数/辆	离开车辆数/辆	车辆总数/辆	时间/s	进入车辆数/辆	离开车辆数/辆	车辆总数/辆
9000	534	428	3026	11760	55	21	5886
9120	519	394	3151	11880	21	24	5883
9240	601	405	3347	12000	15	20	5878
9360	550	384	3513	12120	32	3	5907
9480	579	371	3721	12240	36	5	5938
9600	587	389	3919	12360	13	16	5935
9720	556	318	4157	12480	36	22	5949
9840	596	331	4422	12600	39	19	5969
9960	494	335	4581	12720	3	2	5970
10080	410	302	4689	12840	0	0	5970
10200	411	267	4833	12960	0	2	5968
10320	381	229	4985	13080	7	2	5973
10440	310	198	5097	13200	5	21	5957
10560	239	175	5161	13320	5	26	5936
10680	183	168	5176	13440	0	1	5935
10800	215	117	5274	13560	2	3	5934
10920	194	122	5346	13680	9	7	5936
11040	152	119	5379	13800	29	10	5955
11160	182	65	5496	13920	52	26	5981
11280	181	63	5614	14040	1	2	5980
11400	224	130	5708	14160	1	4	5977
11520	135	49	5794	14280	6	5	5978
11640	103	45	5852	14400	10	30	5958

利用 MATLAB 软件绘制累计车辆数与行程完成车辆数之间的关系曲线，拟合模型由前面介绍的宏观基本图的三次函数拟合，便可以得到该交通控制子区累计车辆数与行程完成车辆数的关系曲线，如图 10-8 所示，其中横坐标表示交通控制子区中的累计车辆数，纵坐标表示行程完成车辆数。

曲线拟合结果为

$$G(n) = 1.457 \times 10^{-8} n^3 - 1.855 \times 10^{-4} n^2 + 0.5928n \tag{10-10}$$

式中，$G(n)$ 为行程完成车辆数；n 为累计车辆数。

本章研究的控制目标是使子区内的行程完成车辆数最大，即路网中的累计车辆数保持在最佳临界值附近，为求路网中的最佳临界值，令

$$\max\{G(n)\} = \max\{1.457 \times 10^{-8} n^3 - 1.855 \times 10^{-4} n^2 + 0.5928n\} \tag{10-11}$$

其中，路网中的累计车辆数 n 应满足：

$$0 \leqslant n \leqslant n_{\max} \tag{10-12}$$

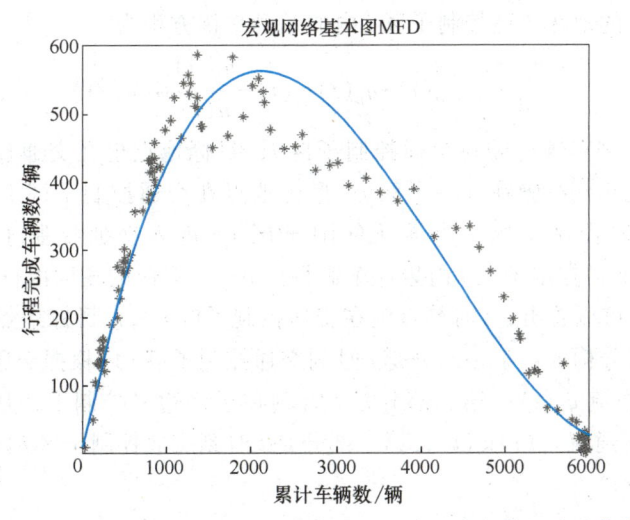

图 10-8 交通控制子区累计车辆数与行程完成车辆数的关系曲线

利用 MATLAB 求得,当 $G(n)$ 到达峰值时,$n^* = 2100$。因此,该交通控制子区的最佳临界车辆数为 2100 辆。

10.5 非对称交通信号灯离散边界反馈控制策略

10.5.1 控制系统的状态方程及离散化处理方法

1. 控制系统的状态方程

任意一个路网在一定时间内,路网的交通流总是处于相对平衡的状态。路网内车辆的增加量和减少量,以及车辆驶入量和驶出量满足城市路网的供需平衡。研究路网车流平衡模型能够更为准确地了解某时刻路网内交通流的状态。假设交通控制子区 i 为城市的中心区域,子区会吸引大量的交通需求,因此交通控制子区 i 常处于饱和状态或者过饱和状态;子区 j 为交通控制子区 i 的外围区域。该城市路网交通控制子区交通流示意图如图 10-9 所示。

对于交通控制子区 i,累计车辆数在一定范围内保持不变(驶入与驶出该子区的车辆数相等)。在 t 时刻,交通控制子区 i 内的车辆累计数由两部分构成,子区内车流动态方程为

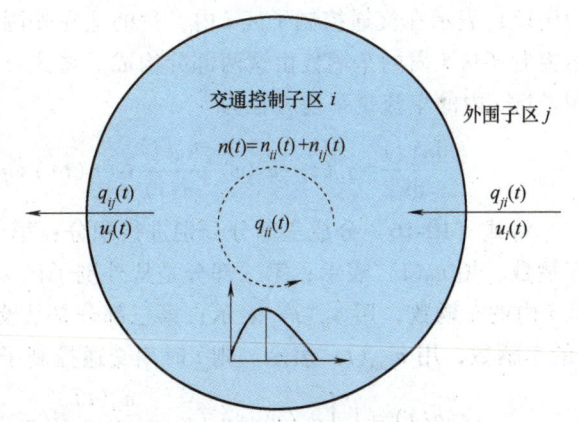

图 10-9 交通控制子区交通流示意图

$$n(t) = n_{ii}(t) + n_{ij}(t) \tag{10-13}$$

式中,$n(t)$ 为在 t 时刻交通控制子区 i 内的累计车辆数;$n_{ii}(t)$ 为在 t 时刻车辆目标地点在交通控制子区 i 内的累计车辆数;$n_{ij}(t)$ 为在 t 时刻车辆目标地点在外围子区 j 的累计车辆数。

同时，t 时刻目的地在交通控制子区 i 内的车辆平衡方程为

$$\frac{\mathrm{d}n_{ii}(t)}{\mathrm{d}t}=q_{ii}(t)+q_{ji}(t)u_i(t)-\frac{n_{ii}(t)}{n(t)}G(n(t)) \quad (10\text{-}14)$$

式中，$q_{ii}(t)$ 为 t 时刻车辆行驶在交通控制子区 i，目标地点也在交通控制子区 i 内的交通流；$q_{ji}(t)$ 为 t 时刻车辆行驶在外围子区 j，目标地点在交通控制子区 i 内的交通流；$u_i(t)$ 为 t 时刻，通过交通控制子区 i 边界从外围子区 j 进入交通控制子区的交通流比例；$G(n(t))$ 为 t 时刻交通控制子区 i 内累计车辆数为 $n(t)$ 对应的子区内行程完成车辆数。

由式（10-14）可以看出，t 时刻行驶在交通控制子区 i 内，目标地点也在交通控制子区 i 内的交通流由三部分构成：第一部分是 t 时刻交通控制子区 i 内根据交通需求新生成的目的地也在子区内的交通流 $q_{ii}(t)$；第二部分是 t 时刻在子区边界控制下，从外围子区 j 进入交通控制子区 i 内的交通流 $q_{ji}(t)u_i(t)$；第三部分是 t 时刻交通控制子区 i 内已经完成行程到达目的地的交通流 $\frac{n_{ii}(t)}{n(t)}G(n(t))$。

t 时刻，交通控制子区 i 内目的地在外围子区 j 的车辆平衡方程为

$$\frac{\mathrm{d}n_{ij}(t)}{\mathrm{d}t}=q_{ij}(t)-\frac{n_{ij}(t)}{n(t)}G(n(t))u_j(t) \quad (10\text{-}15)$$

式中，$q_{ij}(t)$ 表示 t 时刻行驶在交通控制子区 i 内，但目的地在外围子区 j 的交通流；$u_j(t)$ 表示 t 时刻，通过交通控制子区 i 边界从交通控制子区 i 到外围子区 j 的交通流比例。

由式（10-15）可以看出，t 时刻在交通控制子区 i 内，目的地在外围子区 j 的交通流由两部分构成：第一部分是 t 时刻交通控制子区 i 内新产生的目的地在外围子区 j 的交通流 $q_{ij}(t)$；第二部分是 t 时刻目的地在外围子区 j，并且在边界控制下通过交通控制子区边界到达目的地的交通流 $\frac{n_{ij}(t)}{n(t)}G(n(t))u_j(t)$。

式（10-14）表示在交通控制子区 i 内，目的地也在交通控制子区内部的交通流，式（10-15）表示在交通控制子区 i 内，目的地在外围子区 j 的交通流。由式（10-13）可知，交通控制子区 i 内的车辆数由这两部分构成。将式（10-14）和式（10-15）相加，得到交通控制子区 i 内的车流量平衡方程为

$$\frac{\mathrm{d}n(t)}{\mathrm{d}t}=q_{ii}(t)+q_{ij}(t)-\frac{n_{ii}(t)}{n(t)}G(n(t))+q_{ji}(t)u_i(t)-\frac{n_{ij}(t)}{n(t)}G(n(t))u_j(t) \quad (10\text{-}16)$$

将式（10-16）分成三部分分别进行积分：第一部分是交通控制子区 i 内 t 时刻新生成的车辆数，用 $n_0(t)$ 表示；第二部分是从外围子区 j 通过交通控制子区 i 边界进入交通控制子区 i 内的车辆数，用 $n_{in}(t)$ 表示；第三部分是从交通控制子区 i 通过子区边界到达外围子区 j 的车辆数，用 $n_{out}(t)$ 表示。则 t 时刻交通控制子区 i 内的累计车辆数可描述为

$$n(t)=\int_0^t\left[q_{ii}(t)+q_{ij}(t)-\frac{n_{ii}(t)}{n(t)}G(n(t))\right]\mathrm{d}t+\int_0^t[q_{ji}(t)u_i(t)]\mathrm{d}t-\int_0^t\left[\frac{n_{ij}(t)}{n(t)}G(n(t))u_j(t)\right]\mathrm{d}t$$

或

$$n(t)=\int_0^t n_0(t)\mathrm{d}t+\int_0^t n_{in}(t)\mathrm{d}t-\int_0^t n_{out}(t)\mathrm{d}t \quad (10\text{-}17)$$

2. 离散化处理方法

由于交通控制子区 i 边界交叉口信号灯是周期控制的因素，因此对交通控制子区的边界控制无法做到实时控制，而是每隔一段时间对交通控制子区边界交叉口的信号灯配时进行调整。假设每隔周期 T 对交通控制子区边界交叉口进行一次配时优化，令 $t = Tm$，对式（10-17）进行离散化处理。则第 $(m+1)$ 周期交通控制子区 i 内的累计车辆数为

$$n(m+1) = n(m) + \left[q_{ii}(m) + q_{ij}(m) - \frac{n_{ii}(k)}{n(k)} G(n(m)) \right] T + [q_{ji}(m) u_i(m)] T - \left[\frac{n_{ij}(m)}{n(m)} G(n(m)) u_j(m) \right] T$$

或

$$n(m+1) = n(m) + n_0(m+1) + n_{\text{in}}(m+1) - n_{\text{out}}(m+1) \tag{10-18}$$

假设交通控制子区 i 内第 $(m+1)$ 周期内新产生的交通需求与行程完成车辆数也就是到达目的地的车量数相等，即 $n_0(m+1) = 0$。那么在第 $(m+1)$ 周期，子区内的累计车辆数可以表示为

$$n(m+1) = n(m) + n_{\text{in}}(m+1) - n_{\text{out}}(m+1) \tag{10-19}$$

将式（10-19）中驶入交通控制子区和驶出交通控制子区的车辆数用每个周期每个交叉口期望驶入该交通控制子区的交通流量与交叉口绿灯时长的乘积表示，那么第 $(m+1)$ 周期交通控制子区内的累计车辆数可以表示为

$$n(m+1) = n(m) + \sum_a q_{a,\text{in}}(m+1) t_{a,\text{in}}(m+1) - \sum_a q_{a,\text{out}}(m+1) t_{a,\text{out}}(m+1)$$

$$\tag{10-20}$$

式中，$q_{a,\text{in}}(m+1)$ 表示在第 $(m+1)$ 周期边界交叉口 a 处进入交通控制子区的交通需求；$t_{a,\text{in}}(m+1)$ 表示在第 $(m+1)$ 周期边界交叉口 a 进入交通控制子区的绿灯时长；$q_{a,\text{out}}(m+1)$ 表示在第 $(m+1)$ 周期边界交叉口 a 处驶出交通控制子区的交通需求；$t_{a,\text{out}}(m+1)$ 表示在第 $(m+1)$ 周期边界交叉口 a 驶出交通控制子区的绿灯时长。

交通控制子区边界控制的思路是通过调整边界信号灯的配时来控制驶入和驶出子区的交通流量。由式（10-20）可知，第 $(m+1)$ 周期交通控制子区内累计的车辆数由第 m 周期子区内的累计车辆数、第 $(m+1)$ 周期驶入交通控制子区和驶离交通控制子区的车辆数决定。而驶入和驶离交通控制子区的车辆数由交通控制子区各边界交叉口的交通流量和绿灯通行时间决定。由于交叉口的交通流量取决于交通需求，所以控制策略中原本的控制量 u_i、u_j 转换成了交通控制子区各边界信号灯驶入和驶出交通控制子区的通行时间，也就是边界信号灯的绿灯时长。

10.5.2 边界反馈控制系统设计

1. 边界反馈控制

边界反馈控制策略属于区域信号协调控制或面控。它用于调整交通控制子区边界处车辆的进出比例，并将控制子区内部的交通流控制在最优状态，从而提高区域内部的利用率与通行能力。由于交通控制子区属于交通控制中比较复杂的研究对象，子区中任何一条路段的交通状况都会影响整个子区的状态。因此本章从宏观的角度，在宏观基本图理论的基础之上，把交通控制子区作为一个整体去研究，同时加入反馈控制的概念，不断地调整边界处的交通信号配时方案。

在采取边界反馈控制策略之前,需要确定交通控制子区是否满足以下条件。

1)交通控制子区内的交通拥堵是主要由外部交通流量引起的。当区域出行的起讫点都在区域内的交通流量超过整体交通流量的一半时,则该区域不适合进行区域边界控制。因为在上述情况下,边界控制策略无法对区域内部的交通流量产生影响,只能依靠牺牲区域外围的交通状况来保证区域内部的交通状态,此时,不仅边界控制策略的控制效果不明显,还会造成区域外围发生严重的交通瘫痪。

2)区域边界处的主要交叉口需要布设数据检测器,用来检测区域流入和流出的交通流量;区域内部的主要路段也要布设数据检测器,用于反映区域内的交通状况,并且检测器的布设位置应尽量设置在路段中间。检测器布设在路段中间时,交通流处于自由流状态,可以更好地反映该区域的交通运行情况。若检测器的位置距离信号控制的位置过近,检测到的数据多为车辆排队或拥堵状态下的数据,无法反映区域内的正常交通状态。

3)区域边界外的路段尽可能长,有足够的空间容纳那些暂时被阻挡在边界外的车辆,避免车辆排队蔓延至上游交叉口而导致其他区域发生交通拥堵。

2. 边界反馈控制系统

设计一个离散边界反馈控制系统,如图10-10所示,通过调节交通控制子区边界处的交叉口信号灯配时,控制边界处车辆的进出,从而将路网中的车辆数维持在最佳临界值 n^* 附近,保证子区内部的车辆行程完成量最大,最终提高路网的运行效率,缓解子区内的拥堵状态。

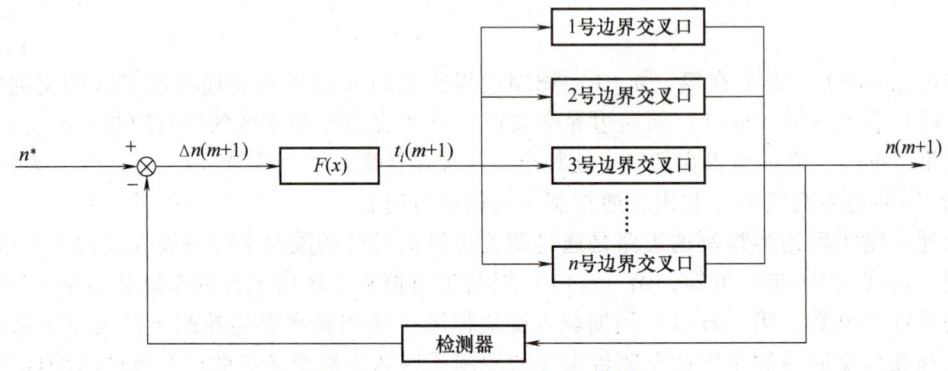

图10-10 离散边界反馈控制系统

其中,系统输入为交通控制子区内的最佳临界累计车辆数 n^*;系统输出为子区内的车辆总数 $n(m+1)$;$F(x)$ 表示路网中的车辆数与交叉口处的信号配时调整差值之间的关系,本小节采取了非对称交通信号配时方案,具体内容在下一小节进行介绍。

当系统输出即路网中的累计车辆数稳定在最佳临界值 n^* 时,进出交通控制子区的车辆数相等,此时行程完成的车辆数达到最大,子区内部的交通状态保持在最佳状态。

10.5.3 非对称交通信号控制

1. 非对称交通信号

非对称交通信号,顾名思义,主要是指行驶方向相反的交通信号控制灯的交通配时为非对称的。在日常生活中,经常见到的交叉口信号灯多为对称设计,但是由于城市中的交通流存在时间和空间分布的不均衡性,所以很多时候,在某一个方向上的交通流并不能完全有效地利用该相位的全部绿灯时间,这就造成了绿灯时间的浪费,此时采用非对称式交通信号控制,可以有效地提高绿灯时间的使用效率,提高交叉口的服务水平。本小节采用非对称式交通信号控制来调整交通控制子区边界处车辆进出的比例,将子区内的车辆数保持在最佳临界值附近,从而维持子区内稳定的交通状态。

由于本小节提到的边界反馈控制策略用于限制边界交叉口处部分车辆进入子区,加速子区中的车辆通过边界离开交通控制子区,从而确保子区中的交通状态稳定。从某种角度看,本小节是通过交通信号控制人为地产生非对称交通流,因此本小节将控制非对称交通流的思想理念引入边界反馈控制策略中,通过非对称式交通信号控制来调整交通控制子区边界处的信号相位和有效绿灯时间,从而将控制子区内的交通状态保持在最佳状态。

2. 非对称信号相位调整方案

由于交通控制子区边界处的交叉口位置不同,因此对不同位置交叉口的信号相位需进行不同的相位调整。下面以交叉口 M 为例,介绍非对称信号相位调整方案。

交叉口位置示意图如图 10-11 所示。交叉口 M 位于交通控制子区边界的西侧,假设交叉口 M 采用的交通信号为两相位,并且进出交通控制子区的主要交通流来自东西方向。通过边界控制策略,需要减少从西向东方向进入子区的车辆数,加快从东向西方向的车辆离开交通控制子区,因此提前关闭从西向东方向的绿灯,将原来的两相位变成三相位,如图 10-12 所示。新增加的相位作为过渡相位,只允许子区内的车辆离开子区,禁止子区外的车辆进入。

图 10-11 交叉口位置示意图

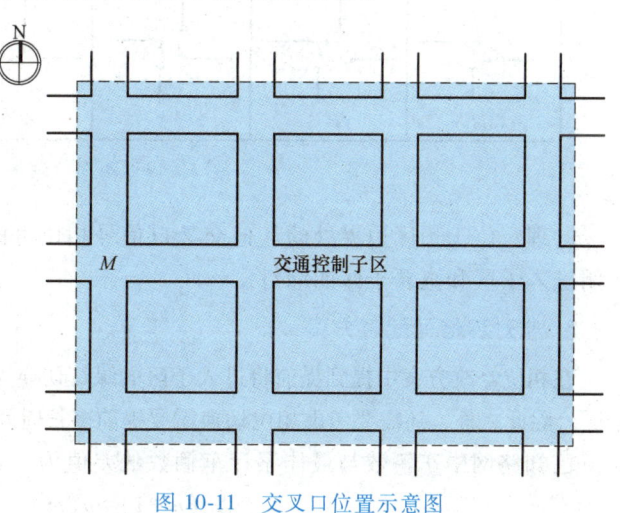

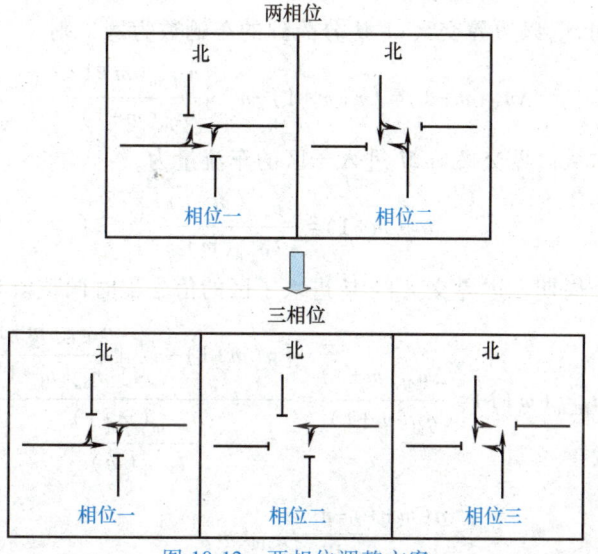

图 10-12 两相位调整方案

如果原来的交叉口为四相位，则将四相位更改为六相位，如图 10-13 所示。在直行和左转两相位之间增加一个过渡相位，提前将进入子区方向的绿灯切换为红灯，将离开子区的红灯切换为绿灯。

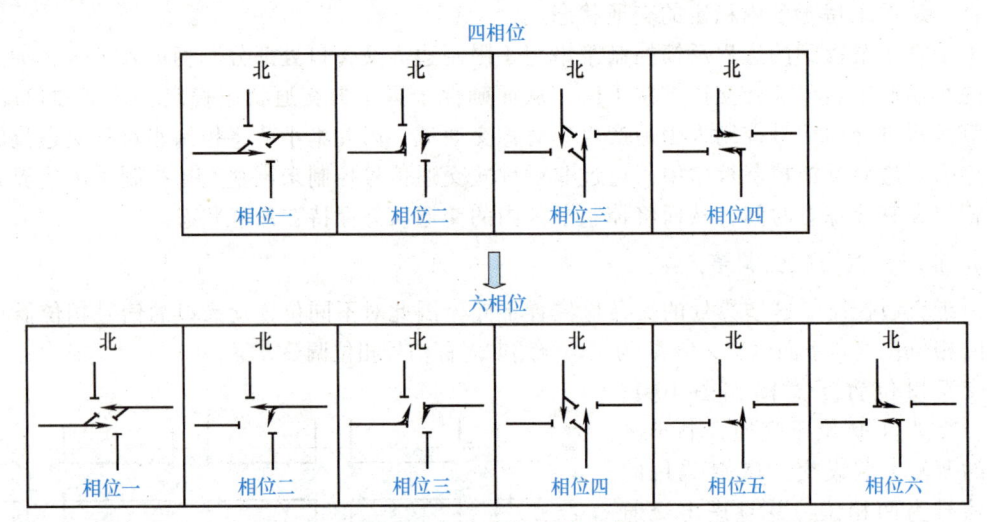

图 10-13 四相位调整方案

同理，位于子区边界处的其他交叉口信号相位也做相应的修改，增加过渡相位，即提前关闭进入子区和离开子区的绿灯。

3. 非对称信号配时方案

在相位修改方案中提到提前将进入子区的绿灯切换为红灯，从而禁止部分车辆通过边界进入子区。除此之外，还需要考虑相位切换需要提前多长时间。下面对其中的相位配时进行研究。

已知路网中车辆数与最佳累计车辆数的差值为

$$\Delta n(m+1) = n(m+1) - n^* \tag{10-21}$$

将 $\Delta n(m+1)$ 按照第 $m+1$ 个周期内从各边界交叉口进入的车辆数在总进口车辆数的比例分配到边界各交叉口。以边界交叉口 M 分配到的车辆数为例，则

$$\Delta n_M(m+1) = [n(m+1) - n^*] \frac{n_{M,\text{in}}(m+1)}{n_{\text{in}}(m+1)} \tag{10-22}$$

第 $m+1$ 个周期，从边界交叉口 M 进入子区的车流量为

$$q_M(m+1) = \frac{n_{M,\text{in}}(m+1)}{t_{M,\text{in}}(m)} \tag{10-23}$$

所以，第 $m+1$ 个周期，边界交叉口 M 进入子区的信号配时调整值为

$$\Delta t_{M,\text{in}}(m+1) = \frac{\Delta n_M(m+1)}{q_M(m+1)} = \frac{[n(m+1)-n^*]\dfrac{n_{M,\text{in}}(m+1)}{n_{\text{in}}(m+1)}}{\dfrac{n_{M,\text{in}}(m+1)}{t_{M,\text{in}}(m)}} \tag{10-24}$$

$$= \frac{n(m+1)-n^*}{n_{\text{in}}(m+1)} t_{M,\text{in}}(m)$$

第 $m+1$ 个周期，边界交叉口 M 进入子区的信号配时为

$$t_{M,\text{in}}(m+1) = t_{M,\text{in}}(m) - \Delta t_{M,\text{in}}(m+1) = \left[1 - \frac{n(m+1) - n^*}{n_{\text{in}}(m+1)}\right] t_{M,\text{in}}(m) \tag{10-25}$$

10.5.4 限制条件

考虑到周期时长的影响以及边界外道路的拥堵情况，进入子区方向的绿灯时间并不能无限制地增加或减少。以下介绍最小绿灯时间、最大绿灯时间和边界外排队长度限制。

1. 最小绿灯时间限制

最小绿灯时间限制主要是为了保障行人能够在最小绿灯时间内通过路口，同时为司机提供一定的反应时间。采用《交通工程总论》中的行人过街时间作为最小绿灯时间，行人过街时间按式（10-26）计算为

$$G_{\text{行}} = R + W/V_{\text{行}} + 2(N-1) \tag{10-26}$$

式中，$G_{\text{行}}$ 为行人通过该路口时的绿灯信号时间（s）；R 为行人反应时间，一般为 2~3s；N 为行人过街的排队人数；W 为人行横道的长度（m），即行车道的宽度；$V_{\text{行}}$ 为行人的步行速度（m/s），行人的平均步行速度为 1.2m/s，但是为了安全起见，以行动缓慢的老人和小孩的步行速度 1m/s 作为参考速度。

2. 最大绿灯时间限制

由于交叉口信号灯的周期有一定的时长限制，同时为了避免交叉方向的行人或车辆等待时间过长，需要设置最大绿灯时间限制绿灯时间无限加长。本书中的最大绿灯时间是根据信号周期减去对向交通信号的最小绿灯时间来计算的。

3. 边界外排队长度限制

由于采取边界控制策略，在交通控制子区边界外的路段上会有部分车辆因为限制进入而排队等待，为了避免排队长度扩散到上游交叉口，导致上游交通拥堵，甚至大面积扩散，因此，加入边界外排队长度限制，若边界外排队长度超过限制条件，则增加该方向的绿灯时间，多放行一部分车辆进入交通控制子区。

边界外排队长度的计算模型采用基于交通波理论推导出来的线性预测模型，具体为

$$l(t+\Delta t) = l(t) + u_w \Delta t \tag{10-27}$$

式中，$l(t+\Delta t)$ 为 $t+\Delta t$ 时刻的车辆排队长度；$l(t)$ 为 t 时刻的车辆排队长度；u_w 为停车波的传递速度。

停车波模型为

$$u_w = -u_f \frac{k_1}{k_j} \tag{10-28}$$

式中，u_f 为车辆在自由流状态下的行驶速度；k_1 为此刻路段上车流密度；k_j 为拥堵密度，即交通完全堵塞状态下，车流静止不动时的车流密度；负号为停车波的传递方向与车辆的行驶方向相反。

当交通控制子区边界外的路段上的车辆排队长度大于路段长度时，表示当前路段发生了交通溢流，需要解除该边界交叉口方向的绿灯限制，加快放行该路段上的排队车辆。

10.5.5 仿真分析

1. 仿真环境

本节采用 Microsoft Visual Studio 对 VISSIM 交通仿真软件的二次开发进行仿真试验。利用 VISSIM 绘制路网，路网范围与 10.4.3 小节相同，如图 10-14 所示，其中圆点表示边界检测器的放置位置，共 18 个，用于检测边界处交叉口处的交通数据，包括进入子区的车辆数、离开子区的车辆数、排队长度等；三角表示子区内部检测器的放置位置，共 30 个，用来检测子区内部的交通运行数据，包括平均车速、平均延误等。

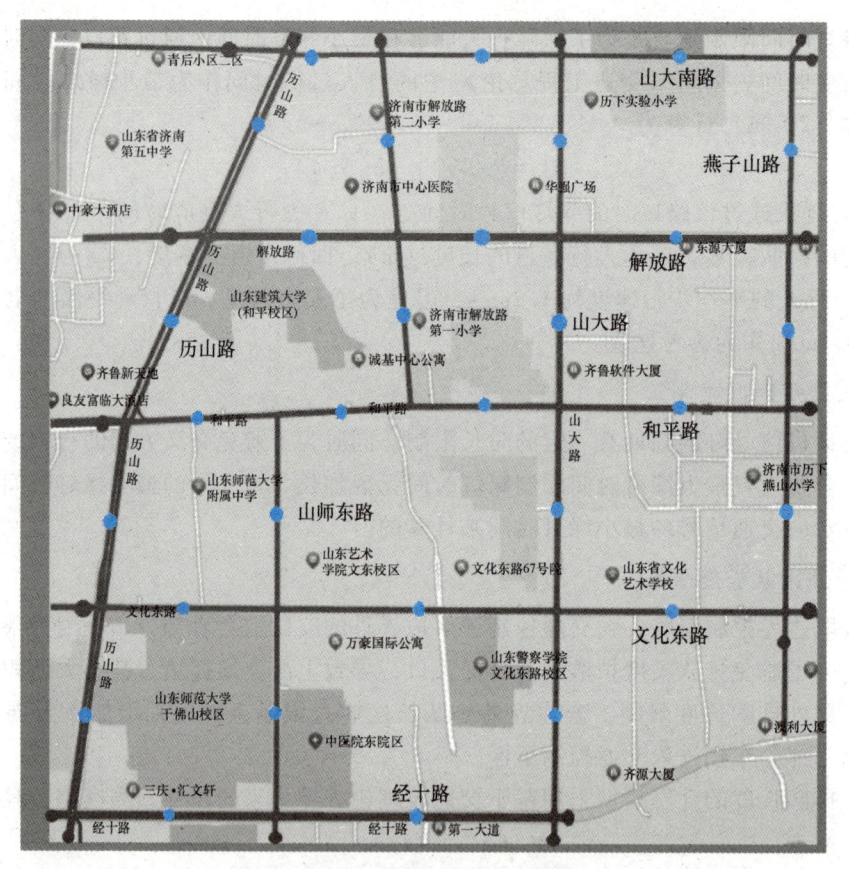

图 10-14 仿真路网及检测器位置

仿真试验时长设定为 14400s，即 4h，模拟路网从平峰期到高峰期的过程。子区边界各进口处的车流量设置与 10.3.3 小节相同。路网中检测器的数据采集周期为 120s，与路网中交叉口信号灯的信号周期相同。车辆期望速度设定为 50km/h。

2. 试验结果及分析

该系统的控制目标是将路网中的累计车辆数保持在最佳临界值附近。为了验证离散边界反馈控制策略的可行性和有效性，本小节将离散边界反馈控制（Discrete Boundary Feedback Control，DBFC）策略的运行效果与非边界控制（Non-boundary Control，NBC）策略和砰砰（Bang-Bang）控制策略的运行效果进行了对比。对比指标包括：进入子区的车辆数、离开子区的车辆数、子区中的车辆平均速度、车辆平均延误、累计车辆数。当仿真试验进行到

8040s 时，交通子区中的车辆数超过最佳临界值，采用离散边界反馈控制策略，子区边界处信号灯的配时按照 10.5.3 小节提到的非对称配时方案进行调整。仿真试验结果如图 10-15 所示，优化程度数据见表 10-4。

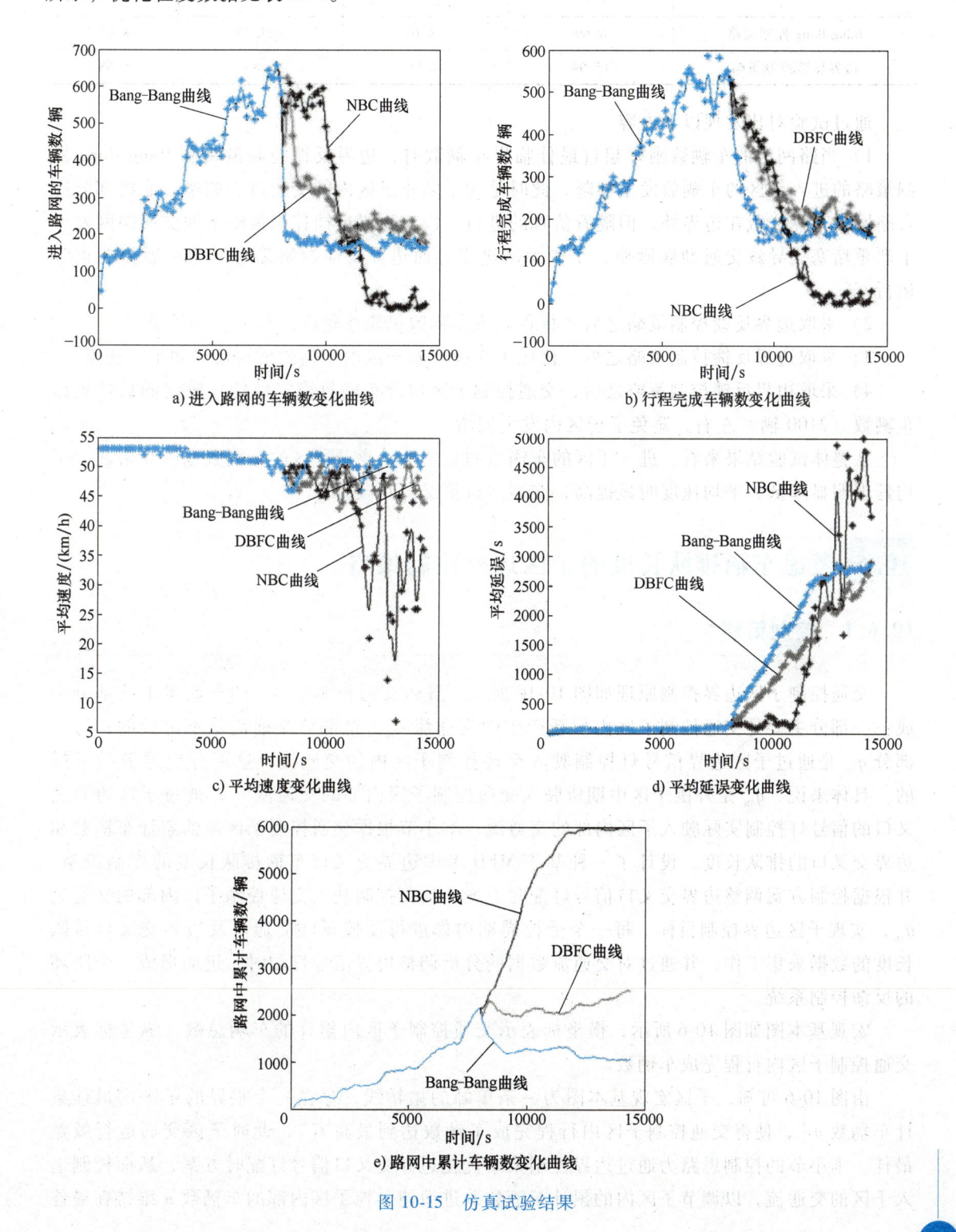

图 10-15 仿真试验结果

表 10-4　优化程度数据

优化程度	进入子区的车辆数（%）	离开子区的车辆数（%）	平均延误（%）	平均速度（%）
Bang-Bang 控制策略	4.69	-9.04	-21.78	8.65
边界反馈控制策略	15.94	4.31	6.89	5.68

通过试验对比发现以下内容。

1) 当路网中的车辆数刚好超过最佳临界车辆数时，边界反馈控制策略和 Bang-Bang 控制策略的进入子区的车辆数发生骤降，此时是为了防止子区内部交通过于拥堵，而将部分进入路网的车辆拦截在边界外，但随着仿真的进行，没有边界反馈控制策略下的交通路网发生了严重堵塞，导致交通彻底瘫痪，车辆无法进出，而边界反馈控制策略下的交通仍能正常运行。

2) 采取边界反馈控制策略之后，行程完成车辆数仍能在较高的水平上下浮动。

3) 采取边界反馈控制策略之后，优化了交通控制子区内车辆的平均延误和平均速度。

4) 采取边界反馈控制策略之后，交通控制子区内的车辆数稳定维持在设定的最佳累计车辆数（2100 辆）左右，避免了子区内发生拥堵。

从整体试验结果来看，进入子区的车辆数明显增加，离开子区的车辆数也明显增加，平均延误明显降低，平均速度明显提高，交通运行情况得到改善。

10.6　考虑车辆排队长度的子区边界控制策略

10.6.1　控制策略

交通控制子区边界控制原理如图 10-16 所示。驶入交通控制子区 i 的车流量由两部分构成：一部分主要是交通控制子区内部新产生的交通流 q_{ii}，这部分交通流是不可控的；另一部分 q_{in} 是通过子区边界信号灯控制驶入交通控制子区内的交通流，这部分交通流是可控的。具体来说，q_{in} 是外围子区中期望驶入交通控制子区内部的交通流 q_{ji}，通过子区边界交叉口的信号灯控制实际驶入子区内部的交通流。本小节根据交通控制子区内的累计车辆数和边界交叉口的排队长度，设计了一种基于 MFD 考虑边界交叉口车辆排队长度的控制策略，并根据控制方案调整边界交叉口信号灯配时方案，从而控制驶入交通控制子区内部的交通流 q_{in}，实现子区边界控制目标。每一个受控周期内都进行受控子区交通流及边界交叉口排队长度的数据采集工作，并通过对交通流数据的分析调整边界信号灯配时，进而形成一个闭环的反馈控制系统。

宏观基本图如图 10-6 所示，横坐标表示交通控制子区内累计的车辆总数，纵坐标表示交通控制子区内行程完成车辆数。

由图 10-6 可知，子区宏观基本图为一条单峰的抛物线，存在一个临界的子区内最佳累计车辆数 n^*，使得交通控制子区内行程完成车辆数达到最高 G^*，此时子区交通运行效益最佳。本小节的控制思路为通过边界控制策略优化边界交叉口信号灯配时方案，从而控制进入子区的交通流，以调节子区内的累计车辆数，进而使受控子区内部的车辆数 n 维持在最佳

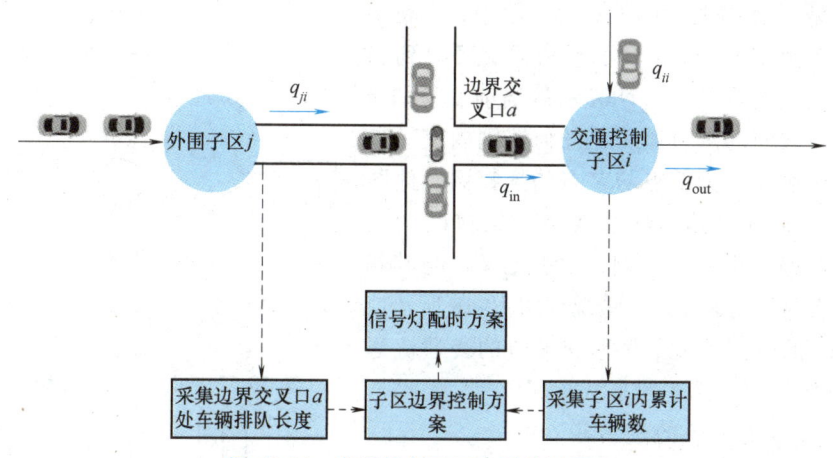

图 10-16 交通控制子区边界控制原理

累计车辆数 n^* 附近,使得子区内行程完成车辆数达到最大。同时,为了预防子区边界交叉口处车辆排队长度超过阈值,基于交叉口的排队模型确定车辆排队长度,并对边界信号灯进行二次调控,既避免了交通拥堵向子区上游路段蔓延,又保证了边界控制策略的有效实施。对于交通控制子区 i 通过子区边界控制后子区内的累计车辆数 n 应该满足下式,即

$$n^* - \varepsilon \leqslant n \leqslant n^* + \varepsilon \tag{10-29}$$

式中,n^* 表示受控子区 i 内的最佳累计车辆数;ε 是交通管理控制中的波动范围,通常情况下为 n^* 的 1%~3%,本书中选择比例 2%。

当交通控制子区 i 内的累计车辆数 $n<n^*$ 时,子区内没有发生交通拥堵,没有必要对交通控制子区实施子区边界控制。如果这时实施边界控制,不但不能提升路网的交通运行效益,还会造成资源浪费。当交通控制子区 i 内的累计车辆数 $n \geqslant n^*$ 时,子区内部发生交通拥堵,急需对交通控制子区采取边界控制,控制子区内的累计车辆数。

综上,本控制策略的总体目标是通过不断调整边界交叉口的信号灯配时,使得交通控制子区内的累计车辆总数维持在最佳车辆数,保证交通控制子区获得的交通运行效益最高。

10.6.2 交通控制子区交通流模型

子区的车辆数变化模型在本书 10.5.1 节已经进行了描述。下面对子区边界交叉口的排队进行建模。道路交叉口作为构成城市路网的关键因素,交叉口的信号灯配时是否安全高效对于路网交通运行效益的高低起着决定性作用,所以对交叉口的信号灯进行合理配时能够很大程度地提升路网整体的运行效率。在上一小节中基于车流平衡模型构建了交通控制子区内车辆数变化模型,将边界控制的目标转化为子区边界交叉口进出交通控制子区的绿灯时长,从而控制子区内的累计车辆数,进而实现控制目标。但是,如果一味地限制进入交通控制子区的车辆数,会造成交通控制子区边界交叉口路段上车辆排队长度超过阈值,车辆拥堵继续向上游交叉口蔓延,造成拥堵扩散。因此,应考虑交通控制子区边界交叉口的实际运行情况,建立边界交叉口的排队模型来预估交叉口实际车辆排队长度,并根据该排队模型对边界交叉口信号灯配时进行优化。

以实际生活中常规的四向交叉口为例,对单个交叉口 a 的几何结构和车辆排队进行建

模，几何模型示意如图 10-17 所示。图中，a 表示当前建模的单点交叉口，I 表示从相邻交叉口到当前交叉口 a 之间的进口道，O 表示从当前交叉口 a 到相邻交叉口之间的出口道。在任何路网内交叉口和路段都可以被描述为节点与节点的连接图。此图描述了当前交叉口与其相邻的 4 个交叉口间的关系。以传统的四向交叉口为例，单点交叉口与其相邻的交叉口之间的交通流运行情况如图 10-18 所示。

图 10-18 描述了传统十字形交叉口的交通流运行状况，其中 $I_1 \sim I_{12}$ 描述的是从相邻交叉口进入当前交叉口的进口道，4 个方向分别包含左转、直行和右转；$O_1 \sim O_4$ 描述的是从当前交叉口到其他相邻交叉口的出口道，4 个方向分别包含左转、直行和右转。在一个周期 T 时间内，从当前交叉口 a 转移到相邻交叉口 b 的车辆数可以表示为

$$t_{ab} = \begin{cases} x_a, & x_a < s_a \text{ 且交叉口 } a \text{ 为绿灯} \\ s_a, & x_a > s_a \text{ 且交叉口 } a \text{ 为绿灯} \\ 0, & \text{其他情况} \end{cases} \quad (10\text{-}30)$$

式中，t_{ab} 为从交叉口 a 到交叉口 b 的转移车辆数；s_a 为在 T 时间内从交叉口 a 可驶出的最大车辆数；x_a 为在 T 时间内，交叉口 a 处的排队车辆数。

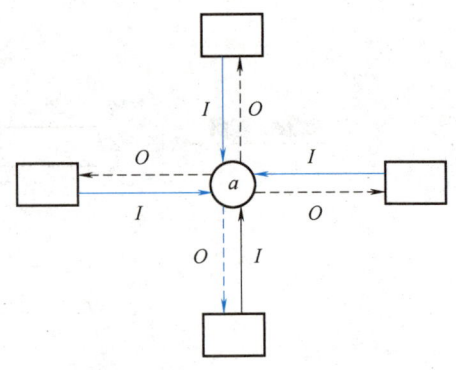

图 10-17 四向交叉口几何模型示意

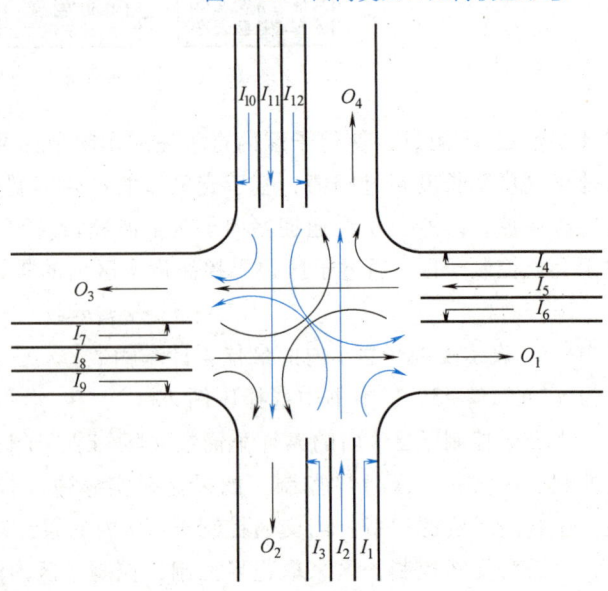

图 10-18 十字形交叉口的交通流运行示意

因此，在第 ($m+1$) 周期交叉口 a 处的排队车辆数可以描述为

$$x_a(m+1) = x_a(m) + \int_m^{m+1} A_a(m)\,dm - \sum_b t_{ab} \quad (10\text{-}31)$$

$$A_a(m) = \frac{q_{a,\text{in}}(m) C_a}{g_a(m)} \quad (10\text{-}32)$$

式中，$A_a(m)$ 为第 m 周期交叉口 a 的交通流率；$q_{a,\text{in}}(m)$ 为第 m 周期从边界交叉口 a 进入子区 i 的交通流；C_a 为交叉口 a 的信号灯周期；$g_a(m)$ 为第 m 周期边界交叉口 a 的信号灯绿灯时长。

10.6.3 子区边界信号灯配时优化

1. 边界反馈控制器的设计

假设：

1）由于宏观基本图为路网的一种固有属性，因此可认为对交通控制子区实施边界控

策略不会对子区 MFD 造成影响。

2）随着交通控制子区边界控制策略的实施，路网内的交通流密度会发生一定程度的变化，但是不考虑重新划分子区的问题。

设计一个改进的离散边界反馈控制器，如图 10-19 所示。

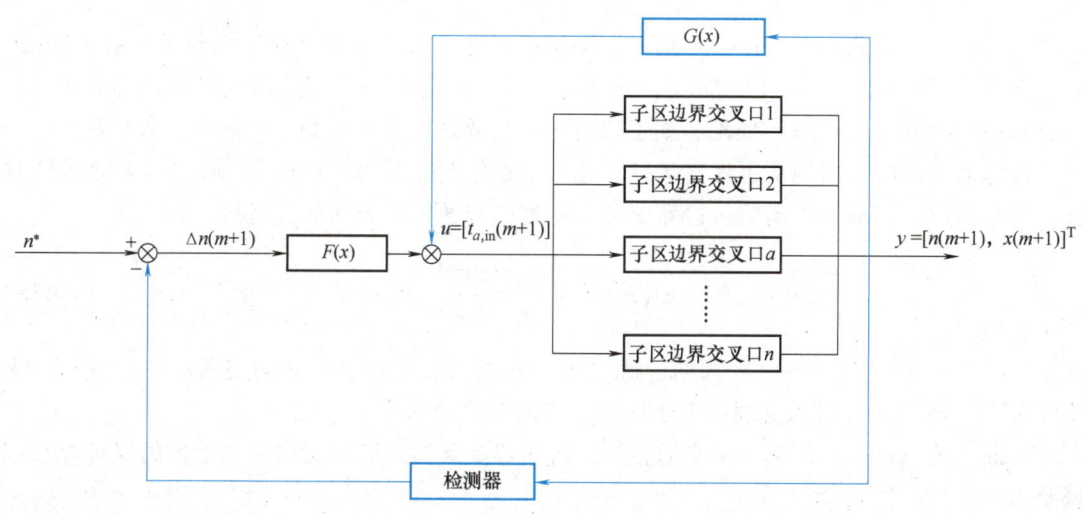

图 10-19　改进的离散边界反馈控制器

控制思路是：基于交通控制子区 MFD 获取子区最佳累计车辆数 n^*，经检测器检测后的第（$m+1$）周期交通控制子区内的累计车辆数与交通控制子区的最佳累计车辆数 n^* 作比较，得到差值后，根据控制策略 $G(x)$ 调控子区边界交叉口的信号灯配时，得到子区边界交叉口新的进入该子区内的红绿灯时长。同时确定交通控制子区边界交叉口的车辆排队长度 x，并根据信号灯调控策略 $F(x)$ 对边界信号的配时进行二次优化。通过不断调节交通控制子区边界信号灯的配时，使交通控制子区内的累计车辆数不断接近最佳值。其中，u 表示控制器的输入；$t_{a,\text{in}}$ 表示边界交叉口信号灯绿灯时长；y 表示控制器的输出；n 表示交通控制子区内的累计车辆数；x 表示边界交叉口车辆排队长度；$G(x)$ 表示受控子区内累计车辆数和最佳车辆数之间的差值与边界交叉口信号灯配时之间的关系（具体的边界信号灯配时在下面进行详细介绍）；$F(x)$ 表示受控子区边界交叉口的车辆排队长度与边界交叉口信号灯配时之间的关系。

控制目标是将交通控制子区内的累计车辆数维持在最佳值，驶入和驶出交通控制子区内的交通流量达到动态平衡，此时交通控制子区内完成行程的交通流量达到最优值，交通控制子区的交通运行状态达到最佳。

2. 基于交通流的子区边界信号灯配时

根据 10.5.1 小节建立的交通控制子区车辆数变化模型和前面设计的边界反馈控制器可知，在第（$m+1$）周期时交通控制子区内的累计车辆数与最佳累计车辆数存在一个差值 $\Delta n(m+1)$，即

$$\Delta n(m+1) = n(m+1) - n^* \tag{10-33}$$

通过不断调整交通控制子区边界信号灯配时，使得进入交通控制子区的车辆数减少 $\Delta n(m+1)$，以消除和最佳临界累计车辆数之间的差值。按照每个边界交叉口在第（$m+1$）

周期驶入交通控制子区的车辆数占所有边界交叉口驶入交通控制子区的比例,确定在第 ($m+1$) 周期时各边界交叉口期望少进入交通控制子区的车辆数,即

$$\Delta n_a(m+1) = \left[n(m+1) - n^*\right] \frac{n_{a,\text{in}}(m+1)}{n_{\text{in}}(m+1)} \qquad (10\text{-}34)$$

式中,$\Delta n_a(m+1)$ 为在第 ($m+1$) 周期,期望通过交叉口 a 少进入交通控制子区的车辆数;$n_{a,\text{in}}(m+1)$ 为在第 ($m+1$) 周期,边界交叉口 a 期望进入交通控制子区的车辆数;$n_{\text{in}}(m+1)$ 为在第 ($m+1$) 周期,期望通过子区边界进入交通控制子区的车辆数总和。

计算第 ($m+1$) 周期从边界交叉口 a 进入交通控制子区 $\Delta n_a(m+1)$ 辆车所需的绿灯时长,需要知道第 ($m+1$) 周期从边界交叉口 a 进入交通控制子区的交通流,即

$$q_a(m+1) = \frac{n_{a,\text{in}}(m+1)}{t_{a,\text{in}}(m)} \qquad (10\text{-}35)$$

式中,$q_a(m+1)$ 为第 ($m+1$) 周期,从交叉口 a 进入交通控制子区的交通流;$t_{a,\text{in}}(m)$ 为第 m 周期,交叉口 a 进入交通控制子区的绿灯时长。

因此,第 ($m+1$) 周期,从交通控制子区边界交叉口 a 驶入交通控制子区的绿灯时长应调整为

$$\Delta t_{a1,\text{in}}(m+1) = \frac{\Delta n_a(m+1)}{q_a(m+1)} = \frac{\left[n(m+1) - n^*\right] \dfrac{n_{a,\text{in}}(m+1)}{n_{\text{in}}(m+1)}}{\dfrac{n_{a,\text{in}}(m+1)}{t_{a,\text{in}}(m)}} = \frac{n(m+1) - n^*}{n_{\text{in}}(m+1)} t_{a,\text{in}}(m) \qquad (10\text{-}36)$$

式中,$\Delta t_{a1,\text{in}}(m+1)$ 为在第 ($m+1$) 周期,根据交通控制子区内交通流调控后,从子区边界交叉口 a 进入交通控制子区的绿灯时长所需调整的时间。

3. 基于车辆排队长度的边界信号灯二次配时优化

当交通控制子区内的累计车辆数超过 n^* 时,启动子区边界控制策略,根据本小节第 2 部分内容调整边界交叉口进入交通控制子区内的信号灯绿灯时长。同时,根据 10.6.2 小节第 2 部分中单点交叉口排队模型计算第 ($m+1$) 周期边界交叉口处的车辆排队长度和各交叉口的实际运行情况,并对边界交叉口的信号灯配时进行二次优化。

交通控制子区边界信号灯配时二次调整根据第 ($m+1$) 周期各交叉口的车辆排队长度进行。如果边界交叉口处车辆的排队长度大于交叉口路段的最大排队长度时,该边界交叉口进入交通控制子区的绿灯时长增加单位绿灯时长;如果边界交叉口处车辆的排队长度小于交叉口路段的最小排队长度时,该边界交叉口进入交通控制子区的绿灯时长缩短单位绿灯时长。

单位绿灯时长的设置应该满足车辆从检测器的位置安全驶过停车线的位置所需要的时间,确保最后一辆通过检测器的车辆安全行驶过停车线,如图 10-20 所示。图中检测器与停车线之间的距离,本书根据《美国道路通行能力手册》推荐,设置为 36m。单位绿灯时间的计算公式为

$$\Delta g = l / v_f \qquad (10\text{-}37)$$

式中，Δg 为单位绿灯时长；l 为检测器安装位置距离交叉口停车线处的长度；v_f 为车辆通过交叉口处的平均速度。

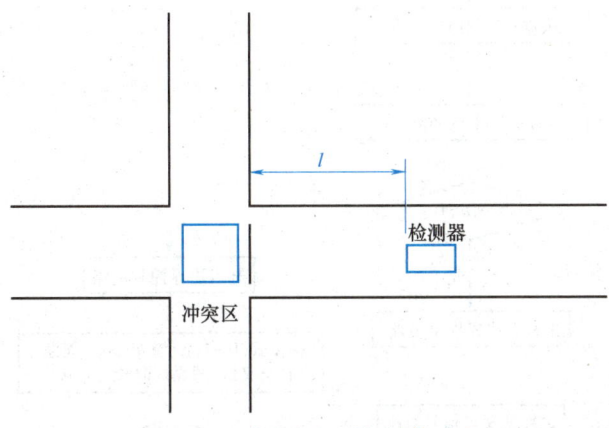

图 10-20 单位绿灯时间计算示意

根据交叉口排队模型，确定第 ($m+1$) 周期边界交叉口 a 处的车辆排队长度，并对边界交叉口进入交通控制子区的绿灯时长进行二次优化。当第 ($m+1$) 周期边界交叉口 a 的排队长度大于最大排队长度时，为了防止"排队溢出"，驶入交通控制子区的信号灯绿灯时间增加单位绿灯时长。当第 ($m+1$) 周期边界交叉口 a 的排队长度小于最小排队长度时，为了防止道路资源浪费，驶入交通控制子区的信号灯绿灯时间缩短单位绿灯时长。因此，边界交叉口 a 进入交通控制子区的绿灯时长二次优化时间为

$$\Delta t_{a2,\text{in}}(m+1) = \Delta g \varepsilon(x - x_{\max}) - \Delta g \varepsilon(x_{\min} - x) \tag{10-38}$$

式中，$\Delta t_{a2,\text{in}}(m+1)$ 为边界交叉口 a 经过第二次优化后进入交通控制子区的绿灯时长所需调整的时间；x 为第 ($m+1$) 周期边界交叉口 a 的车辆排队长度；$x_{\max}=0.9L$，为车辆最大排队长度，其中 L 表示路段长度；$x_{\min}=g_{\min}l_{\text{veh}}q$ 为车辆最小排队长度，其中 $g_{\min}$ 为最短绿灯时长；l_{veh} 为车辆的平均长度；q 为该路段的交通流量；Δg 为单位绿灯时长；$\varepsilon(x)$ 为一个可变系数，定义式为

$$\varepsilon(x) = \begin{cases} 0 & (x<0) \\ 1 & (x \geqslant 0) \end{cases} \tag{10-39}$$

根据交通控制子区内交通流和边界交叉口车辆排队长度对边界交叉口信号灯的配时二次优化后，边界交叉口 a 在第 ($m+1$) 周期进入交通控制子区需调整的绿灯时长为

$$\Delta t_{a,\text{in}}(m+1) = \Delta t_{a2,\text{in}}(m+1) - \Delta t_{a1,\text{in}}(m+1) \tag{10-40}$$

所以，边界交叉口 a 在第 ($m+1$) 周期进入交通控制子区的绿灯时长调整为

$$\begin{aligned} t_{a,\text{in}}(m+1) &= t_{a,\text{in}}(m) - \Delta t_{a1,\text{in}}(m+1) + \Delta t_{a2,\text{in}}(m+1) \\ &= \left[1 - \frac{n(m+1) - n^*}{n_{\text{in}}(m+1)}\right] t_{a,\text{in}}(m) + \Delta g \varepsilon(x - x_{\max}) - \Delta g \varepsilon(x_{\min} - x) \end{aligned} \tag{10-41}$$

交通控制子区边界交叉口的信号配时优化流程如图 10-21 所示。

根据提出的边界交叉口信号灯配时方案，以受控子区以西的边界交叉口 a 为例，分别分析二相位和四相位边界交叉口在无边界控制和有边界控制前后信号灯相位及配时的变化。边

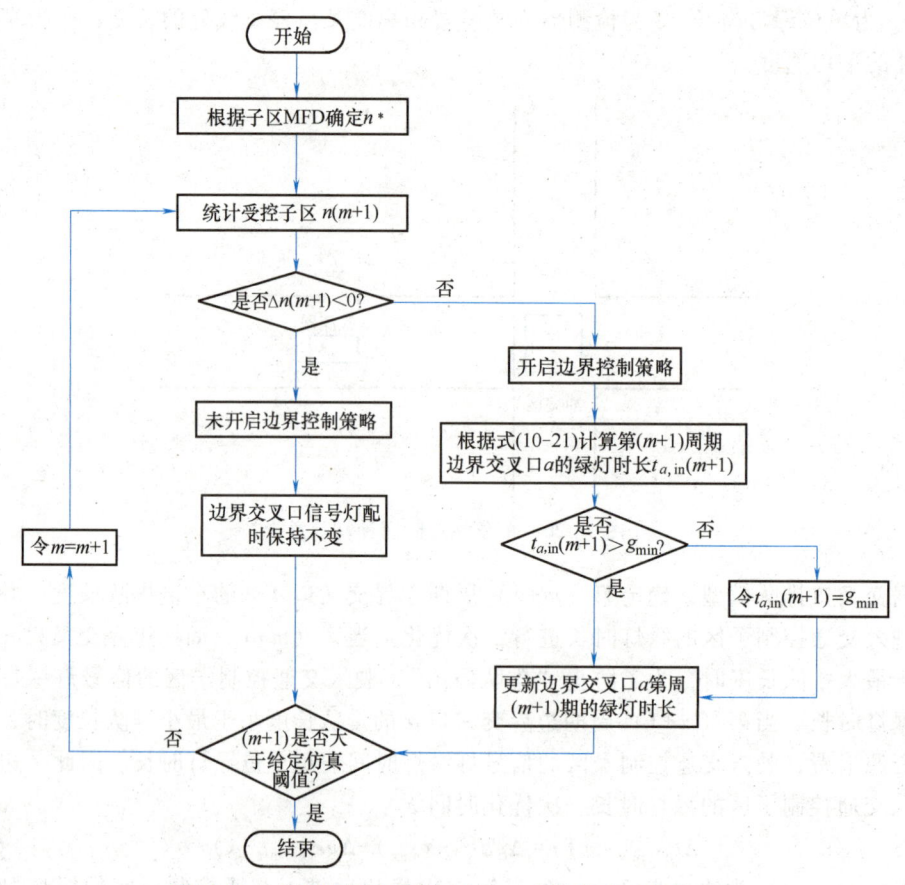

图 10-21 交通控制子区边界交叉口的信号配时优化流程

界交叉口信号相位调整示意如图 10-22 所示。

(1) 最短绿灯时间

边界交叉口的最短绿灯时间要确保交叉口的行驶安全,一方面要确保行人安全过街,另一方面要保证在检测器和停车线之前的车辆可在最短绿灯时间内驶出。

对于单车道的交叉口,考虑行人在最短绿灯时间内一次过街。假设单车道道路的宽度为7m,行人过街的平均速度为1.2m/s,那么根据《美国道路通行能力手册》计算最短绿灯时间为

$$g_{min} = 7 + (L_p/v_p) - I_g \tag{10-42}$$

式中,L_p 为由人行驶至最近的安全区域的距离;v_p 为行人过街的平均速度;I_g 为绿灯间隔时间,取 5s。

根据公式计算得最小行人过街时间为 7.83s,本小节最短绿灯时间取 10s。

(2) 最大绿灯时间

如果绿灯时间设置太长不仅会让其他相位的车辆等待时间过长,而且该相位如果没有车辆等待却仍是绿灯,则信号灯配时不合理,会造成道路资源浪费。本小节中交叉口的最大绿灯时长为

$$g_{max} = C - g_{min} - 2I_g \tag{10-43}$$

式中,C 为交叉口信号灯周期。

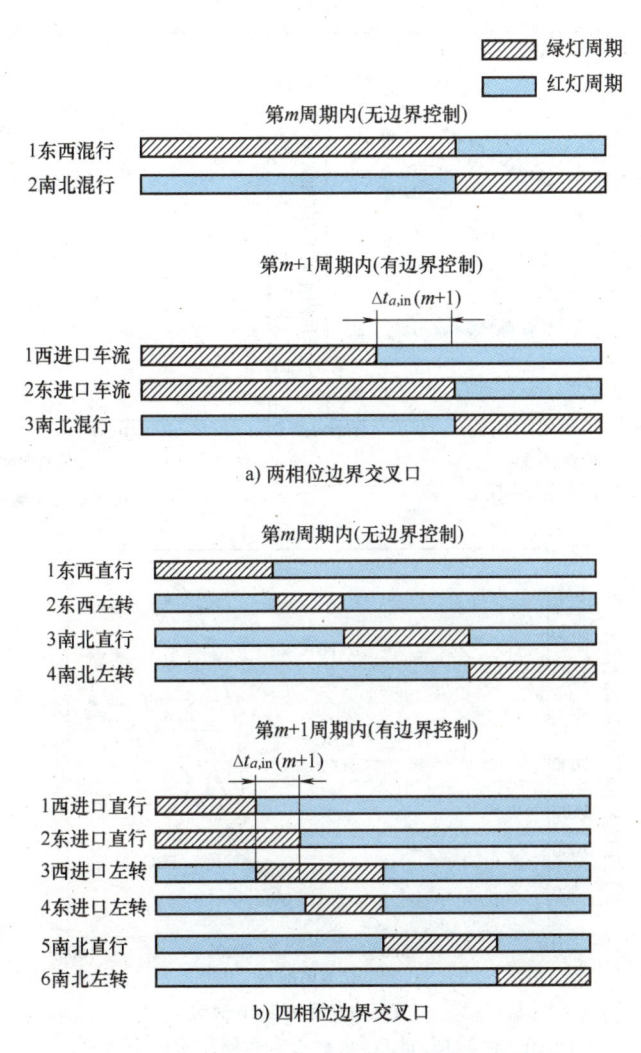

图 10-22　边界交叉口信号相位调整示意

10.6.4　仿真分析

通过将考虑车辆排队长度的离散边界反馈控制策略与其他控制方案进行对比,验证不同控制策略的效果。第一种为交通控制子区采用一种良好的固定信号灯配时方案,且交通控制子区边界交叉口不采取控制策略,记为无边界控制(NBC);第二种为交通控制子区内部信号灯配时与无边界控制的保持一致,边界交叉口采用边界限流但是没有考虑车辆排队长度对边界交叉口信号灯配时的二次优化,记为一次边界控制(OBC);第三种为交通控制子区内部信号灯配时与无边界控制的保持一致,边界交叉口考虑车辆排队长度对交叉口信号灯配时进行二次优化,记为二次边界控制(TBC)。

对上述 3 种不同的控制策略分别进行了多次试验,并通过路网内的累计车辆数、路网内车辆平均速度、车辆平均延误时间评价控制策略的性能。图 10-23 表示 3 种不同控制策略下路网仿真结果示意。

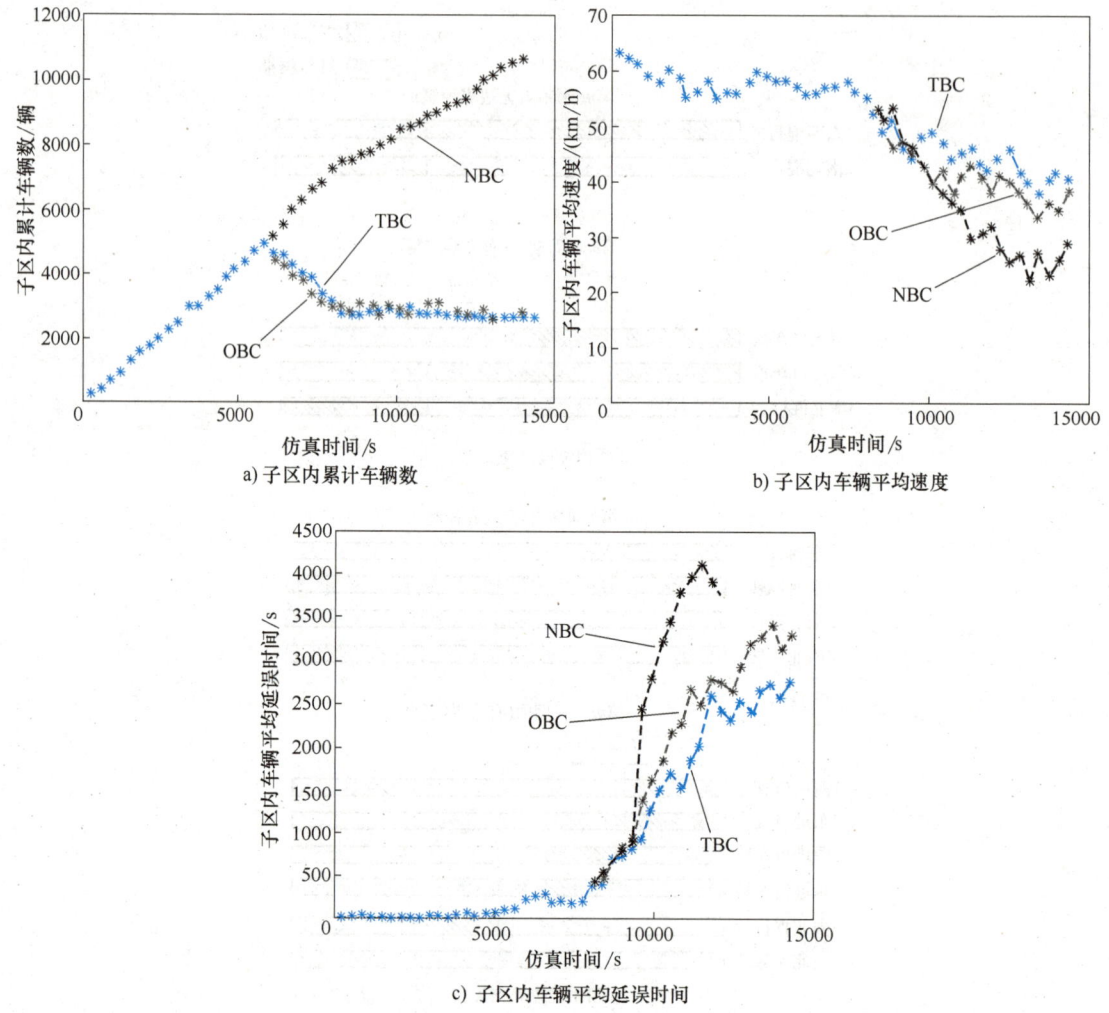

图 10-23 3 种不同控制策略下路网仿真结果示意

a) 子区内累计车辆数

b) 子区内车辆平均速度

c) 子区内车辆平均延误时间

图 10-23a 表示在 3 种不同控制策略下子区内累计车辆数。第 1 种控制策略是子区交叉口信号灯采用固定配时且没有边界控制，交通控制子区内的累计车辆数一直增加，没有到达最佳累计车辆数。第 2 种控制策略是有边界限流，但没有考虑边界排队长度。第 3 种控制策略是有边界限流且考虑了排队长度，在这两种控制策略下交通控制子区内累计车辆数都达到了最优值 2650 辆。并且，在第 3 种控制策略下交通控制子区内累计车辆数在最佳值更稳定。

图 10-23b 表示在仿真运行期间，3 种不同控制策略下子区内车辆平均速度。在第 1 种控制策略下子区内车辆的平均速度为 47.487km/h，在第 2 种控制策略下子区内车辆的平均速度为 50.340km/h，在第 3 种控制策略下子区内车辆平均速度为 51.957km/h。第 3 种控制策略下交通控制子区内的车辆平均速度比第 1 种和第 2 种分别提升 9.413% 和 3.212%。

图 10-23c 表示在仿真运行期间，3 种不同控制策略下子区内车辆平均延误时间。在第 1 种控制策略下子区内车辆的平均延误时间为 1391s，在第 2 种控制策略下子区内车辆的平均延误为 1016s，在第 3 种控制策略下子区内车辆的平均延误为 834s。第 3 种控制策略下交通控制子区内的车辆平均延误比第 1 种和第 2 种分别降低 40.043% 和 17.913%。

从整体仿真结果来看，本小节中的交通控制子区边界控制策略使得交通控制子区内的车辆累计数稳定在最优值附近，并且子区内车辆平均速度明显提升，车辆平均延误明显降低，交通控制子区的交通运行状况得到明显改善。

10.7 挑战与展望

智能交通控制系统可以帮助城市管理者及时了解城市交通信息，还可以做到及时发现问题，及时处理问题，更加方便有效地进行城市管理。同时，对于出行者而言，智能交通系统可以跟踪道路状况信息，更便于制订出行计划。此外，行驶路线可以及时调整，以避免长期交通拥堵，节省行程时间和其他消费。目前，大多数城市采用的交通控制策略只是点控或线控式，虽然能一定程度上改善某些主干线上的交通状况，但是交叉口信号的利用率还是不够高。而面控式的边界反馈控制策略，增大控制区域，可以有效地改善一定区域内的交通状况，减少该区域交通溢流的可能性并减少道路排队延误。在帮助交通管理者更好地协调交通流量控制的同时，改善人们日常出行体验，提高出行速度，减少污染物的排放。

然而，随着汽车保有量持续上升，路网中的车辆密度也不断增加，这对区域边界反馈控制系统带来了新的挑战，例如，子区的动态划分问题，交通流预测识别等，这需要科研人员和工程人员共同努力，不断解决城市交通中出现的新问题，为人民的美好生活不断地添砖加瓦。

思考题

1. 城市交通子区定义和划分的主要依据是什么？
2. 简要阐述宏观基本图的含义。
3. 试简要阐述城市交通子区控制系统所采用的两种控制策略。
4. 请阐述城市交通子区控制系统未来发展与应用前景。

参 考 文 献

[1] 李瑞敏，王长君. 智能交通管理系统发展趋势 [J]. 清华大学学报（自然科学版），2022，62（3）：509-515.

[2] 赵一锦. 我国智能交通系统的发展研究 [J]. 住宅与房地产，2019（6）：75.

[3] BELCHER P，CATLING I. Electronic route guidance by autoguide：the London demonstration [J]. Traffic engineering and control，1987，28（11）：586-592.

[4] SODEIKAT H. EURO-SCOUT is facing the German 1994 market [C] // Vehicle Navigation & Information Systems Conference. Cambridge：IEEE，1994.

[5] 王培军. 济南市城区动态交通诱导系统布局分析 [J]. 科技视界，2020（2）：104-106.

[6] BOWEN G T，BRETHERTON R D. Latest developments in scoot-version 3.1 [C] // Eighth International Conference on Road Traffic Monitoring & Control，April 23-25，1996，London，UK. Cambridge：IEEE，1996：61-65.

[7] 张立立，姚迪，王芳，等. 城市道路交通主动控制系统与模型设计 [J]. 南京信息工程大学学报（自然科学版），2022，14（3）：317-323.

[8] 朱中，管德永. 海信 HiCon 交通信号控制系统 [J]. 中国交通信息产业，2004（10）：52-55.

[9] TAKADA K，TANAKA Y，IGARASHI A，et al. Road/automobile communication system（RACS）and its economic effect [C] //Conference Record of Papers Presented at the First Vehicle Navigation and Information Systems Conference. Cambridge：IEEE，1989：A15-A21.

[10] 李京，赖斯东，胡少鹏. 电子警察实战应用及其发展趋势分析 [J]. 广东公安科技，2011，19（4）：53-54.

[11] 陈文会，张晶，樊养余，等. 一种基于背景减法和帧差的运动目标检测算法 [J]. 电子设计工程，2013，21（3）：24-26.

[12] 管珍. 信号灯时间控制优化 [J]. 聊城大学学报（自然科学版），2016，29（2）：42-45.

[13] 樊航. 西门子助力中国建设"智慧城市群"：访西门子（中国）有限公司执行副总裁、西门子中国主要市场国交通集团总裁荷骏飞 [J]. 世界轨道交通，2017（7）：76-77.

[14] 耿理怀. 我国城市智慧交通系统的出行者信息服务系统分析 [J]. 城市建设理论研究（电子版），2015（22）：9560-9560.

[15] TALBOT D. Traffic master [J]. Technology review，2008，111（4）：51-52.

[16] DINGUS T，MCGEHEE D，HULSE M，et al. TravTek evaluation task C（sub 3）-camera car study [J]. Engineering，1995（6）：245.

[17] 李宏海，刘冬梅，王晶. 日本 VICS 系统的发展介绍 [J]. 交通标准化，2011（15）：107-113.

[18] 高星文. 交通检测器在高速公路中的应用及评价 [J]. 山西建筑，2002（11）：125-126.

[19] 于泉，张浩楠，雷林龙. 一种针对高速公路事故多发点的交通检测器优化布设方法：CN202111138434.4 [P]. 2024-04-09.

[20] 卢晓珊，黄海军，尚华艳. 先进出行者信息系统环境下的可变信息板选址 [J]. 北京航空航天大学学报，2012，38（10）：1352-1357.

[21] 袁师召，李军. 无人驾驶汽车路径规划研究综述 [J]. 汽车工程师，2019（5）：11-13.

[22] 王峰，游志胜，曼丽春，等. Dijkstra 及基于 Dijkstra 的前 N 条最短路径算法在智能交通系统中的应用 [J]. 计算机应用研究，2006（9）：203-205.

[23] CHABINI I，LAN S. Adaptation of the A* algorithm for the computation of fastest paths in deterministic

discrete-time dynamic networks［J］. IEEE transactions on intelligent transportation systems, 2002, 3 (1)：260-278.

［24］ 关泉珍, 鲍泓, 史志坚. 基于 A* 算法的驾驶地图路径规划实现［J］. 北京联合大学学报（自然科学版）, 2016, 30（2）：31-39.

［25］ 新华网. 高德地图发布《2018 Q3 中国主要城市交通分析报告》［J］. 城市交通, 2018, 16（6）：106-107.

［26］ 任高杰, 王昆峰. 基于 GPS 与 WEBGIS 智能交通系统的探讨［J］. 河南科技, 2013（14）：146.

［27］ LIU H, CHU L, RECKER W. Performance evaluation of ITS strategies using microscopic simulation［C］//Intelligent Transportation Systems 2004 Proceedings. Cambridge：IEEE, 2004.

［28］ 卜雪民. 车辆动态监控/调度试验平台系统用实验小车运动控制系统研究［D］. 上海：上海交通大学, 2007.

［29］ 王志福, 罗崴, 徐崧, 等. 燃料电池汽车能量管理策略综述［J］. 电池, 2022, 52（3）：328-332.

［30］ 欧青立, 何克忠. 室外智能移动机器人的发展及其关键技术研究［J］. 机器人, 2000（6）：519-526.

［31］ 阮久宏, 冯晋祥, 李贻斌. 用于 ITS 的智能车辆控制系统结构与性能指标研究［J］. 山东交通学院学报, 2002（2）：40-45.

［32］ 张景明. 先进的车辆控制系统的基本功能与组成［J］. 民营科技, 2012（10）：14.

［33］ 王笑京. 一路畅通：智能交通系统能为我们做什么［J］. 中国科技画报, 2002（8）：18-25.

［34］ 陈虹, 郭露露, 边宁. 对汽车智能化进程及其关键技术的思考［J］. 科技导报, 2017, 35（11）：52-59.

［35］ RICHES E, MINEA M. The Bucharest traffic management system-delivering an integrated ITS solution［J］. Traffic engineering and control, 2007, 48（5）：224-227.

［36］ 罗忠良, 谢欣秦, 邵雄, 等. 车辆悬架控制方法、装置、车辆控制器及车辆：CN202111609322.2［P］. 2023-06-27.

［37］ 帕利克. 用于车辆中的自适应巡航控制的超车加速辅助：CN201780037208.2［P］. 2023-06-27.

［38］ 张君. 车联网模式在传统车辆运营领域中的应用研究［D］. 天津：天津大学, 2016.

［39］ 李周坚. 车辆运营管理系统的设计与实现［D］. 广州：华南理工大学, 2015.

［40］ 沙日娜. 物流行业车辆调度管理系统的应用与实现［D］. 上海：复旦大学, 2009.

［41］ 史世良. 车辆动态称重管理系统的设计与应用［D］. 青岛：青岛大学, 2021.

［42］ 杜磊. 第三方物流公司车辆调度方法研究与管理系统实现［D］. 南京：东南大学, 2019.

［43］ 于喜东. 基于 GNSS 的车辆安全运营高精度监控管理关键技术研究［D］. 徐州：中国矿业大学, 2017.

［44］ 曾博, 白婧萌, 张玉莹, 等. 基于价值链分析的电动汽车充电商业运营模式综合评价［J］. 电力自动化设备, 2018, 38（7）：21-27；34.

［45］ 邹霄. 物联网环境下多式联运组织结构的决策研究［D］. 武汉：华中科技大学, 2021.

［46］ 张铭航. 考虑低能耗和低风险的多目标多式联运路径优化［D］. 吉林：吉林大学, 2022.

［47］ SCHÉELE S. A supply model for public transit services［J］. Transportation research part B：methodological, 1980, 14：133-146.

［48］ CEDER A. Bus frequency determination using passenger count data［J］. Transportation research part A：policy and practice, 1984, 18：439-453.

［49］ CEDER A. Transit vehicle-type scheduling problem［J］. Transportation research record, 1995, 1503：34-38.

［50］ XU J E. The real-time deadheading problem in transit operations control［J］. Transportation research part

B：methodological, 1998, 32（2）：77-100.

[51] SITE P D, FILIPPI F. Service optimization for bus corridors with short-turn strategies and variable vehicle size［J］. Transportation research part A：policy and practice, 1998, 32（1）：19-38.

[52] CEDER A. Creating bus timetables with maximal synchronization［J］. Transportation research part A：policy and practice, 2001, 35（10）：913-928.

[53] DAGANZO C F. Reducing bunching with bus-to-bus cooperation［J］. Transportation research part B：methodological, 2011, 45（1）：267-277.

[54] QIU F, LI W, ZHANG J. A dynamic station strategy to improve the performance of flex-route transit services［J］. Transportation research part C：emerging technologies, 2014, 48：229-240.

[55] LIU T, CEDER A. Communication-based cooperative control strategy for public transport transfer synchronization［J］. Transportation research record, 2016, 2541：27-37.

[56] 张飞舟. 公交车辆智能调度研究［J］. 交通运输系统工程与信息, 2001, 1（1）：73-80.

[57] 张飞舟, 晏磊, 范跃祖, 等. 智能交通系统中的公交车辆动态调度研究［J］. 公路交通科技, 2002, 19（3）：123-126.

[58] 任传祥, 张海, 范跃祖. 混合遗传-模拟退火算法在公交智能调度中的应用［J］. 系统仿真学报, 2005, 17（9）：2075-2077；2081.

[59] 赵骞. 基于公交IC卡调查数据的公交调度优化研究［D］. 大连：大连理工大学, 2007.

[60] 司徒炳强, 靳文舟. 合作与竞争条件下公交网络发车时间优化模型［J］. 公路交通科技, 2010, 27（6）：121-126.

[61] 程赛君. 公交线路区间车组合调度方法研究［D］. 武汉：华中科技大学, 2013.

[62] 雷永巍, 林培群, 姚凯斌. 互联网定制公交的网络调度模型及其求解算法［J］. 交通运输系统工程与信息, 2017, 17（1）, 157-163.

[63] 王健, 曹阳, 王运豪. 考虑出行时间窗的定制公交线路车辆调度方法［J］. 中国公路学报, 2018, 31（5）：143-150.

[64] 杨智伟, 赵骞, 赵胜川. 基于人工免疫算法的公交车辆调度优化问题研究［J］. 武汉理工大学学报（交通科学与工程版）, 2009, 33（5）：1004-1007.

[65] 张明岩. 智能网联环境下干线协调控制技术研究［D］. 北京：北方工业大学, 2022.

[66] JAMES K, RUSSELL E. Particle swarm optimization［C］//IEEE International Conference on Neural Networks-Conference Proceedings, Perth, Australia. Cambridge：IEEE, 1995：1942-1948.

[67] 王芳彬. 高速公路ETC发展趋势与推广建议分析［J］. 黑龙江交通科技, 2021, 44（12）：165-166.

[68] 白晓炜. 浅析高速公路自动化收费系统的应用前景及维护管理措施［J］. 中国新通信, 2016, 18（19）：99-100.

[69] 高潮. 高速公路ETC系统数据挖掘与收费系统优化［J］. 科技风, 2023（5）：61-64.

[70] 任增成. 浅谈高速公路ETC电子收费系统［J］. 交通科技, 2002（4）：66-67.

[71] 薛志刚, 刘运亮. 高速公路ETC电子收费系统探析［J］. 技术与市场, 2013, 20（9）：104.

[72] 汪丹. 江西省高速公路ETC发展现状及对策研究［J］. 华东交通大学学报, 2014, 31（6）：73-77.

[73] 陈晓曼. 关于高速公路ETC推广问题的思考［J］. 科技创新导报, 2019, 16（35）：255；257.

[74] 齐志刚. 我国高速公路发展的特点分析［J］. 交通世界, 2009（Z1）：109-110.

[75] 王笑京. 中国智能交通发展历程：ETC的跨越［J］. 中国公路, 2022（7）：52-57.

[76] 符方睿. 基于无感支付的高速公路ETC设计［J］. 黑龙江交通科技, 2022, 45（9）：171-173.

[77] 刘明洁. 城市道路交通紧急事件应急指挥系统建设研究［J］. 江西公安专科学校学报, 2008（1）：115-117.

[78] 张兵, 张校梁, 屈永强, 等. 采用特征变量选择和长短期记忆网络的高速公路交通事件检测研究[J]. 重庆理工大学学报（自然科学版）, 2023, 37（4）: 157-165.

[79] 李翠, 张春雨. 基于小波分析的快速路交通事件检测算法[J]. 西部交通科技, 2022（7）: 1-3; 14.

[80] 施俊庆, 陈林武, 李素兰, 等. 基于CNN的城市道路交通事件检测算法[J]. 公路交通科技, 2022, 39（3）: 176-182.

[81] ZAITOUNY A, FRAGKOU A D, STEMLER T, et al. Multiple sensors data integration for traffic incident detection using the Quadrant scan[J]. Sensors, 2022, 22（8）: 29-33.

[82] YANG H, WANG Y, ZHAO H, et al. Real-time traffic incident detection using an autoencoder model[C]//2020 IEEE 23rd International Conference on Intelligent Transportation Systems Rhodes. Cambridge: IEEE, 2020: 1-6.

[83] 杨东锋, 徐灵, 王锟, 等. 基于交通流特征变化的交通事件检测与识别方法[J]. 中国新技术新产品, 2022（12）: 24-26.

[84] XIA Z, GONG J, YU H, et al. Research on urban traffic incident detection based on vehicle cameras[J]. Future internet, 2022, 14（8）: 227.

[85] TAO Z, LI Y, WANG P, et al. Traffic incident detection based on mmwave radar and improvement using fusion with camera[J]. Journal of advanced transportation, 2022（4）: 1-15.

[86] 李家伟, 朱春辉, 毛明洁, 等. 基于视频感知的公路交通事件检测技术[J]. 科技与创新, 2022（23）: 150-152.

[87] 刘正. 突发事件情形下区域交通组织建模与优化[D]. 北京: 北京交通大学, 2021.

[88] 张亮. 路网条件下事件应急反应状态模型研究[D]. 北京: 交通运输部公路科学研究院, 2016.

[89] 盛刚. 高速公路紧急事件应急救援关键技术研究[D]. 西安: 长安大学, 2016.

[90] 张建. 紧急事件下路网可靠性与交通组织研究[D]. 西安: 长安大学, 2014.

[91] 姜宁. 基于风险耦合的交通安全应急管理系统研究[D]. 武汉: 武汉理工大学, 2011.

[92] PIPES L A. An operational analysis of traffic dynamics[J]. Journal of applied physics, 1953, 24（3）: 274-281.

[93] BANDO M, HASEBE K. Dynamical model of traffic congestion and numerical simulation[J]. Physical review E, 1995, 51（2）: 1035-1042.

[94] HELBING D, TILCH B. Generalized force model of traffic dynamics[J]. Physical review E, 1998, 58（1）: 133-138.

[95] JIANG R, WU Q S, ZHU Z J. Full velocity difference model for a car-following theory[J]. Physical review E, 2001, 64（1）: 7101-7104.

[96] SAWADA S. Nonlinear analysis of a differential-difference equation with next-nearest-neighbour interaction for traffic flow[J]. Journal of applied physics, 2001, 34: 11253-11259.

[97] ZHU W X, LIU Y C. A total generalized optimal velocity model and its numerical tests[J]. Journal of Shanghai jiaotong university (English edition), 2008, 13（2）: 166-170.

[98] ZHU W X, JIA L. Stability and kink-antikink soliton solution for total generalized optimal velocity model[J]. International journal of modern physics C, 2008, 19（9）: 1321-1335.

[99] 朱文兴. 多种效应交通流建模及其数值分析[D]. 上海: 上海交通大学, 2008.

[100] ZHU W X, ZHANG L D. A speed feedback control strategy for car-following model[J]. Physica A: statistical mechanics and its applications, 2014, 413: 343-351.

[101] ZHANG L D, ZHU W X, LIU J L. Proportional-differential effects in traffic car-following model system[J]. Physica A: statistical mechanics and its applications, 2014, 406: 89-99.

[102] ZHU W X, JUN D, ZHANG L D. A compound compensation method for car-following model [J]. Communications in nonlinear science and numerical simulation, 2016, 39 (10): 427-441.

[103] ZHANG L D, ZHU W X. Delay-feedback control strategy for reducing CO_2 emission of traffic flow system [J]. Physica A: statistical mechanics and its applications, 2015, 428: 481-492.

[104] ZHU W X, ZHANG L D. Control schemes for autonomous car-following systems with two classical compensators [J]. Asian journal of control, 2020, 22 (1): 168-181.

[105] ZHU W X, ZHANG L D. Analysis of car-following model with cascade compensation strategy [J]. Physica A: statistical mechanics and its applications, 2016, 449 (10): 265-274.

[106] SMEED R J. Road capacity of city centers [J]. Traffic engineering and control, 1966, 8 (7): 455-458.

[107] THOMSON J M. Speeds and flows of traffic in central London: speed-flow relations [J]. Traffic engineering and control, 1967, 8: 721-725.

[108] GODFREY J W. The mechanism of a road network [J]. Traffic engineering and control, 1969, 11 (7): 323-327.

[109] GEROLIMINIS N, DAGANZO C F. Macroscopic modeling of traffic in cities: empirical evidence, analytical derivations and control applications [C] // International Workshop on Coping with Crises in Complex Socio-Economic Systems, ETH Zurich. Lausanne: EPFL, 2007.

[110] GEROLIMINIS N, DAGANZO C F. Existence of urban-scale macroscopic fundamental diagrams: some experimental findings [J]. Transportation research part B: methodological, 2008, 42 (9): 759-770.

[111] DAGANZO C F, GAYAH V V, GONZALES E J. Macroscopic relations of urban traffic variables: bifurcations, multivaluedness and instability [J]. Transportation research part B: methodological, 2011, 45 (1): 278-288.

[112] DU J, RAKHA H, GAYAH V V. Deriving macroscopic fundamental diagrams from probe data: issues and proposed solutions [J]. Transportation research part C: emerging technologies, 2016, 66: 136-149.

[113] ZOCKAIE A, SABERI M, SAEDI R. A resource allocation problem to estimate network fundamental diagram in heterogeneous networks: optimal locating of fixed measurement points and sampling of probe trajectories [J]. Transportation research part C: emerging technologies, 2018, 86: 245-262.

[114] KNOOP V L, VAN LINT H, HOOGENDOORN S P. Traffic dynamics: its impact on the macroscopic fundamental diagram [J]. Physica A: statistical mechanics and its applications, 2015, 438: 236-250.

[115] LAVAL J A, CASTRILLÓN F. Stochastic approximations for the macroscopic fundamental diagram of urban networks [J]. Transportation research part B: methodological, 2015, 81: 904-916.

[116] BUISSON C, LADIER C. Exploring the impact of homogeneity of traffic measurements on the existence of macroscopic fundamental diagrams [J]. Transportation research record, 2009, 2124 (1): 127-136.

[117] CASSIDY M J, JANG K, DAGANZO C F. Macroscopic fundamental diagrams for freeway networks: theory and observation [J]. Transportation research record, 2011, 2260 (1): 8-15.

[118] ZHANG L, GARONI T M, DE GIER J. A comparative study of macroscopic fundamental diagrams of arterial road networks governed by adaptive traffic signal systems [J]. Transportation research part B: methodological, 2013, 49: 1-23.

[119] GEROLIMINIS N, SUN J. Properties of a well-defined macroscopic fundamental diagram for urban traffic [J]. Transportation research part B: methodological, 2011, 45 (3): 605-617.

[120] JI Y, JIANG R, CHUNG, et al. The impact of incidents on macroscopic fundamental diagrams [J]. Proceedings of the institution of civil engineers-transport, 2015, 168 (5): 396-405.

[121] GAYAH V V, GAO X S, NAGLE A S. On the impacts of locally adaptive signal control on urban network

stability and the macroscopic fundamental diagram [J]. Transportation research part B: methodological, 2014, 70: 255-268.

[122] ALONSO B, IBEASÁ, MUSOLINO G, et al. Effects of traffic control regulation on network macroscopic fundamental diagram: a statistical analysis of real data [J]. Transportation research part A: policy and practice, 2019, 126: 136-151.

[123] WALINCHUS R J. Real-time network decomposition and sub-network interfacing [J]. Highway research record, 1971 (366): 20-28.

[124] MERCHANT D K, NEMHAUSER G L. A model and an algorithm for the dynamic traffic assignment problems [J]. Transportation science, 1978, 12 (3): 183-199.

[125] JI Y, GEROLIMINIS N. On the spatial partitioning of urban transportation networks [J]. Transportation research part B: methodological, 2012, 46 (10): 1639-1656.

[126] JI Y, LUO J, GEROLIMINIS N. Dynamic partitioning of urban transportation networks [C] //Swiss Transport Research Conference, April 24-26, 2013. Lausanne: EPFL, 2013.

[127] XIA D, WANG B, LI Y, et al. An efficient mapreduce-based parallel clustering algorithm for distributed traffic subarea division [J]. Discrete dynamics in nature and society, 2015, 2015: 1-18.

[128] SHEN G, YANG Y. A dynamic signal coordination control method for urban arterial roads and its application [J]. Frontiers of information technology and electronic engineering, 2016, 17 (9): 907-918.

[129] ZHENG L, LIU H, DING T, et al. Mining method for road traffic network synchronization control area [J]. Green intelligent transportation systems, 2018, 419: 949-959.

[130] DONG W, WANG Y, YU H. An identification model of urban critical links with macroscopic fundamental diagram theory [J]. Frontiers of computer science, 2017, 11 (1): 27-37.

[131] TIAN X J, LIANG C Y, FENG T J. Dynamic control subarea division based on node importance evaluating [J]. Mathematical problems in engineering, 2021 (8): 1-11.

[132] 马旭辉, 滑亚飞, 何忠贺. 基于路网可达性的交通控制子区划分方法研究 [J]. 计算机工程与应用, 2017, 53 (17): 224-228.

[133] 徐建闽, 鄢小文, 荆彬彬, 等. 考虑交叉口不同饱和度的路网动态分区方法 [J]. 交通运输系统工程与信息, 2017, 17 (4): 145-152.

[134] GEROLIMINIS N, BOYACI B. The effect of variability of urban systems characteristics in the network capacity [J]. Transportation research part B: methodological, 2012, 46 (10): 1607-1623.

[135] HADDAD J, SHRAIBER A. Robust perimeter control design for an urban region [J]. Transportation research part B: methodological, 2014, 68: 315-332.

[136] HADDAD J, MIRKIN B. Coordinated distributed adaptive perimeter control for large-scale urban road networks [J]. Transportation research part C: emerging technologies, 2017, 77: 495-515.

[137] KEYVAN-EKBATANI M, KOUVELAS A, PAPAMICHAIL I, et al. Exploiting the fundamental diagram of urban networks for feedback-based gating [J]. Transportation research part B: methodological, 2012, 46 (10): 1393-1403.

[138] KEYVAN-EKBATANI M, PAPAGEORGIOU M, PAPAMICHAIL I. Perimeter traffic control via remote feedback gating [J]. Procedia-social and behavioral sciences, 2014, 111: 645-653.

[139] RAMEZANI M, HADDAD J, GEROLIMINIS N. Dynamics of heterogeneity in urban networks: aggregated traffic modeling and hierarchical control [J]. Transportation research part B: methodological, 2015, 74: 1-19.

[140] HAJIAHMADI M, HADDAD J, DE SCHUTTER B, et al. Optimal hybrid perimeter and switching plans control for urban traffic networks [J]. IEEE transactions on control systems technology, 2015, 23 (2):

464-478.

[141] AALIPOUR A, KEBRIAEI H, RAMEZANI M. Analytical optimal solution of perimeter traffic flow control based on MFD dynamics: a pontryagin's maximum principle approach [J]. IEEE transactions on intelligent transportation systems, 2019, 20 (9): 3224-3234.

[142] FU H, LIU N, HU G. Hierarchical perimeter control with guaranteed stability for dynamically coupled heterogeneous urban traffic [J]. Transportation research part C: emerging technologies, 2017, 83: 18-38.

[143] MOHAJERPOOR R, SABERI M, VU H L, et al. H_∞ robust perimeter flow control in urban networks with partial information feedback [J]. Transportation research part B: methodological, 2020, 137: 47-73.

[144] BiCHIOU Y, ELOUNI M, ABDELGHAFFAR H M, et al. Sliding mode network perimeter control [J]. IEEE transactions on intelligent transportation systems, 2021, 22 (5): 2933-2942.

[145] ELOUNI M, ABDELGHAFFAR H M, RAKHA H L. Adaptive traffic signal control: game-theoretic decentralized vs centralized perimeter control [J]. Sensors, 2021, 21 (1): 274.

[146] 丁恒, 杨涛, 郑小燕, 等. 交通拥堵区边界入口可拓提升控制 [J]. 东南大学学报 (自然科学版), 2019, 49 (4): 781-787.

[147] 丁恒, 郑小燕, 张雨, 等. 宏观交通网络拥堵区边界最优控制 [J]. 中国公路学报, 2017, 30 (1): 111-120.

[148] 刘澜, 李新. 基于MFD的路网可扩展边界控制策略 [J]. 公路交通科技, 2018, 35 (9): 85-91.

[149] 李轶舜, 徐建闽, 王琳虹. 过饱和交通网络的多层边界主动控制方法 [J]. 华南理工大学学报 (自然科学版), 2012, 40 (7): 27-32.

[150] 赵靖, 马万经, 汪涛, 等. 基于宏观基本图的相邻子区协调控制方法 [J]. 交通运输系统工程与信息, 2016, 16 (1): 78-84.

[151] 闫飞, 田福礼, 史忠科. 城市交通信号的迭代学习控制及其对路网宏观基本图的影响 [J]. 控制理论与应用, 2016, 33 (5): 645-652.

[152] 张逊逊, 许宏科, 闫茂德. 基于MFD的城市区域路网多子区协调控制策略 [J]. 交通运输系统工程与信息, 2017, 17 (1): 98-105.

[153] 丁恒, 朱良元, 蒋程镔, 等. MFD子区交通状态转移风险决策边界控制模型 [J]. 交通运输系统工程与信息, 2017, 17 (5): 104-111.

[154] ZHU W X, LI S. Study on discrete boundary-feedback-control strategy for traffic flow based on macroscopic fundamental diagram [J]. Physica A: statistical mechanics and its applications, 2019, 523: 1237-1247.

[155] GUO Y J, YANG L C, HAO S X, et al. Perimeter traffic control for single urban congested region with macroscopic fundamental diagram and boundary conditions [J]. Physica A: statistical mechanics and its applications, 2021, 562: 1-13.

[156] 美国运输部联邦公路局. 交通控制系统手册 [M]. 李海渊, 译. 北京: 人民交通出版社, 1987.

[157] 高云峰. 动态交叉口群协调控制基础问题研究 [D]. 上海: 同济大学, 2007.

[158] GEROLIMINIS N. Dynamics of peak hour and effect of parking for congested cities [C] //Transportation Research Board 88th Annual Meeting, January 11-15, 2009.

[159] 美国交通研究委员会. 美国道路通行能力手册 [M]. 任福田, 刘小明, 荣建, 等译. 北京: 人民交通出版社, 2007.